实用主义与美国思想文化研究

丛书主编 刘放桐 陈亚军

"世界"的失落与重拾

一个分析实用主义的探讨

周 靖 著

复旦大学出版社

国家出版基金
上海市新闻出版专项资金
复旦大学哲学学院
复旦大学杜威中心
资助出版

目 录

001 / 序一

001 / 序二

001 / 导论

第一部分 世界的失落

020 / 第一章 自然空间证成作用的丧失：对经验主义两个教条的批判及其后果

042 / 第二章 自然空间证成作用的进一步丧失：经验主义的所予神话与第三个教条

077 / 第三章 世界的两副面孔：概念空间和自然空间的分裂

第二部分 世界的重拾

097 / 第四章 语义进路：戴维森解释的语义因果理论

120 / 第五章 语义和社会进路：布兰顿结合形式语义学与实质语用学的尝试

148 / 第六章　解释学进路：戴维森三角测量模型对自然客观性的证成

第三部分　世界的丰富

173 / 第七章　脑内与脑外世界的融合：基于德雷斯基和麻醉学研究对意识的分析

195 / 第八章　语义在自然空间中的基础：米丽肯的生物语义学

212 / 补篇　脑的外化和实用主义

225 / 第九章　从自然空间到概念空间：杜威的语言发生论

238 / 结论　勾连概念空间和自然空间的实用主义方式

250 / 参考文献

271 / 后记

序 一

陈亚军

对于为他人作序，我的看法历来偏于保守。但这次我却毫不犹疑地应允了周靖君的邀约。个中原因，除师生之谊外，主要是因为他这部书所谈的，正是自己眼下甚感兴趣的。

近年来我对匹兹堡学派十分关注，也写了一点东西。在我看来，匹兹堡学派的主要贡献是在分析哲学传统下对德国古典哲学的复活。传统分析哲学所青睐的经验主义受到德国理性主义的中和，自然与概念的天平由前者移向后者。概念的性质、作用成了匹兹堡学派的核心话题。塞拉斯首先揭示了自然与概念（规范）的差异，区分了因果关系与语义关系的不同，将分析哲学由它的休谟阶段推进到康德阶段。布兰顿继承了塞拉斯的衣钵，沿着塞拉斯的足迹继续前行，概念推演之网几乎笼罩了一切；"经验""自然"不再是知识论的基础。麦克道威尔从布兰顿、罗蒂的理性主义路线中看到了一种危险，即放弃世界对思想制约的危险，他试图通过改造经验（在他是恢复经验的本来面目）挽救世界，但麦克道威尔的工作是在塞拉斯的基础上完成的，概念无边界是他的基本信念，经验的概念化是整个挽救方案成败与否的关键。

匹兹堡学派对概念性的强调使人们看到，世界是在理性空间里向我们呈现的，从自然（感觉）出发的经验主义已然走入穷途末路。这是匹兹堡学派的重要发现。但匹兹堡学派还遗留下一个亟需解答的问题：概念是何以可能的？概念的来源是什么？塞拉斯强调了概念与自然的不同，布兰顿从概念与自然的断裂处讲起，而麦克道威尔只是以寂静的方式向人们揭示概念与自然的融合不可分。他们的论说途径不同，但都共同分享了一个前提，那就是：概念与自然是不可混淆的两个范畴。这无疑是极其重要的洞见,然而,事情到此并未结束。因为,如果概念的起源得不到合理的解释,失去世界的危险就不能解除。匹兹堡学派理论大厦的根基就不够牢靠。

周靖君的《"世界"的失落与重拾——一个分析实用主义的探讨》正是在这个关键点上为我们提供了有价值的思考方向。从某种意义上说,它是接着匹兹堡学派话题的"往下讲",也是对古典实用主义在新条件下的复归。众所周知,杜威受达尔文的影响,注重自然与概念之间的连续性。在他看来,概念作为智识是一种适应环境的能力,它既与动物适应环境的能力有根本的差异,同时又与它一样,产生于自然的演变过程,是一种自然的能力;概念与自然不仅从逻辑上而且从发生学上都是密不可分的。概念能力虽然为人类独有,但并不神秘。离开了自然的解释,概念能力就将变成无本之木。周靖君的大作可以看作是对这一主题的展开,它不仅揭示了概念在认识自然世界方面的至关重要的地位,同时也试图说明自然如何在这种认识中占有一席之地;不仅介绍了概念主义对世界的可能丢失,同时还阐释了自然主义拯救世界的方案。

多年前我也曾写过一篇与周靖这部大作的书名相似的题为《"世界"的失而复得——新实用主义理论主题的转换》的文章,探讨"世界"如何在罗蒂那里失去又如何经麦克道威尔、普特南返回的路径。私心以为,周靖的研究成果是对我所关注的同一话题的进一步深入,但他的大作比之我的文章,不仅更加视野开阔,而且也更加丰富具体了。他不仅将奎因、塞拉斯、戴维森、罗蒂、布兰顿这些新实用主义者作为主要研究对象,而且还从重视生物科学、脑科学的米丽肯和德雷斯基的自然主义者那里借来许多思想资源,对世界的重返做出新的解释。所有这些,都带给我许多新的刺激和启发。我不能断定他的这些立论是否都能站得住脚,但我能断定,他的研究具有很高的学术价值。因为他的问题理路是非常清楚的,论述的各环节是有机关联的。他已建立了一个具有内在结构的研究框架,确定了下一步的研究方向,并正在着手完善其细节。

周靖君是个具有宏大学术抱负的青年才俊。他对哲学探究的激情,他的勤勉刻苦、缜密高效,以及他的独立自信,不仅给我也给奥斯陆大学的兰博格教授留下了深刻的印象。兰博格教授曾给我来信,特别谈到他对周靖的这些印象,并表示了高度的赞赏。我完全有理由相信,这里所展示的还只是他的初期研究成果,更多的作品还在问世途中。对此,我充满了期待。

序 二

比约恩·兰博格(Bjørn Torgrim Ramberg)
挪威奥斯陆大学人文学院教授

很荣幸能为周靖博士的专著《"世界"的失落与重拾：一个分析实用主义的探讨》做序。周靖是一位非常有天赋的年轻学者，他的才能充分体现在这本论述哲学中的关键问题（即概念与自然的关系）的著作之中。该书分为三个部分，周靖将许多重要的英美思想家——主要是实用主义和自然主义传统中的哲学家——例如奎因、塞拉斯、戴维森、布兰顿、米丽肯、德雷斯基等人的思想和论证思路结合并综合起来。甚至杜威也在周靖建构性的哲学视角中发挥了重要的作用。这项工作着实不易；周靖将我们带到了关于心灵、内容以及它们与实在的关系等基本问题的当下前沿诊断之上，这需要他直面一些非常具有挑战性的思路。但是，阅读此书，我们将得到丰厚的回报，因为周靖对他所探究的传统中一些剪不断理还乱的纷争做了一些新的阐释，并指出了一条具有新意的探究进路。

多年前我作为客座教授在南京大学开设了研讨课，那是我第一次见到周靖，他是参加那一课程的学生。即便那时我已经对周靖非比寻常的能力留下了深刻印象，但我还是很诧异他对一些非常具有挑战性的哲学文本的深刻理解。之后我们变得慢慢熟悉起来，他在读博士研究生期间，来到奥斯陆大学自然心灵研究中心（Center for the Study of Mind in Nature）跟随我学习。在2015年9月至2017年2月期间，他在我的指导下写作博士论文。在那一时期，他独居挪威，勤劳地工作，完成了这本书的（英文版）第一稿。整整一年半的时间里，我们持续讨论着他的研究主题和想法，细致地审查了他的博士论文的每一章节，此外我们还会交换对哲学本身、哲学生活以及生活哲学的理解。我从这位出色的年轻人身上学到了很多，我很高兴能借此机会表达对他的感激之情,以及我对周靖取得的丰富成果的欣赏之情,这些成果多已呈现在这本专著中。

周靖的工作速度令人非常深刻。尽管他的阅读与写作速度很快,但他的认识从来不是浅薄的。他对一些重要著作的关键讨论,以及他对新思想的发展,已经展现出了他有能力做出深刻的、原创性的思考。因而我们需要知道该书只是一个更具综合性的研究计划的第一部分,在他接下来的研究中,他将从其他视角来阐述哲学中的这些核心问题。我相信周靖将能够为当代哲学做出重要的贡献,他能提供原创性的思想,这些思想有着将不同哲学传统与不同思路更紧密地联系在一起,从而克服原有不足的潜力。或许,这便是当前哲学所能做的最好的事情了,在排除偏见、增进理解的道路上,我们对自己是什么,或是谁也能有更好的认识。

导 论

*

当你正在享用一杯醇香的咖啡,或在暮风中欣赏绚丽的夕阳时,有人兀然告诉你,"这个世界并不存在!"你或许会感到讶异。然而,如果这个奇怪的人继续不合时宜地追问你,"醇香是因为你舌部的刺激,还是咖啡本身的属性?如果是前者,那你为何还要确证咖啡本身存在?如果是后者,在认知咖啡的醇香属性时,你的确只能以它带来的刺激为起点,但你能以这种刺激为基础来建构出关于它的概念么?或许并不能。因为我们只能使用概念,而不能使用物本身来建构知识啊!丢掉语言,我们能客观地描述世界本身吗?无论如何,世界本身怎样并不可知,激进地说,世界本身并不存在,这个命题你是无法反驳的"。

罗蒂(R. Rorty)或许会是一位这样打扰别人雅兴的怪人。在他的著名文章《失落的世界》中提到"世界"的两种意义,"'世界'或者是关于不可言说的感觉的原因及理智的目标的空洞观念,或者是我们的研究目前所没有涉及的那些客体的名称,即纽拉特之舟上那些目前不被移动的木板"①。在前一种意义上,世界是知识的来源,我们需要保证源自世界的刺激能够安全且准确地经过经验通道,并最终到达"心灵"的控制室里,我们在那里把它们登记为"概念";在后一种"纽拉特之舟上不被移动的木板"这种隐喻的意义上,世界是系联在感觉刺激另一端的母体,它稳然不变,可以接近却无从抵达,如此隐秘却是知识的根基所在。罗蒂的工作在于剪断知识与世

---

① [美]罗蒂:《罗蒂文选》,孙伟平等编译,社会科学文献出版社2007年版,第113页。

界之间的脐带,于是,我们无需把知识还原至经验层次,无需把知识与世界相对照来判定其真假,无需寻求因果刺激的证成作用;我们只需塑造观念性的表象,融贯地谈论关于世界的一系列信念。在谈及真与世界这两个概念时,罗蒂进一步写道,"真理不能存在那里,不能独立于人类心灵而存在,因为语句不能独立于人类心灵而存在,不能存在那里。世界存在那里,但对世界的描述则否。只有对世界的描述才可能有真有假,世界独自看来——不助以人类的描述活动——不可能有真或假"①。真(truth)并非是超验性的存在,独立于人类认识活动的世界则无真假可言。罗蒂建议我们放弃谈论世界,用人际间的"协同性"取代世界的"客观性"。

然而,罗蒂的这种做法引起了很多人的异议。例如麦克道威尔(J. McDowell)对此便有着"哲学上的焦虑",他担心罗蒂的做法会使得我们的思维(thinking)无从对世界做出应答,以致概念失去来自世界的摩擦,从而凌空自旋。②麦克道威尔巧妙地将问题从"思维是如何抵达事物实际所是的?"转化为"经验性的知识是如何可能的?",前一问题仍然是在二元论的范式下谈论思维与世界的关系,而后一问题则可以从发生学的角度探讨知识的缘起,并未预设思维与世界的二元分裂,这就为麦克道威尔沿着塞拉斯的洞识走出一条"最小限度的经验主义"提供了契机。麦克道威尔汲汲以求恢复世界的证成作用,试图保留对世界的谈论。

*

罗蒂与麦克道威尔的两种近乎截然不同的态度让人不禁遐想,人们对待世界的态度为何变得如此扑朔迷离?我们不妨以对知识和世界关系的考察来一窥世界在认识论中的位置变化。实际上,知识与世界之间的恩怨纠葛自哲学降生开始便纠缠不清,至近代二元论范式确定以后,两者之间的矛盾便进一步加剧和清晰化。当哲学步入它的现代阶段之后,它们之间

---

① [美]罗蒂:《偶然、反讽与团结》,徐文瑞译,商务印书馆2005年版,第13—14页。
② 参见[美]麦克道威尔:《心灵与世界》,刘叶涛译,中国人民大学出版社2006年版,第9—16页。

的关系非但没有缓和,反而变得更加复杂。

近代哲学家或试图保障从经验通道中获得的感觉刺激的可靠性,或试图论述心灵本身就有着抓住世界的能力,并且心灵的这一能力不需要来自经验的支持;再者,如斯宾诺莎这样的一元论者,试图论述精神与广延乃是一枚硬币的两面,"观念的次序和关系与事物的次序和关系是相同的(第二部分命题七)"①。无论是唯物论者或唯心论者,或所谓的"观念的一元论"者,他们都是在二元论的思维范式下,横向地考察知识与世界之间的关系,试图确保它们两者能够可靠地结合在一起。尽管在探讨心灵时,部分近代哲学家认为心灵的认识能力是天生的(inborn)或由上帝保障的,但他们还未能像康德那样明确地在纵向上擢升出心灵认识能力的"先天"内涵。

康德将认识的中心由"世界"反转为"心灵",认为知识不是在消极意义上对世界的反映,而是世界适应我们的结果,因为我们有着范畴直观能力——而范畴是先天性的,它不起源于经验。我们所把握的感性杂多只是知识的来源,而非知识的基础;只有当感性杂多在时空中被把握为感性直观时,它才能充当知识的基础;随后感性直观在知性中得到综合,成为知识的基础。相对于二元论者仅需要弥合心灵与世界的间隙,康德则需要更为具体地回答感性杂多如何被把握为直观;直观如何被综合为知识这两个问题。前一个问题与当前的讨论更为相关。众所周知,一方面康德悬设了物自体,他所认为的感性直观已经渗透了时空形式,他这样做的可能后果便是,只有在感性直观中世界才能够显现;另一方面,只有通过知性范畴对感性杂多的先天使用,直观才会出现,因而感性直观已然渗透了概念,经验被概念化了,世界也只有披着概念的外衣才能够显现。与康德相似,黑格尔在谈论"感性确定性"问题时指出:"感性确定性经历到:它的本质既不在对象里也不在自我里,它所特有的直接性既不是对象的直接性,也不是自我的直接性……于是我们就达到这样的结果,我们必须把感性确定性的整体设定为它的本质……因此只有整个感性确定性本身才作为直接性坚持

---

① [荷]斯宾诺莎:《伦理学》,贺麟译,商务印书馆1997年版,第49页。

在那里,并因而把前面发生的一切对立都从自身中排除掉了。"①黑格尔在感性确定性中综合了原先处在对立状态的对象和自我,把"自我"纳入感性确定性的内涵之中意味着感性确定性已经具有概念、文化和历史之类的因素渗透其中。经验世界不再那么纯粹,而纯粹的世界已不再合法。

经过康德和黑格尔,命运的天平似乎向心灵倾斜,心灵拥有了诸如概念、范畴、文化等更为丰富的内涵,而世界本身则沦为无法谈论的物自体,它的幽暗之光笼罩自身,在认识论中不再能够起到积极的认识作用。当哲学步入它的现代形态时,我们会发现虽然心灵仍受推崇,但心灵与世界的托盘上都各自增加了砝码。心灵获得了一种重要的内涵或方法,即逻辑;同时,世界则获得了来自自然科学的支持;古典实用主义者在试图发展出认识论的一元论时,也发掘出了世界的存在论维度。

以弗雷格(F. Frege)、罗素(B. Russell)、早期维特根斯坦(L. Wittgenstein)、卡尔纳普(R. Carnap)等人为代表的逻辑实证主义者虽然承认经验所起到的作用,但经验在他们哲学中所起到的积极作用着实微弱,毋宁说他们主要是借助逻辑来构建世界。例如早期维特根斯坦,他始终不能清楚地回答,在基本的层次上与原子命题相对应的原子事实究竟为何物,他仅是将原子命题—语句—语言与事实—事态—世界相对应,认为逻辑的各个层次能够映射世界的各个层次。逻辑的形式(formal)次序就是认识的实质(material)次序,而两种次序的对应关系是先验地,而非经验地获得的。于是,知识主要是逻辑之事,我们完全可以通过谈论世界的逻辑构造的方式谈论世界本身。相比之下,实证主义则更加依仗经验的作用,他们更加依赖科学在这一过程中所起到的作用。然而,这里更为根本的问题是,逻辑和科学如何能够保证世界的客观性?当逻辑和科学——用罗蒂的话说——只不过是描述世界的方式时,它们两者之间有何区别?为了回答这些问题,我们应该考察逻辑和科学各自所能起到的作用,如若我们发现,它们均不能保证世界的客观性,我们便只能向罗蒂的宣判妥

---

① [德]黑格尔:《精神现象学》,贺麟、王玖兴译,商务印书馆1979年版,第68页。

协——文初提及的心灵与世界之间的尖锐的关系已经跃然纸上。

但在古典实用主义者那里,心灵与世界似乎并无矛盾可言,世界也没有失落的危险。在詹姆斯(W. James)那里,经验是一条持续不断流淌的河流,当我们截取其中的一节进行静态的分析时,我们会区分出其中的经验成分和理性成分;但在前反思的态度中,经验和概念是一枚硬币的两面,它们不可分割地纠缠在一起。彻底的经验实际上是我们存在的底蕴。在詹姆斯的后继者杜威(J. Dewey)那里,"凡我们视为对象所具有的性质,应该是以我们自己经验它们的方式为依归的,而我们经验它们的方式又是由于交往和习俗的力量所导致的。这个发现标志着一种解放,它纯洁和改造了我们直接的或原始的经验对象"①。如果说詹姆斯的思想沾染了过于浓厚的心理学色彩,杜威的思想中则有着黑格尔的底色。无论如何,当我们生活于历史之中,与人交往,规范与习俗自然地从自身内流出时,融合了心灵与世界要素的经验便是我们的存在之根。心灵与世界之间的关系在古典实用主义者那里既是认识论的关系,又有着存在论的内蕴。

*

语言转向以后,知识与世界之间的关系变成了语言和世界的关系。经过奎因(W. V. O. Quine)、塞拉斯(W. Sellars)、戴维森(D. Davidson)、罗蒂等人对经验主义的批评,经验意义上的世界逐渐失去认识论上的作用,以致罗蒂宣布"世界失落"。古典实用主义意义上的世界也似乎被搁置一边。新实用主义者更加倚仗语言来谈论问题,虽然运用语言能够更为清晰地分析问题,但获得清晰性的代价是,失去了古典实用主义所具有的厚实之感。

然而,断然地放弃世界概念的哲学家实际上寥寥无几。即便对经验主义批判地最为猛烈的哲学家,例如奎因、塞拉斯和戴维森等人,依旧试图保留对世界的谈论。放弃经验的证成作用,更多时候,是放弃因果刺激的证

---

① [美]杜威:《经验与自然》,傅统先译,中国人民大学出版社2012年版,第14页。

成作用，放弃将表达式还原至经验的还原论做法。

塞拉斯对自然的逻辑空间和概念的逻辑空间的二分相应于两种探究世界的新方式。从概念的逻辑空间一方，有些哲学家以语义的、语用的和解释学的方式来试图保留对世界的谈论，例如戴维森和布兰顿（R. Brandom）均认为世界的客观存在是人们可以进行成功交流的依据。然而，这一路径的探究有着较浓的理性主义特征，他们往往将概念或判断视为最小的语义单位，对概念或判断的意义和真的谈论是通过推论等方式进行的，无论他们以何种方式保证对世界的谈论，重获的世界是间接的。

在另一条探究的路径上，丹尼特（D. Dennett）、德雷斯基（F. Dretske）、米丽肯（R. Millikan）、伯奇（T. Burge）、丘奇兰德（P. Churchland）等人则依据生物学、认知心理学、计算机科学等学科方面的发展来谈论世界。这一方向上的哲学家有着较强的自然主义特征，自然意义上的世界依旧是知识的起源，我们的概念装置与自然装置有着密不可分的联系。不同于在理性主义路径上获得的世界，这些哲学家口中的世界是直接的。

即便在表面上，理性主义的路径和自然主义的路径之间便存在着矛盾。理性主义者，例如布兰顿，很怀疑我们可以从人与动物共同具有的感性能力开始哲学的探究；而自然主义者，例如丹尼特，则声称哲学如若不借助自然科学上的研究，很难取得真正的进步。两种探究路径上的矛盾预示着关于世界的两种空间上的矛盾，即概念空间和自然空间之间的矛盾。

上述的分析给出了本书需要讨论的问题：

1. 世界为何会失落？
2. 在世界失落的意义上，是否可能恢复对世界的谈论？
3. 在恢复世界的可谈论性的意义上，我们谈论的是哪种意义上的世界，是自然空间，还是概念空间？抑或是两者的联合？
4. 如果两种意义上的世界均是可以谈论的，如何勾连起两种空间？

导　论

*

　　本书中,自然空间、经验世界以及自然世界等概念有着相同的用法,它们均指未被概念化的世界,它们为与之相对的概念空间提供了因果性的来源,乃至证成的基础。未加引号的世界多数时候也泛指经验世界,但主要强调尚未有自然空间和概念空间二分阶段的外在于心灵的领地;加了引号的"世界"则指经过本书的一系列讨论后,重新被构造或认识到的"世界"。另外,我没有沿用塞拉斯"自然的逻辑空间"和"概念的逻辑空间"的说法。"逻辑"似乎意味着已经蕴含着规律,或至少蕴含着理性模式或规范性,舍弃"逻辑"两个字是为了在自然主义的探究中,不预设任何概念性的或隐在的概念性立场。

　　本书主要分为三个部分。第一部分"世界的失落"主要就世界失落的原因做出交代,给出本书所要探讨的论题,同时也探讨了世界分裂为自然空间和概念空间两个面向的原因。第一章"自然空间证成作用的丧失:对经验主义两个教条的批判及其后果"中,我将主要讨论奎因对经验主义两个教条的批判,以及奎因的批判导致了怎样的后果。奎因批判的经验主义的第一个教条是分析与综合的二分。分析命题与综合命题的二分由来已久,前者指经验内容为空的命题,我们可以依据规则断定其真假;而后者则以经验内容为依据,我们需要将这种命题还原至经验层次,与经验对照来断定其真假;前者为先天命题,后者为经验命题;前者具有必然性但不增加我们的知识,后者是偶然的但能提供新的知识。康德曾试图把两种命题综合起来,讨论所谓的先天综合判断。奎因则指出分析和综合的二分乃是一个幻象,没有纯粹的分析命题,分析命题总是包含有经验的成分。奎因随之批判经验论的第二个教条,即还原论。奎因认为,我们无法将各个关于世界的陈述与感觉经验一一对照,"我们关于外在世界的陈述不是个别地、而是仅仅作为一个整体来面对感觉经验的法庭的"[①]。

[①] [美]奎因:《从逻辑的观点看》,江天骥、宋文淦等译,上海译文出版社1987年版,第38—39页。

在我看来,奎因对经验主义两个教条的批判主要有如下后果:首先,分析与综合二分的崩溃也意味着语义和语用二分的崩溃,分析性之所以失去其纯粹性,重要的原因是,在谈论命题的语义时,我们不得不去考察命题的语用维度,这使得我们有可能综合起语义和语用的视角,来谈论世界。①其次,奎因放弃还原论后,继而采用的整体论视角亦深得人心。把关于世界的陈述整体作为与世界对应的单位使得我们能有效地抵制局部上的错误,我们也可以从中发展出一种先验论证以有效地抵制怀疑论。最后,奎因批判的重要后果还在于他开启了实用主义转向,分析与综合之间并没有一个清晰的界限,在哪里划界完全是一个实用的问题;并且,在面对感官刺激的不断侵袭时,我们在整体内部做出哪些合理的调整,这完全也是一个实用的问题。奎因的批判带来的后果会在后面的章节中逐渐变得清晰。

实际上,我认为奎因并未对经验主义做出直接的批判,通过对经验主义两个教条之间逻辑关系的分析,我们将会认识到奎因批判的重心在对还原论的批判上,而他论述还原论错误性的方式是,指出自己的整体论是正确的。他用与还原论不相容的整体论排除了还原论。我认为,对经验主义进行直接批判的是塞拉斯和戴维森。在第二章"自然空间证成作用的进一步丧失:经验主义的所予神话与第三个教条"中,我将具体讨论两者的思想。

塞拉斯对所予神话的批判使得多种意义上的所予不再能够继续充当

---

① 实际上,语用学和语义学的界限一直也未能划清,因为两者都包含有对"意义"谈论;但是,这两者也未能被较好地结合在一起。卡尔纳普曾经指出,对一种语言的词语意义的分析存在着两种不同的形式。一种属语用学,即对历史已知的自然语言的经验主义的研究;另一种属语义学,即对按惯用规则的选择而定义的人工构造的语言系统的分析。卡尔纳普主张区分语用学和语义学,但维特根斯坦的著名断言"意义即使用"则模糊了语义学和语用学界限。荷兰逻辑学家 Groenedijik 和 Stokhof(由于无法确定两人名字的发音,无从译出两人名字,敬请谅解)认为,一个完整的意义理论应该包含语用学和语义学两个部分。近些年来,布兰顿则尝试把语用学和语义学结合起来,他指出:"对**语义学**(即对由不同语汇所表达的**意义**的研究)与对**语用学**(即对语汇**用法**的研究)有着密不可分的关系。"我在论述世界的客观存在性时,亦把语用和语义看作是两个胶合在一起的视角。参见胡壮麟:《语用学》,《当代语言学》1980 年第 3 期,第 8 页。Also see Robert Brandom, *Between Saying and Doing: Towards an Analytic Pragmatism*, Oxford: Oxford University Press, 2008, p. xi.

知识的起点和基础,例如感觉材料、命题、第一原理、心灵等等,但是塞拉斯遗漏了"概念图式"这种所予形式。继奎因对经验主义的两个教条批判之后,戴维森认为经验主义仍留有一个长久未受清理的教条,即概念图式/内容的二分。概念图式指的是,"组织经验的方式;它们是对感觉材料赋予形式的范畴体系;它们是个人、文化或时代据以检测所发生事件的观测点"[①]。而内容则是存在在那里等待被组织、被赋予形式、被观测的感觉材料和事件。戴维森通过对这经验主义第三个教条的批判切断了奎因所坚持的在整体边缘摄入感觉刺激的经验通道,认为因果刺激起不到证成的作用;他也不承认诸如范畴、语言的本质或能力等那些具有先天性、不可通约性特征的范畴的存在。罗蒂正是借助戴维森以及斯特劳德(B. Stroud)的相似论证来证明,既然因果刺激失去证成的效力,我们也缺乏能够把握住它们的概念图式,那么我们就只能放弃世界这一概念,运用小写的语言(language)从事小写的哲学(philosophy)。但是戴维森,以及塞拉斯均得出了与罗蒂相异的结论。塞拉斯和戴维森都试图保留对经验世界的谈论。

第三章"世界的两幅面孔:概念空间和自然空间的分裂"借助对塞拉斯两类追随者的讨论,为世界的命运逆转或重构做了准备,也为本书提供了基本的探究框架。罗蒂和布兰顿把塞拉斯的追随者分为左、右两派:左派站在概念空间之内,认为我们不需要再将哲学探究的起点放置在自然之内;右派则认为自然空间是知识的来源,我们仍然能够谈论自然。左、右两派各自立足于概念空间和自然空间内发展塞拉斯的相关思想。经过本章的讨论,我们发现依旧可能分别从两个面向上出发来谈论世界,不仅如此,我们还可能以一种连贯的方式谈论概念空间和自然空间。

在第二部分"世界的重拾"中,我将在概念空间一方探索谈论自然空间的方式。谈论概念空间和自然空间的融合,从概念空间一方的角度看,就是去探究概念渗入世界中有多深。本部分将重点讨论戴维森和布兰顿哲学中的相关思想。

---

① [美]戴维森:《真理、意义和方法》,牟博编译,商务印书馆2008年版,第254页。

第四章"语义进路：戴维森解释的语义因果理论"或许是最具争议性，也最具挑战性的一章。我试图在"解释的语义因果理论"这一综合性的理论标签之下融贯地解释戴维森的真之语义学、彻底的解释理论、不规则的一元论（anomalous monism）以及因果理论，这里隐在的解释顺序是"对完全因果律的本体论承诺→真→意义→解释"。恰是因为对完全因果律的承诺才使得我们有资格（entitled to）将一个事件理解为因果事件，一旦对于因果事件的解释获得了成功，我们便有权（justified in）认为世界中切实发生着处于因果关系中的事件——包括物理事件。

解释的语义因果理论首先是一种因果理论，在此意义上，它在解决休谟因果理论问题上向前迈出了实质的一步；其次，它还是一种语义理论，它涉及对单称因果陈述这种自然语言的意义的研究；最后，它也是一种解释理论，因为戴维森最终达到的是对单称因果陈述的解释。在不规则的一元论中，精神事件和物理事件处在不对称的关系之中，精神事件随附于物理事件；并且，只有物理事件处于严格的法则关系之中，但戴维森提到，有些精神事件也与物理事件一样处于严格的法则关系之中。要理解这一表面上的矛盾，我们或许可以将精神事件先还原为物理事件，认为这种还原后的物理事件与另一物理事件处于严格的法则关系之中。然而，精神事件和物理事件之间不存在严格的法则，因而还原是一条不可行的道路。我认为，如果要融贯地理解戴维森的思想，我们可以把精神事件理解为对它所蕴含的物理对象的解释，由此我们可以把事件的因果关系转化为解释的关系。正是基于这一关键的思路上的转变，戴维森将单称因果陈述的"真"奠定在以对因果律和世界的本体论承诺之上，然后依据真来获得意义，由此做出的解释从而也便是合理的解释。

然而，戴维森只是给出了充足因果律的逻辑形式以及对世界的本体论承诺，以这种无实质内容的形式为基础的语义学难免在对那些其内容发挥着关键作用的陈述的解释中失败。就布兰顿重提的从言（*de dicto*）和从物（*de re*）表达式的区分来说，戴维森的解释的语义因果理论更多地适用于从言表达式，而不适用于从物表达式。

第五章"语义和社会进路:布兰顿结合形式语义学和实质语用学的尝试"中,我首先进一步分析了戴维森解释的语义因果理论存在的问题,并指出为何布兰顿的推论主义语义学能够有效地弥补戴维森相关理论上的不足。布兰顿的推论主义语义学与一般意义上的语义学的关键区别在于,后者往往专注于语言表达句的意义,而前者不仅关注于意义,还关注表达句的内容。布兰顿提出了一种新的谈论表征的方式。一方面,在替换的方法中那些保持了推论的善(goodness)的替换项有着相同的概念内容;另一方面,在给出和索取理由的实践中,那些起到相同推论作用的单称词项等次语句表达式也蕴含有相同的语义内容;谈论这些内容的方式也是谈论表征的方式。布兰顿区分了"承诺"(commitment)和"资格"(entitlement)这两种规范身份,持有信念的人对某一实质内容做出了承诺,而当这一信念作为一个判断时,对之具有资格就意味着能在你来我往的社会实践中为这一断言提供理由,断言的持有者需要既能告知他者为何持有这一断言,又能告知从这一断言中推出什么,即他所持有的断言能够充当推论的前提和基础。一旦获得承诺和资格两种规范身份,我们似乎就能够将实质语用学与推论语义学结合在一起,在日常生活中获得的命题态度和信念在推论中被清晰化,同时,我们也理由持有这些命题态度和信念中蕴含的内容。

第四章和第五章所讨论的戴维森与布兰顿思想皆从语义和语用角度讨论抵达经验世界的可能,戴维森解释的起点是单称因果陈述,布兰顿解释的起点是断言。然而,戴维森实际上还有另一条从理性生物所具有的意向状态抵达经验世界的方式,这一方式清晰地体现在他的三角测量模型(triangulation)之中。

戴维森虽用分散的论文来表述其哲学思想,但其思想却具有体系性。三角测量模型是戴维森多次运用以使其思想得到更好理解的工具,我把三角测量理解为一种能够融贯地容纳戴维森思想的模型,而非一种理论。第六章"解释学进路:三角测量模型对自然客观性的证成"试图借助三角测量模型来论述自然空间的客观性。这一章中,我以戴维森与奎因在"原因"概念上的分歧来呼应将会在第七章和第八章中提出和解决的问题,即如何从肌肤之上的刺激走向经验世界。戴维森并不认为我们可以直接通过刺激走向经验世界,他引入主体间的视角,运用不同人称所具有的意向角度来三角测量出经验世界中的对象。奎因认为肌肤之上的近端刺激依旧能够起到证成的效果,而戴维森认为近端刺激至多只能对我们的意向角度产生影响,而真正充当解释的原因并能为我们所把握的乃是经验世界之中的远端对象。

第三部分"世界的丰富"则变化了研究的视角,本部分不再"透过概念的视角看",而开启了从自然空间的一方,对概念的自然起源的探究。从自然一方的探究,就是去探究哪种意义上的自然能够以及如何进入概念空间之中。自然的探究与上一部分的探究关键的不同之处在于,自然的探究避免预设人已具有的概念和规范。以自然为起点意味着消除人和动物之间的界限,概念和规范不应被预设,它们的出现本身就是一种"何以可能"的问题。然而,经过前两个部分的探究,我们认识到以自然为起点的知识论探究需要防范还原论的错误,避免把因果刺激当作知识的基础。

第七章"脑内与脑外世界的融合:基于德雷斯基和麻醉学研究对意识的分析"探究的是我们避不开的"意识"问题。本章中,我试图说明关于意识研究的两种方向,一种是向上的规范研究,另一种是向下的自然研究,探究的两个方向分别指向了概念空间和自然空间;关于意识的自然研究还存在另外两种方向,一种是生理学的向"内"的研究,另一种是生物学的向"外"的研究。关于意识的"高阶思想"(Higher-Order Thought)理论认为我们需要关于意识的意识,即关于内容的思想才能具有意识,这要求我们具有关于内容的概念才能够具有关于内容的意识;德雷斯基则认为,意识直接体现在生物应对自然所采取的行为之中,动物能够做出具有生物学上价值(例如生存和繁衍)的行为就已表明它具有意识,具有关于意识内容的高阶思想以及关于内容的清晰认知无助于增加生物学上的价值;关于意识的临床医学研究则表明,意识的产生和消失伴随着神经元之间联系的生成和割断。我认为,我们可以在共同的外化的"行为"中融贯地讨论上述三种意识研究的路径(即向上的规范研究,向下且向内的自然研究,以及向下且向外的自然研究），融贯地谈论向上和向下的研究可以保证自然空间和概念空间之间的连续性，融贯地谈论向内和向外的研究可以避免还原论、副现象论等问题，并且亦能丰富世界的自然内涵。我将在第八章后增加一篇"补篇"，这篇文章借助对神经实用主义思想的讨论进一步发展了这里的结论。

第八章"语义在自然空间中的基础：米丽肯的生物语义学"对米丽肯思想的讨论中，我也注重讨论两个空间之间的勾连性。米丽肯把生物在进化的历史中获得的"正当功能"当作是勾连起语言的人工装置和语言的自然装置的中介项，认为人工的语言和自然之间存在一种映射关系，语句的真和意义取决于关于正当功能的规范的(normal)解释，而表征则是实现正当功能的相应的自然项。一方面，由于正当功能是在自然的进化史中形成的，米丽肯的做法导致了语言的自然化；另一方面，语句的真取决于关于正当功能的解释，后者同样因为自然上的历史性而具有稳定性，它成为语句的真之依据，米丽肯提供了一种不同于戴维森版本的真之语义学。

第九章"从自然空间到概念空间：杜威的语言发生论"讨论的是杜威哲学中不那么受重视的语言哲学。在戴维森所批判的图式和内容二分的教条中，语言一般被视为是反映世界的一面镜子；罗蒂打碎了这面镜子，并且在罗蒂哲学中，在放弃经验世界的意义上，语言与世界再无半点瓜葛。杜威的语言哲学则强调语言和经验密不可分，语言生成于自然之中；杜威同时也强调社会因素在语言形成过程中所起到的重要作用。杜威的语言观既强调其中的自然性，又强调社会性，实践既是自然的实践，也是社会性的实践，杜威的思想为弥合当代哲学中自然主义和推论主义的分裂提供了一条有益的思路。在把生物适应和应对环境的行为理解为自然实践的意义上，这一章揭示了在实践中自然性的东西如何逐步转变为社会性的东西。一旦自然之物变为社会之物，我们可以对之进行概念的和推论式的探究，于是，在这一节点上，我们可以把自然空间和概念空间勾连起来。

此外，补篇"脑的外化和实用主义"讨论的是新近出现的神经实用主义思想，这一补篇能够将第二至第三部分的研究结合起来。神经实用主义将脑内的状态外化为外在于脑的行动进行研究,脑的外化凿开了一道通往脑内神经元的小道,外在于脑的自然环境和人文环境的幽光得以照进颅内。我认为,神经实用主义的核心论题应该是"神经实用主义是一种关于自然、人文、科学的综合理论",我们由此可能实现自然的世界观和文化的世界观、自然空间和概念空间,乃至新、老实用主义的融合。在这篇文章中,我同时指出,应对情境的"活动"必然是一个关键的概念,它是脑内状态、经验、概念等具体研究方向的"交叉点",通过应对自然的活动:(a)脑内状态得以接受外在信息,并以此形成新的模式或对已有的模式做出调整,并进一步影响到采取怎样的行动;(b)一些概念得以生成并获得稳定的内涵,概念的内涵也会被修改或调整,并进一步影响到采取怎样的行动。随之,经由"活动"这一共同的源头,(c)脑内状态和概念也互相发生作用,神经元因此附着上文化的信息,大脑不是洛克式的"白板",在进行文化式的活动时,运用到的大脑已经存贮了一些文化信息和一些自然信息。(a)—(c)揭示了大脑—自然、自然—文化、大脑—文化以及自然—大脑—文化之间动态的交织的相互影响。(a)—(c)应该是神经实用主义的核心论题,有了这三个要点,自然、科学、人文也能够得以融合,自然空间和概念空间之间的界限不仅随之消除,两种空间之间的连续性、连贯性和互动性也同时得以被证成。

*

本书由于视角和线索较多,并且,我试图保持各章的独立性,这在一定程度上破坏了整体思路上的紧凑性。我需要将这些线索拧作一团,以达成本书的理论目标。我们可以通过如下说明来使本书中的论述融贯起来:

第一部分为我们展开了问题讨论的背景,第二部分和第三部分的内容则试图从正面达到本书的理论目标。第七章中,通过对麻醉状态下的意识的分析,我们认识到意识的产生和消亡直接与脑部神经通路是否畅达直接相关。或许人们并不会否认源自外界的刺激会在脑部引起变化,更为关键的问题在于,向世界一方,我们如何通过刺激确定世界中引发这些刺激的对象存在？奎因和戴维森这对师徒在这个问题上有着争议，奎因认为肌肤之上的刺激能够证成知识，而戴维森认为，我们需要把原因定位在世界之中的远端对象上。经过第六章第二节中的相关讨论，我们支持戴维森的观点。暂且不论戴维森反对奎因的理由，我们似乎并未能回答方才提出的关键问题，即如何通过因果刺激确定对象存在？

实际上，当我们否认近端刺激能够起到证成的作用时，我们便不会选择经由感官通道走向世界。在主体间的交流中，人们至多把他们观察到的相似的刺激模式当作证据。我们从第九章中对杜威发生学的语言观的讨论中可以看到，有模式的刺激已经具有隐晦的（implicit）意义，这些模式构成了规则和规范的来源和基础。在第八章讨论米丽肯的正当功能这一概念时，我们认识到在自然中历史地形成的正当功能是语句的真和意义的基础。杜威的语言观直接地连接起了从自然到社会的过程，米丽肯的正当功能是连接起语言的自然装置和语言的人工装置的中介项。通过第六章的讨论，我们认识到戴维森把世界的客观性当作解释得以可能的依据，在解释成功的情形中，参与交流的人必然对相同的对象做出了归因。

与戴维森相似，布兰顿也把世界客观存在当作是解释得以可能的原因，但不同于戴维森从理性生物所具有的信念与意向状态出发，布兰顿的推论主义则从断言出发。经过第五章对布兰顿推论主义语义学的讨论，我们认识到可以走出一条从推理到表征的社会路径。布兰顿推论主义语义学并未在任何意义上直接涉足世界，但却提供给了我们一种谈论表征的新方式。

戴维森也提出过一种从语义学的方向谈论世界的方式，我在第四章中探究了解释的语义因果理论，这种理论以对完全形式的（full-fledged）因果律和世界的本体论承诺为基础，对关于单称因果事件的陈述做出解释。当我们能够对单称因果陈述这种表达式做出解释时，我们就有理由认为世界中真实地发生着一些对应的事件，并且这些事件可为我们所把握。

最后，我在"结论：勾连概念空间和自然空间的实用主义方式"中，以对伯奇的相关思想的简要讨论为引线，再度引出本书的关键论题。之后，我对运用实用主义来勾连起概念空间和自然空间的策略做了简单描述。我认为,强调实践特征能够使我们在实用主义的视角下融贯地理解本书中涉及的理性主义以及自然主义的探究方式。我们可以采取两步策略,第一步是实用主义的实践与自然主义式的适应环境的活动的结合,第二步是实用主义的实践与理性主义式的推论活动的结合。采取两步策略的后果是,实用主义作为所有探究的方法论基础以及自然主义和理性主义的思想补充,使得所有实践的形式融贯起来。这一结论也为补篇中讨论的神经实用主义思想所支持。

我赞同简耐克(M. Janack)在她的新书《我们谈论的经验是什么意思》(What Do We Mean by Experience)一书中表达的观点,事实上并不存在"浅经验",一切经验都是"厚经验",即是说所有概念包裹住的经验都深入世界之中①,在此意义上,我们拥有连续的自然空间和概念空间,并在这双重的空间中进行着实践的活动。

同时,我提议,在今时的相关讨论中我们应该用"自然主义"这个词项来替代"经验主义",我们不妨把后者限制在近代哲学的用法中,世界在那里仅能提供简单的因果刺激,它是为奎因、塞拉斯、戴维森等人所批判的对象;而自然主义则经过了现代科学的充实,自然的领域不再仅有简单的因果刺激,我们还能谈论有模式的反应,可以对之进行规范解释的功能等。这种意义上的自然主义可以允许我们合理地谈及"世界"。我的这一理解取消了一些哲学家在"方法论的自然主义"与"形而上学的自然主义"之间的划分。简单地说,前者倡导哲学家应该尽其所能地运用科学方法;后者则认为我们应该从到底怎样解释世界开始。② 实际上,我们人类既作为感性动物,也作为理性生物,我们同时拥有两种空间。两种空间无间隙地被勾连在一起,共同造就了内涵更为丰富的新"世界"。从而,我们的探究既涉及对世界观做出解释,也无可避免地在一定程度上运用到科学方法。

---

① See Marianner Janack, *What Do We Mean by Experience*, Stanford: Stanford University Press, 2012, pp. 174-175.
② See Jack Ritchie, *Understanding Naturalism*, Acumen: Routledge, 2014, pp. 196-197.

导 论

*

　　由于现实上的以及学理和论证上的困难,本书难免存在诸多不足之处。第一,由于论题的线索较多,且我试图在一定程度上保持每一章的独立性(原因是,我试图使每一章成为一篇单独可读的文章),这导致了研究整体在结构上没有那么紧凑。第二,我在语义学和语用学的探究进路上的着力远重于自然主义的探究进路,这导致了论述力度上的不均衡;也是出于这个原因,我附加了"补篇"以增援第二部分的研究。第三,限于学识和学力,本书亦未能在各研究进路上展开更为具体的讨论,我仅遴选出直接相关的思想进行讨论,但未就为何选出这些理论做出交代。第四,在结语部分,我认为可以通过实用主义来融合理性主义与自然主义,但我只是对这一思路做出了稍显简单的描述或勾画,虽然可以把本书理解为对这一思路的具体呈现,但我所做的工作还远远不够。实际上,本书是我分三步走的研究所迈出的第一步(详见后记),因而难免有"试水"或"引论"的嫌疑。第五,本书的写作在我赴挪威奥斯陆大学"自然心灵研究中心"(CSMN)访学期间完成,当时手边没有可资利用的相关中文译本,回国后,我及时补充了相关译文引文的中文出处,但可能仍有译者的译著未能关注到,在此向付出辛勤劳动的相关译者预先致歉。总的说来,敝作的出版时常让我感到羞赧,还望方家不吝赐教,多多指正。

第一部分
世界的失落

　　奎因对经验主义两个教条的批判是经验世界(自然空间)在认识论中开始失落的标志性事件。第一章对奎因的批判做出了讨论,我们将认识到人们不再能够以把判断还原为相关的经验陈述的方式来证成该判断。然而,我认为,奎因对经验主义的批判不是直接的,更为直接的批判来自塞拉斯和戴维森。第二章便紧接着讨论了塞拉斯对所予神话的批判,以及戴维森对经验主义第三个教条的批判。两人的批判更为根本地杜绝了经验起到证成作用的种种可能。

　　我们在具体的讨论中发现,即便是奎因、塞拉斯和戴维森这样给经验主义带来致命打击的哲学家也尚未放弃对经验世界的谈论。第三章接着借助对塞拉斯哲学左、右两派追随者思想的讨论揭示世界的两个面向,即自然空间和概念空间。我们发现不仅依旧可能分别从两个面向上出发来谈论经验世界,仍旧可能以一种连贯的方式谈论并非真正分裂开来的自然空间和概念空间。

第一章
自然空间证成作用的丧失：
对经验主义两个教条的批判及其后果

奎因的"经验主义的两个教条"或许是"二战"之后最具影响力的文章之一，这篇文章以瓦解分析/综合二分和还原论两个教条著称，并且开启了哲学上的一系列转向。然而，亨特（G. Hunter）在其一篇文章的开篇就直言不讳地说明，奎因的这篇文章"盛名之下，其实难副"。亨特指出，奎因这篇文章的前四节中并无实质的论述，而从后两节中得出的结论又是错误的。① 我将在本章第三节中详述亨特做出这种判断的缘由。在我看来，奎因的论证虽然的确存在一些问题，但这篇文章仍旧有着重要的价值。就本书的主题而言，奎因这篇文章的发表是自然空间在认识论的领域开始沦丧的标志性事件，尽管这篇文章对经验的批判效力并没有人们一般认为的那么大。

本章中，我将以奎因对经验主义两个教条的批判为主线，考察放弃这两个教条对自然空间在认识论中的位置会产生怎样的影响。第一节中，我将勾画在两个教条统治之下的领域里，自然空间概念曾受到怎样的礼遇。这个领域中的居民似乎并未怀疑经验世界的真实性（除了康德所谓的怀疑论的"游牧民族"），他们亟亟寻求某种恰当的方法，以便能够借以使经验世界的位置更为坚实。第二节将展开奎因对经验主义两个教条的批判。我首先对两个教条内在逻辑的关联进行探究，这一探究将揭示分析/综合二分与还原论这两个教条在逻辑上有着不对称的关系，即对分析/综合二分

---

① See Hunter, G., "Quine's 'Two Dogmas of Empiricism': or The Power of Bad Logic", *Philosophical Investigations*, Vol. 18, No. 4, 1995, pp. 305 – 328.

第一章 自然空间证成作用的丧失：对经验主义两个教条的批判及其后果

教条的拒斥并不必然导致对还原论教条的否定，而对还原论教条的否定则构成对前一个教条的否定。由于两个教条之间存在逻辑上的不对称性，较为经济的做法是，先拒斥第一个命题，然后把所有可能留存的问题转移到对第二个教条的拒斥之上——这正是奎因的做法，所有论述的有效性的重心最终落在对第二个教条的批判之上。我将随后讨论奎因对分析性概念的批判，奎因批判了两种分析性概念，即依赖逻辑真的与依赖同义性的分析性。分析性的丧失意味着放弃分析与综合二分的教条。我接着讨论奎因对还原论教条的批判时发现，实际上，奎因最终倚仗的是他的整体论，只要整体论有效，还原论便无效。在此意义上，如果整体论本身存在问题，奎因对两个教条的批判便会有问题。第三节讨论的便是人们对奎因的异议，由于亨特的批评文章与奎因的《经验主义的两个教条》一文在时间上拉开了距离，并且亨特对奎因的分析做出了全面的批评，我将主要讨论亨特的反对意见。第三节中，我并未明确地捍卫奎因的观点，也没有支持亨特的论述，我的（包括本章很多部分的工作）目的在于，拉开问题讨论的视野，以使得本书的论题慢慢浮现。出于同样的目的，我在第四节简要地讨论了放弃两个教条所带来的后果。在最后一节中，我将会简单勾画，经过奎因批评之后，世界概念在认识论中的地位发生了怎样的变化。奎因对经验主义两个教条的批判是世界概念在认识论中开始沦丧的关键一步。

第一节 两个教条之下的世界

在笛卡尔式二元论的背景下，近代哲学家似乎一直囿限于两个认识论主题，即如何运用知性图式来谈论经验对象以及因果刺激，如何保障经验对象和因果刺激能够证成知识。近代哲学家大都用这两个基本主题作为各自哲学思想图画的底色，不同的配比构成了风格上的主要差异。长久以来,大部分近代哲学家似乎主要执着于认识论的方法论探究①,即寻求一种恰当的方法论来保证经验世界和知识之间的可靠联结,这种做法以经验内容的客观性为前提。反过来说,经验的内容在此意义上也必然是客观的,若不如此,他们所做的工作无异于用一张精致的网在空气中捕鱼。②

奎因所批判的第一个教条是分析/综合命题的二分。分析命题指的是经验内容为空的命题,这种命题的真假不依赖于命题的内容,我们仅需依据这种命题的"分析性"(包括先天范畴形式、逻辑形式等)就能断定这种命题的真假。"分析性"是经验之外的东西,它能够摆脱经验的偶然性,从而分析命题是一种必然的命题。然而,由于分析命题不能够涵括内容,它也不能在外延上有所扩张,故而,分析命题并不增加我们关于世界的知识。相比之下,关于综合命题,我们则需把它还原至经验层次才能断定这种命题的真假,因为判定这种命题的依据是经验,经验是偶然的,故而这种命题是一种偶然命题,但由于它是对世界内容的判断,因而它扩充了我们关于世界的认识。分析命题的优点在于,如果我们仅在知性(理性)一方而不涉足经验的泥潭,我们就能获得确定的知识;综合命题的优点在于,尽管我们在经验世界中历险重重,但我们所猎获的知识丰富且有内容。康德提出"先天综合命题",他试图把分析命题和综合命题的优点悉数列入囊中。

奎因所批判的第二个教条是还原论教条。我们假设奎因对经验主义第一个教条的批判成立,那么,分析命题和综合命题之间由于不存在一个

---

① 对认识论方法论的探讨不同于从认识论上对经验内容的探究。将前者纳入后者意味着认识论的自然化。当探究的中心停留在方法论上时,我们实际上是以主观方面的概念、范畴、认识能力等为中心,探究我们的知性图式"如何"能够把握经验内容,"方法"其实就是对这一"如何"的回应。当认识论的中心转向内容之后,我们才开始一种客观的叙述,我们才会公正地对待主、客两个维度上的力量,才会务实地(actually)探究知识的内容究竟是什么。这种脱离了主观维度在先影响的内容真正回到了自然之中。我这里所说的自然化的认识论虽然并不严格对应于奎因、金在权(K. Jaegwon)、戴维·刘易斯(D. Lewis)等人所谓的自然化的认识论,但掩藏在这一概念之下的首先是对客观的、不依附于人的自然概念的首认,而后才是对这种自然能否在认识论中继续占据合理的位置的探究。相关讨论请参见李侠:《自然化的认识论:从方法论到内容》,《上海理工大学学报(社会科学版)》2013年第9期,第254—258页。
② 戴维森、布兰顿均强调世界的"客观性",认为客观的世界是解释和交流得以可能和成功的原因和条件。那么,如何理解世界的"客观性",为什么需要保留客观世界?我将结论中回应这一问题,此处暂且不议。

第一章　自然空间证成作用的丧失：对经验主义两个教条的批判及其后果

清晰的界限，分析命题中难免渗入一些经验成分，那么，此时便不存在严格的"分析"命题。奎因对第一个教条的消解使得还原论变得尤为重要，因为，此时对所有命题的证成仍可以依靠将它们还原至经验的方式进行。在第一个教条被攻克之后，仍然有还原论作为经验主义的后盾。不仅如此，我们将在本章第二节中看到，还原论者还可以在一定程度上复兴第一个教条。外间的自然空间对于还原论者来说，责任甚大，它作为知识的基础，必须存在于"那里"。

奎因对经验主义两个教条的批判最初旨在批评当时流行的逻辑实证主义思想，尤其是卡尔纳普所谓的宽容原则（principle of tolerance）。奎因早年在布拉格见到了卡尔纳普，并参与了后者的一些讲座。卡尔纳普主要为维也纳学派的逻辑实证主义提供了如下三个观点：(i)关于语句意义的经验证实原则，即有意义的语句都可以被还原为经验的事实描述；(ii)诸如数学和逻辑是语言(分析)性的先天知识；(iii)形而上学是无意义的。[①] 因为(iii)，语言不受某种超验力量的限制，故而卡尔纳普认为语言是一种相对的东西，我们出于不同的目的而使用语言，因此，对语言的使用具有"宽容性"。根据(i)和(ii)，卡尔纳普认为分析命题和综合命题之间有着截然的分别，前者只由语言构成，因此，当我们改变所用的语言或使用语言的方式时，我们就可以改变其真值，故而，对分析命题的探究无需诉诸外在的经验事实，在语言内部即可完成。综合命题则不同，它是相对于事实的，改变所使用的语言并不必然改变其真值；我们需要对外在的对象或证据做出考量才能知道综合命题的真假。

奎因的批判在后果上远远超出了对卡尔纳普的批评，他对经验主义两个教条的分析同时深刻揭示了近代认识论哲学中存在的问题，也从否定性角度说明了经验世界在认识论中曾经具有怎样的重要地位。第一个教条，尤其是康德试图结合分析命题和综合命题的尝试，体现出近代哲学家既想获得关于经验世界的知识，又想保证所获得的知识的可靠性的热望。他们

---

① See Alex Orenstein, *W. V. O Quine*, New York: Routledge, 2014, p. 5.

寻求的乃是一种确定性的知识。在这一方面,世界是人们试图牢牢勾住的东西。第二个教条则表明,世界是知识的基础或来源,任何一位近代哲学家,乃至二十世纪初的一些哲学家,例如罗素、早期维特根斯坦、卡尔纳普这样的逻辑实证主义者,都不曾放弃知识与经验世界之间的关联。世界在各个哲学家那里受到不同程度的礼遇,但经验世界为何从曾经的座上宾沦落为无人问津,甚至人们避之不及的落魄者,我们可以从奎因这里看出一些端倪。

第二节 对两个教条的批判

分析/综合二分的教条与还原论教条在逻辑上具有互相依赖性,这意味着拒斥其中任何一个教条都会对另一教条产生影响;然而,这两个教条逻辑上并不对称,因为对第一个教条的拒斥并不意味着否定第二个教条,但放弃第二个教条的同时,我们则必须放弃第一个教条。奎因的论述是从对前一个教条的拒斥过渡到对还原论这第二个教条的批判之上——如果我的观点是正确的话,奎因对还原论的批判更为重要,尽管《经验主义的两个教条》一文中,奎因对还原论批判的相应文本占比并不大。本节中,我将先探究两个教条之间的逻辑上的关系,而后具体讨论奎因对经验主义两个教条的批判。

一、两个教条逻辑上的不对称性

我认为,两个教条具有逻辑上依赖性的原因源于如下两类循环:

内容的循环

意义/内容循环:

(1) 一个理论句只有在能被还原至一系列观察句的情况下,才具有意义；

（2）一个理论句只有在意义确定的情况下，才能被还原至一系列观察句；

真/内容循环：

（3）一个理论句只有在能被还原至一系列观察句的情况下，才能谈论其真（truth）；

（4）一个理论句只有在确定其真的情况下，才能被还原至一系列观察句。

语义的循环

真/意义循环：

（5）一个理论句可以通过它与其他语句的关系，或依据自身的逻辑结构、分析性等特征来获得其真，然后依据真谈论意义；

（6）一个理论句可以通过其与其他语句的关系，或依据自身的逻辑结构、分析性等特征来获得其意义，然后依据意义谈论真。

这里所谓的"理论句"与观察句相对，指的是分析句和综合句，是一种判断句。观察句，在奎因那里指的是，"当某种语言的所有说话者被给定相同的当下刺激时，都会做出相同判断的语句"[①]，因果刺激的意义就是观察句的意义，而观察句实质上是理论句的内容，它将感性刺激收纳在自身之内以供理论句使用。

为什么上述三个循环能使得经验主义的两个教条联系起来？（1）和

[①] W. V. O. Quine, "Epistemology Naturalized", in *Epistemology: An Anthology*, E. Sosa & J. Kim, eds., Blackwell Publishing, 2000, p. 535. 奎因所谓的观察句有几点特征：首先，观察句是对当下刺激的习得的、共有的反应（learned shared responses）；其次，观察句是概念化的、对刺激的报告；最后，观察句是可以修正的，而刺激句（stimulated sentence）则是固定地与刺激纠缠在一起。观察句的上述特征使得观察句不同于因果刺激，但观察句还没有是知性判断的内容。人们往往易于把观察句理解为感觉刺激，但奎因始终强调的是，"观察句是对世界中的事物和事件的描述或报道，它并不等同于感觉材料"（See Yasuhiko Tomida, *Quine, Rorty, Locke: Essays and Discussions on Naturalism*, New York: Georg Olms Verlag, 2007, p. 23.）。我们应当把这一点牢记于心。

(3)实际上体现的是还原论教条,这两个教条试图从经验着手来谈论意义或真。我们接受了还原论教条的同时,我们也可以接受(5)和(6),因为,(1)、(3)与(5)、(6)并不矛盾;对于综合命题来说,我们只能以(1)和(3)的方式来谈论意义和真;但对于分析命题来说,(5)和(6)的方式则是可行的方式。但如果还原论不成立的话,那么,在(1)和(3)被摒弃的情况下,(5)和(6)亦不可行,因为,如若我们还坚持分析/综合的二分的话,综合命题在(5)和(6)两种分析的情况下都无法被谈论。故而,放弃还原论也意味着放弃分析/综合的二分。

(2)和(4)实际上支持的是分析/综合的教条中的分析命题,接受这两个表达式的人们认为,对于分析命题而言,我们可以不从语句之外的经验着手,而从命题之间的关系、逻辑形式等方面获得命题的意义和真。即便对于综合命题来说,我们也可以先获得它的意义和真,然后通过意义和真来推测其经验内容。(5)和(6)可以被理解为对(2)和(4)的进一步表述,理解为对如何获得意义和真的进一步说明,故而这两个对子并无矛盾。如果分析/综合的教条成立的话,我们可以运用(2)、(4)、(5)、(6)的方式来谈论分析命题,可以运用(1)、(3)的还原论方式来谈论综合命题。因此,在肯定的意义上,经验主义的两个教条并不存在逻辑上的矛盾。然而,在否定的意义上,即当分析/综合的教条不成立时,分析命题与综合命题之间的界限将变得模糊,分析命题中开始渗透经验的成分,在此种情况下,人们只能寄希望以还原论的方式来谈论命题的意义或真。因此,否定经验主义的第一个教条,并不意味着放弃经验主义的第二个教条。

经验主义的两个教条之间的不对称性体现在:放弃第一个教条并不意味着放弃第二个教条,但对第二个教条的抛弃意味着我们一定会抛弃第一个教条。

朗基勒(J. Ravenkilde)认为,奎因的这两个教条在逻辑上是相等的,即不存在我这里所谓的不对称性。他给出如下五个双条件句来证明他的观点:

第一章　自然空间证成作用的丧失：对经验主义两个教条的批判及其后果

a. 只有在理论句被确认的情况下，我们才能将理论句还原至观察句；并且，还原论者依据那些理论句被还原至的观察句来给出理论句的意义；

b. 只有在理论句有着确定的经验后果时，语句才能被还原至观察句；或者，只有在能够确定理论句的真值的情况下，才能把理论句还原至观察句；

c. 但只有在能够把理论句还原至观察句的情况下，才能获得该理论句的真值；并且，这些观察句是那些能够决定该理论句真值的观察句；

d. 只有在能够区分出某个理论句中的事实成分和语义成分的情况下，b 和 c 才是可能的；事实成分对应于经验成分，语义成分对应于分析成分；并且这两种成分都能影响理论句的真值；

e. 但是 d 中的区分只有在我们承认存在经验内容为空的命题的情况下才有意义；并且，经验内容为空的命题的真取决于其他的语言成分，即这种命题的真依赖于其意义。①

朗基勒的五个双条件句与我的三个循环有什么不同？我认为区别主要在于 d 和 e 上。根据朗基勒的论述，我们只有在区分分析命题与综合命题的情况下（即 d）才能够将理论句还原至观察句（即 b），才能依据其中的经验成分判定理论句的真值（即 c），因此，承认第一个教条是承认第二个教条的前提；此外，对于不可还原至经验层次来进行分析的分析命题来说，我们则需承认可以通过意义来谈论它的真值（即 e）。在肯定的意义上，朗基勒的分析与我的分析并没有什么不同，因为我也认为承认第一个教条与承认第二个教条并不存在什么矛盾，且我们的分析都与奎因一致。朗基勒只是进一步指出，在承认第一个教条的同时，必然会认同第二个教条；我则从

---

① See Jens Ravenkilde, Quine's Indeterminacy Thesis and the Foundation of Semantics, University of Copenhagen, Ph. D dissertation, 1979, pp. 75-76.

否定的意义上指出,否认第二个教条必然会促使我们放弃第一个教条。我的结论和朗基勒的结论在逻辑上是等值的。但是,承认第二个教条必然会导致承认第一个教条么,或者否认第一个教条必然会导致否认第二个教条么?朗基勒的分析中没有包括对这两个问题的讨论,而从我所指出的三个循环中,我们可以清楚地看到承认还原论教条与否认分析/综合二分的教条相容,因此,经验主义的两个教条在逻辑上的关系并不对称。

二、对分析性的批判

由于两个教条存在逻辑上的不对称性,批判这两个教条较为经济的做法是,在批判第一个教条的基础上,转向对第二个教条的批判;在批判第二个教条时,也会加强第一个批判的论述力;并且,一定要保证对第二个教条批判的有效性。奎因在《经验主义的两个教条》一文中采取的正是这种较为经济的论述策略。

本小节将具体讨论对第一个教条的批判,实际上,我的讨论将主要落实在奎因对分析性概念的批判之上。分析性概念在像卡尔纳普这样的逻辑经验主义者那里,"有着传统哲学意义上的先验知识和必然真理的内涵。但是,在卡尔纳普看来,如果把先验知识和必然真理看作是**基本的、被给予**的概念的话,我们就会陷入形而上学的泥沼之中;分析性是我们用来代替那些概念中**有用**和**正确**的成分的概念,这一概念同时能够避免那些概念所具有的形而上学内涵。分析性因此是一种清楚、精确的概念,即便是那些最为小心谨慎的经验主义者也会接受这一概念"①。在"基本"和"被给予"的意义上,卡尔纳普的分析性概念具有先验性;在保留概念中"有用"和"正确"的意义上,它亦保障了真;由于它不具有某种形而上实体的属性,我们进而可以避开形而上的问题,不必探究分析性概念为何具有超越性等问题(如康德所谓的范畴,它所具有的分析性具有超越论意义上的内涵,康德必

---

① Peter Hylton, *Quine*, New York: Routledge, 2007, p.48.

须对"先验分析判断"做出"先验演绎",康德因此面临着重重难题)。我们只需把握住分析性的属性,对这一概念做出描绘,从而领会它。实际上,正是因为分析性概念在卡尔纳普那里并不具有形而上的属性,具有分析性特征的逻辑和数学才能够相对于某种人工语言而存在,逻辑和数学的分析性是相对于这种人工语言而言的。在建造某种人工语言时,我们根据自己的规则来建构,于是我们可以建构像逻辑或数学这样的语言,我们可以根据建构的规则来做出逻辑或数学的陈述,根据规则来判定这些陈述的真值和意义。在此意义上,逻辑和数学是分析的,但这里的分析性是相对于某种规则的分析性($analytic\ of$ rules),因此,它是关于规则的谓词,从而不具有形而上的属性。①

在我看来,只有卡尔纳普意义上的分析性概念是奎因批判的对象,而传统意义上的分析性概念则从奎因的指尖溜走。传统意义上的分析性指的是先天的分析性,这种分析性比真与意义更具有本体论上的优先性,它是逻辑、定义乃至判定概念是否具有同义性的基础,它也是我们用来组织经验的概念图式的重要内涵。承认传统意义上的分析性,就意味着承认经验之外还存在着能够作用于经验的力量,这种力量超越于经验并作用于经验。这一思想恰恰是戴维森所批判的经验主义的第三个教条,我将在下一章中对之进行具体的解释。

奎因区分了两种分析性概念,一种是逻辑真理上的分析性,另外一种是依赖于同义性的分析性。奎因认为前一种分析性并不难以应对,例如如下逻辑为真的分析陈述:

i. 没有一个未婚的男子是已婚的。

我们可以仅依据其逻辑形式就能断定这个陈述的真假,我们仅需知道

---

① See Carnap, R., "Intellectual Autobiography", in *The Philosophy of Carnap*, P. A. Schilpp, ed., LaSalle IL: Open Court, 1963, p. 47.

"没有""不""是"等逻辑连接词的意义即可。卡尔纳普称这种方式为"状态描述",通过状态描述,我们可以"把真值穷尽无遗地分配给语言中的每一个原子的或非符合的陈述,并且一切其他陈述都是严格地通过逻辑联结词由原子命题复合而成的。在这种状态下,如果一个陈述在一切状态描述中都是真的,那么这个陈述就被解释为分析的"①。奎因认为,运用状态描述来解释分析性是不够的,因为,一方面,如果我们把建构这种逻辑的规则当作是分析性的依据的话,我们也只能获得根据某种规则的分析性,正如上文所揭示的那样,这种分析性实际上是相对于一种人工语言的谓词,即便我们解释了"对于……是分析的"这种形式的谓述,我们也未获得分析性概念本身;另一方面,这种卡尔纳普式的做法认为"任何复杂陈述的真值就每一个状态描述来说都是为特定的逻辑规律所决定的",但是,依据逻辑规律我们仅能获得关于命题的真值表,"根据状态描述的这个标准顶多是对逻辑真理的重构而不是对分析性的重构"②。不仅如此,即便依据重构的逻辑真理来构建分析性也会具有问题。例如下述三个语句:

ⅱ. 如果斯密斯是个单身汉,那么斯密斯是个未婚男子。
ⅲ. 斯密斯是个单身汉,或者斯密斯是个结了婚的男子。
ⅳ. 斯密斯是个单身汉,并且斯密斯是个未婚男子。

我们发现,根本不可以运用对"如果……那么……""或者""并且"的理解来断定语句(ⅱ)—(ⅳ)是真的或假的,因为这三个命题的支项具有不同的语义内容,它们在内涵上并不同一;我们需要考察它们各自内容,才能判定上述三个命题的真假。状态描述至多只能适用于像命题(ⅰ)那样的简单句,而不适用于复合句。然而,即使在简单句的情形中,状态描述亦不是完全适用的,例如语句:

① 张庆熊:《蒯因驳斥的只是狭义分析性的概念吗?——对蒯因批判分析与综合两分法的辨析》,《复旦学报(社会科学版)》2005年第6期,第57页。
② [美]奎因:《从逻辑的观点看》,江天骥、宋文淦等译,上海译文出版社1987年版,第22页。

v. 没有一个单身汉是已婚的。

我们不能从它的逻辑形式中得出它的分析性。在奎因看来,这种分析性依赖于"单身汉"与"未婚男子"之间的同义性,奎因由此从同义性的角度来考察分析性。但同义性的概念与分析性的概念同样令人困惑。"单身汉"与"未婚男子"为何具有同义性呢?(1)如果是根据定义:1.1.根据词典定义。词典解释不可能作为同义性的依据,因为词典编纂者是经验主义者,他们只是将已有的解释,例如"单身汉是未婚男子",收纳在词典之内。将词典编纂者的建议作为同义性的依据,然后用来解释"单身汉"与"未婚男子"的同义性犯了循环论证的错误。1.2.根据形式逻辑的规则定义。我们先约定,引入一些有意义的记号,然后根据规则建构记号之间的关系,然而,在这种形式研究中,我们所获得的同义性相对于我们一开始所规定的同义性关系,是符号与实项之间的对应关系,因此,这种情况下的同义性具有相对性,同义性的依据会随着我们最初的约定的变化而改变,同义性因而不能作为分析性的依据。(2)如果根据保全真值的互相替换性:我们知道,在真值不变的互相替换中,互相替换的词项具有相同的语义作用,但是,因为这种替换总会跳出单纯的逻辑关系之外而进入到具体的情境之中,当涉及逻辑关系之外的具体的内容时,替换项和被替换项具有共同语义作用的基础便奠定在它们所共同指向的外延性的"共指称"之上;这样的话,通过指称建立的同义性,其依据在于命题关于指称的"真",而奎因在《经验主义的两个教条》一文第一节中就严格区分开了意义理论和指称理论,认为:"一旦把意义理论和指称理论严格分开,就很容易认识到,只有语言形式的同义性和陈述的分析性才是意义理论要加以探讨的首要问题……"①奎因是在意义理论的框架下探讨分析性,以真为依据的同义性并不是他想要的可以作为分析性依据的同义性;在关于指称的外延语言中,保全真值的互相替换也不能保证人们想要的那种同义性,因为"未婚男

---

① [美]奎因:《从逻辑的观点看》,江天骥、宋文淦等译,上海译文出版社1987年版,第21页。

子"和"单身汉"尽管在外延语言中可进行保全真值的互换,但我们仅能以此保证"未婚男子是单身汉"是真的,而不能保证这一其真值依赖于外延的命题是依赖于意义的,也就是说,在外延语言中考虑的仅是真,而不是同义性。例如当我们考虑"有心脏的动物是有肾脏的动物"这一命题的意义时,我们考虑的是它是否相对于事实是真的,而不是考虑"有心脏的动物"和"有肾脏的动物"是不是同一的,因此,保全真值的互相替换的方式只是以外延语言的方式谈论命题的真,而非其同义性。①

(1)和(2)的失败表明,同义性是一个内涵模糊不清的概念,我们不能根据它来获得分析性。并且,我们已经看到求助于人工语言以及构造这种语言的规则也无济于事。那么,我们如今根本没有理由认为存在着一个内涵清楚、切实有效的分析性概念。相应地,纯粹"分析的"命题也失去了依据。像"单身汉是未婚男子"这样的命题并不是严格分析的,因为它包含了许多经验成分,奎因指出:"分析陈述和综合陈述之间的分界线一直没有划出来。认为有这样一条界限可划,这是经验论者的一个非经验的教条,一个形而上学的信条。"②

三、对还原论的批判

上文中,我们认识到在放弃经验主义的第一个教条之后,我们仍有可能保留第二个教条。甚至,经验主义的第二个教条有可能帮助第一个教条复活,因为,如果我们能够获得某种切实、有效的还原方法,一方面,我们就能有效地谈论综合命题;另一方面,我们此时可以通过逻辑的真以及陈述

---

① 为何以指称为依据的真不可以作为同义性的依据呢?尽管奎因认为康德对分析陈述和综合陈述的区分有所不足,即康德的区分仅局限于主谓形式的陈述,但奎因的确受到了康德影响,即他和康德都认为"一个陈述的真以意义为依据而不依赖于事实,它便是分析的"。因此,在奎因看来,我们通过意义来讨论分析性。暮星和晨星具有相同的指称,但意义不同;陈述"暮星就是晨星"是真的,其依据在于暮星和晨星具有相同的指称,但该命题并不是分析命题,因为,这里的真之依据在于事实而非意义。故而,真,在奎因那里,不构成分析性的依据。以真为依据的同义性自然而然也不能构成以意义为依据的分析性的依据。进一步的讨论请参见本章第五节内容。
② [美]奎因:《从逻辑的观点看》,江天骥、宋文淦等译,上海译文出版社1987年版,第35页。

的同义性来给分析性下定义,因为经验证实说可以被看作是对陈述同义性的恰当说明,分析性可以在这种新的同义性的概念下得到一定程度的挽回。此时,对第二个教条的拒斥显得尤为重要,奎因必须不能给这一教条留下任何生机。

奎因在两个方面拒斥还原论:首先,他论述彻底的还原论是不可能的;其次,他运用整体论进一步指出彻底的还原论的错误之处。彻底的还原论或证实说是关于命题与和它相关的经验的说明,认为任何有意义的陈述都能被还原(翻译)为一个关于直接经验的陈述,我们可以根据经验层次的状况来判定命题的真假。弗雷格之前的还原论形式主要把语词与对象(刺激)相应,语词是意义的基本单位,刺激是来自世界的基本单位。但经过弗雷格和罗素的努力,语句(判断)成为表达意义的基本单位,这种意义上的逻辑实证主义者的任务在于,首先详细地制定出一套关于感觉材料的语言,然后指出怎样把其他有意义的陈述逐一翻译为感觉材料的语言。这种彻底的还原主义是不可能的,因为奎因持有的是一种整体论的立场,奎因这样表述道:

> 我们关于外界的陈述不是个别的,而是仅仅作为一个整体来面对感觉经验的法庭的。
>
> 我们所谓的知识或信念的整体,从地理和历史的最偶然的事件到原子物理学甚至纯数学和逻辑的最深刻的规律,是一个人工的织造物。**它只是沿着边缘同经验紧密接触**。
>
> 具有经验意义的单位是整个科学。①
>
> 与系统相逆的证据不是该证据相逆于某一个具体的语句,而应该说,这个证据作用于各种各样的调整。②

---

① [美]奎因:《从逻辑的观点看》,江天骥、宋文淦等译,上海译文出版社 1987 年版,第 39—40 页。引文加粗部分为笔者所加。
② W. V. O. Quine, *Philosophy of Logic*, Englewood Cliffs. N. J.: Prentice-Hall, Inc., 1970, p. 5.

因此，还原论的观点并不可靠，所有的陈述都可以被还原为感觉刺激乃是不可能的。因为，作为整体而面对经验法庭的陈述并不会逐一受到经验的检验；即便经验能够沿着陈述整体作用到某个具体陈述之上，它也一定是先通过一些其他陈述链条的传递才最终作用于某一具体陈述；因而，它的作用不是直接的，它不可能绕开其他陈述来直接作用于某一具体陈述；它引起的是整个体系内部的再调整，我们需要先考量一些相关的陈述才能决定要调整哪一个具体陈述。此时，经验意义的单位不再是某个具体的陈述，更不是某个具体的词项，而是整个陈述体系、概念系统或科学。

我认为，奎因实际上没有从正面积极进攻还原论的教条，他更多只是阐述卡尔纳普研究中所遇到的问题。他对经验主义的批判没有戴维森、塞拉斯所做的工作那样直接和细致。在积极的意义上，奎因所做的是，提出自己的整体论思想，并论述他的整体论思想是可靠的。由于对两个教条的批判中，对第二个教条的批判是关键；又由于对第二个教条的批判中，整体论甚是关键；因此，奎因对经验主义两个教条的批判是否有效，取决于他的整体论思想是否正确。

奎因甫一提出整体论思想便立即遭受质疑，例如斯特劳森（P. Strawson）和格莱斯（H. P. Grice）便质疑道，如果语言所描述的知识是以整体的形式出现的，那么我们在局部的对话过程中出现的意义该如何理解？[①] 然而，奎因的整体论思想影响深远，我们将在对戴维森和布兰顿思想的阐释中发现其中的整体论痕迹。我们不妨先悬搁关于整体论的争议，而在下文的讨论中更进一步地认知整体论的合理性。

第三节　对奎因的批评

第二节中所讨论的整体论思想，以及对分析性的批判是否站得住脚，

[①] See Grice, H. P., & Strawson, P. F., "In Defense of a Dogma", *The Philosophical Review*, Vol. 62, No. 5, 1956, pp. 141-158.

决定了奎因对经验主义的两个教条的批判的有效性。其实,自《经验主义的两个教条》一文发表以来,非议声一直不断。

就分析性而言,斯特劳森和格莱斯指责奎因对分析性划定了过于严格的标准,以致没有一种分析性概念能够继续存活,而那种过于严格的标准是不合理的。① 卡茨(J. Katz)认为,尽管旧有的分析性概念问题重重,但我们不应像奎因那样放弃这一概念,而应该重建它,卡茨的具体做法是通过真来重构分析性。② 普莱斯特(G. Priest)也力图重新给出分析性的定义。③ 就第一个教条来说,伯格曼(G. Bergmann)认为分析和综合二分的教条之间的划分并不是像奎因所认为的那样是任意的或约定的,保留逻辑科学能够解决一些特定的问题,而像奎因那样忽略科学与哲学之间界限的做法则问题重重。④ 就奎因所倡导的整体论而言,雷波尔(E. Lepore)认为,奎因的整体论由于缺少一种超验论的特征(而这一特征恰恰是戴维森哲学所具有的)而不能直接说明经验为何不能直接作用于单个语句,以及整体为何能够作为一个与经验对应的基本单位。⑤ 陈波也指出,整体论与语言学习的经验相悖,我们不能用整体论来区分出真理和有根据的信念,以及依据整体论做出的断言可能有无穷倒退的危险。⑥ 实际上,奎因对经验主义两个教条的批判并不那么轻易为人所接受,他面对重重指责,风光之下,风波不息。本章起始便提及,亨特直截了当地声称,奎因的《经验主义的两个教条》一文,盛名之下,其实难副。

---

① See Grice, H. P., & Strawson, P. F., "In Defense of a Dogma", *The Philosophical Review*, Vol. 62, No. 5, 1956, pp. 141 – 158.
② See Katz, J., "Some Remarks on Quine on Analyticity", *The Journal of Philosophy*, Vol. 64, No. 2, 1967, pp. 36 – 52.
③ See Priest, G., "Two Dogmas of Quineanism", *The Philosophical Quarterly* (1950 –), Vol. 27, No. 117, 1979, pp. 289 – 301.
④ See Bergmann, G., "Professor Quine on Analyticity", *Mind*, Vol. 64, No. 254, 1955, pp. 254 – 258.
⑤ See Lepore, E., "Quine, Analyticity, and Transcendence", *Nous*, Vol. 29, No. 4, 1995, pp. 468 – 480.
⑥ 参见陈波:《蒯因的"两个教条"批判及其影响》,《首都师范大学学报(社会科学版)》2000年第3期,第84—94页。

亨特为什么在《经验主义的两个教条》一文发表四十年后①,对奎因的这篇文章做出如此毫不留情的评论？具体地来说,在对分析性概念的批判上,亨特指责奎因用意义来分析同义性和分析性这两个概念的论述有许多漏洞,因此,并不是有效的论证;在对还原论概念的批判上,亨特指责奎因所到达的整体论亦问题重重,实际上,奎因本人亦最终对《经验主义的两个教条》一文中的整体论版本做出许多修改;另外,在批判两个教条的后果中,奎因模糊了哲学与科学的界限,这一点也是亨特所指责的要点。

上一节中,我们认识到奎因是借助意义来谈论同义性和分析性概念。此处请容我就奎因的意义理论再多言几句。虽然奎因通过意义来谈论同义性和分析性,但意义在奎因那里并不是一种实体。对于奎因来说,意义只是"意义拥有"(having of meaning; significance②),即拥有有意义的描述,而非拥有一种意义实体③：(a)如果我们只是通过更为清楚的语言来解释稍微模糊的语词的意义的话,这里的意义显然只是运用更为清楚的语言所做的描述,意义并不具有实体;(b)语法学家以及词典编纂者均不是依据一种在先的意义概念来做出定义,前者只是寻求什么样的形式是有意义的,后者则想知道什么样的形式是同义或相似的;④他们最终获得的形式是多变和相对的,因此,并没有一个可用的标准来定义同义性,从而,设定一个实体性的意义概念作为这里的研究基础也毫无意义。根据(a)和(b),和意义相关的只是语言形式的同义性以及陈述的分析性,意义本身如何,

---

① 奎因《经验主义的两个教条》一文的最初版本发表于 1951 年《哲学评论》(*The Philosophical Review*)一月刊,第二版即是收录于 1953 年出版的《从逻辑的观点看》中的《经验主义的两个教条》。亨特的评论性文章"Quine's 'Two Dogmas of Empiricism': or The Power of Bad Logic"则发表于 1995 年。
② meaning 和 significance 之间的区别在于,meaning 常意味着有一个意义实体,而 significance 则表示"有意义,或表达意义的",这里的意义只是一种陈述,而不是一种实体。
③ 李国山也对奎因哲学中"意义的非实体性"思想做出了清晰的解释,他指出,奎因认为意义只是一种内涵实体,而本体论的承诺是对外延实体做出的,因此,没有必要保留意义这种实体,并以之作为哲学探究的起点。参见李国山：《意义是实体吗——奎因的意义理论探析》,《哲学研究》2005 年第 3 期,第 86—91 页。
④ See Hunter G., "Quine's 'Two Dogmas of Empiricism': or The Power of Bad Logic", *Philosophical Investigations*, Vol. 18, No. 4, 1995, pp. 312-314.

第一章 自然空间证成作用的丧失:对经验主义两个教条的批判及其后果

并不重要。但亨特指责奎因,首先,意义问题并不只是与同义性以及分析性有关,我们从语词的用法,以及一些非同义,乃至歧义丛生的解释中亦能获得意义,例如怎样使用"想象"一词,怎样解释"善",虽然我们可能获得不同的意义,但这些意义是"有意义的";其次,把意义设定为一种抽象的实体有时候是有益的;意义之于实体类似于锤子的各种功能之于锤子本身,我们看不见锤子的功能,也看不见某个词项的意义,但它们都是实实在在的。① 亨特还有一些其他的指责,但我们此时足以理解亨特批判的要点。在亨特看来,奎因的错误在于,他运用了一种错误的,或过于狭隘的意义理论来探究分析性和同义性,以至于进入他视野的分析性和同义性概念也过于狭隘或严格。

就整体论来说,亨特指出,我们可以谈论某些单独句的意义,但是,我们很多时候并不需要一个整体背景的支持来获得某个单独句的意义,或许,我们仅需要一些局部的支持即可。亨特枚举了奎因各个时期对整体论略有变化的态度:在 1980 年版的《从逻辑的观点看》一书的前言中,奎因承认在实践中,我们并不需要动用到整个科学系统来谈论经验内容;1986 年,在对普特南(H. Putnam)的回应中,奎因认为自己应该谨慎以防过度强调整体论的作用;在对维莱曼(J. Vuillemin)的回应中,奎因承认或许整体论已经越出了对两个教条的批评,即是说,从对两个教条的批评中并不能直接得出整体论的结论。②

最后,亨特借助对戴维特(M. Devitt)和斯特林(K. Sterelny)的《语言和实在》(Language and Reality)③一书做出的评论,指责他们犯了奎因所犯的错误,即认为科学与哲学之间不存在清晰的界限。戴维特和斯特林提出了类似于克里普克"历史因果命名理论"的理论,认为专名通过与对象的因果联系而具有指称确定性(reference fixing),从而需要一种因果理论;但

---

① W. V. O. Quine, "Reply to Hilary Putnam", in *The Philosophy of W. V. Quine*, Lewis E. Hahn & Paul A. Schilpp, eds., Illinou: Open Court Publishing, 1986, p. 427.
② Ibid, pp. 619–620.
③ Michaec Devitt & Kim Sterelny, *Language and Reality*, Cambridge: A Bradford Book, 1999.

在社会的传播过程中,我们需要进一步解释该专名,从而需要一种指称借用(reference borrowing)的理论。实际上,他们的理论旨在解决意义如何生成、如何传播的问题,他们认为意义既具有一个自然的基础,也有一个社会基础。亨特则简单地反问道,回答"开罐头刀的功能是什么"这一问题时,我们需要自然和社会的基础么?或许这种情况下我们并不需要因果理论或指称借用的理论。亨特指责科学仅能提供给我们一些描述,而无论描述有多么丰富,它仍未告诉人们我们所描述的到底是什么东西,例如科学在对大象做出一长串的描述之后,我们还不知道大象到底是什么(例如"盲人摸象"的情形)!模糊了科学与哲学的界限,会使得哲学家走向一种大众理论,而失去对哲学问题本身的敏锐度以及探讨。①

亨特对奎因的两个教条及其后果都做出了严厉的批判。但亨特的批判合理么?运用一些松散的分析性概念,以让某些单独句能与经验直接接触是合理的么?整体论真的一无是处么?哲学与科学应该泾渭分明么?此处暂且不讨论这些问题,后面的章节会陆续涉及这些问题。

第四节 放弃经验主义两个教条的后果

尽管《经验主义的两个教条》一文面临重重指责,但这并不影响它仍然在哲学上产生了深远影响。实际上,奎因的这篇文章被视为是二十世纪三篇经典文献之一。② 它的重要影响波及许多方面。除了放弃两个教条的直接影响之外,我认为,该文还有着如下重要的后果("后果"指的是能从该文中合理推测出的东西,而非该文导致的直接影响)。

---

① See Hunter, G., "Quine's 'Two Dogmas of Empiricism': or The Power of Bad Logic", *Philosophical Investigations*, Vol. 18, No. 4, 1995, pp. 324–326.
② 韦斯特(C. West)曾列举过三篇经典文献,这三篇是杜威的《复兴哲学的需要》(1917)、蒯因的《经验主义的两个教条》(1951)以及戴维森的《论概念图式这一观念》(1974)。罗蒂列举的三篇经典文献则把杜威的文章替换为塞拉斯的《经验主义与心灵哲学》(1956)一文。无论如何,奎因和戴维森的文章都位列其中。

第一章 自然空间证成作用的丧失：对经验主义两个教条的批判及其后果

放弃两个教条的后果之一便是整体论转向；这一点我们在上文中已经看得很清晰。奎因的整体论思想也在戴维森那里得到了直接回应。① 现代许多哲学家都采取了整体论转向，他们不仅将信念或概念整体视为是知识的基本单位，还把单个的信念、断言放在一个整体中来理解。我们将在第四章和第五章中看到，戴维森和布兰顿都颠倒了旧有的从经验到概念，从概念到判断的解释顺序，他们从断言或对意向状态的解释开始，而这一颠倒的解释顺序背后的理论支撑便是整体论。我会对这一观点做出更多的阐释。

放弃两个教条的另一个后果是实用主义转向；因为在受到感觉刺激的侵袭时，在系统内调整那些断言；甚至选择哪种语言形式，都与实用有关；只要是合理的，都是实用的。然而，在内沃(I. Nevo)看来，奎因对两个教条批判对实用主义的影响不及他所提出的物理经验主义(physicalist version of empiricism)给实用主义带来的影响。内沃写道："奎因抱怨刘易斯和卡尔纳普式的实用主义在分析和综合之间划出了界限。用奎因式的话说，奎因的实用主义同样在理论和观察，在事实和价值之间划出了界限。"②实用主义者大都不会接受奎因所采纳的经验主义，因为这种经验主义依旧保持了经验观察在整体的知识边缘的刺激作用。戴维森与奎因在这一点上有很大的分歧，我们将在第六章第二节中看到，戴维森一直对奎因以刺激为内容的"观察句"耿耿于怀，他认为能够充当原因的乃是在世界之中的远端对象，而非奎因所认为的沿着肌肤渗入概念的近端对象，例如因果刺激。

放弃两个教条还有一个后果，即科学与思辨形而上学之间的界限变得模糊；奎因认为："哲学与科学是连续的，但是哲学在许多方面与科学有着

---

① 雷波尔和福多对整体论的深刻研究便以奎因的整体论为开篇，然后讨论了戴维森的整体论。See Jerry Fodor & Ernest Lepore, *Holism: A Shopper's Guide*, Oxford: Basil Blackwell, 1992.
② Isaac Nevo, "W. V. O. Quine: Pragmatism within the Limits of Empiricism Alone", in *The Cambridge Companion to Pragmatism*, Alan Malachowski, ed., Cambridge: Cambridge University Press, 2013, p. 84.

程度上的不同。哲学研究的是一般的、基本的科学概念……哲学也研究科学的证据问题——这种哲学是一种认识论。……在这些研究中,哲学有时会得出一些悖论,科学家不大可能担心这些悖论。在正常的科学实践中,科学家可以简单地避开其理论的终点处。而哲学家则需要关心这些终点处存在哪些问题。"①实际上,奎因并未简单地将哲学等同于科学,或认为哲学是科学的一部分,他认为哲学与科学有着各自的领域,但领域的划分并不清晰而严格,哲学与科学之间有着连续性,因而也有着沟通的可能。

奎因《经验主义的两个教条》带来的上述三方面的影响是联系在一起的。正是因为哲学与科学之间的界限变得模糊,但又因为知识和理论只能以整体的形式出现,经验观察于是只能沿着科学系统的边界作用于该系统之内的理论。但是,奎因的这一见解招致了许多批评,我将会在下一章中,借助对戴维森对经验主义第三个教条的批判的讨论来揭示奎因这一观点中存在的问题。

当然,奎因的《经验主义的两个教条》一文仍有着其他诸种后果,奎因此文一个显而易见的重要之处在于,它打开了对许多问题的讨论,在哲学上延伸出了许多方向。就本章的主旨而言,暂且就做这么多讨论。

小结:自然空间位置的变化

奎因对两个教条的批判,就本书的主题而言,最直接的体现于自然空间(经验世界)在认识论中的位置发生了重要变化。一方面,分析性的丧失使得我们不能根据语义规则、形式和意义来谈论命题与经验内容之间的关系;另一方面,放弃了还原论教条意味着我们不再能够合法地运用世界中的经验内容来证成命题;最后,奎因所得出的整体论只保留了经验在系统

---

① W. V. O. Quine, *Quine in Dialogue*, Dagfinn Føllesdal & Douglas B. Quine, eds., Cambridge and London: Harvard University Press, 2008, p. 45.

整体的边缘上的刺激作用,这样一来,原先作为认识论中流砥柱的世界,如今仅能在知识系统的边缘处敲敲打打,风光不再!

　　经验世界的处境此时还未跌入谷底。奎因未对还原论做出正面批判,并且他还保留了一种经验通道,即系统边缘的刺激。① 相比之下,塞拉斯对所与神话的攻击,以及戴维森对经验主义第三个教条的批判甚或更为直接。他们两人的攻击致使经验世界在认识论中雪上加霜,乃至命悬一线。下一章讨论的便是塞拉斯和戴维森的对经验主义的另一轮致命批判。

---

① 唐玉斌和何向东指出:"奎因对经验论进行的批判,只是经验论内部的一种自我批判,而不是对它的彻底否定。奎因在批判了经验论的两个教条之后,仍然主张一种'没有教条的经验论',即他所谓的'开明的经验论',它与旧的经验论的最大不同在于,旧的经验论向里看,注重于它的观念;新的经验论有了自己的特征,注重于语言的社会建制。这种经验论有了自己的特征,它在认识论上表现为自然主义,在语言哲学上表现为行为主义,在科学哲学上表现为整体主义。"唐、何二人对奎因的经验主义思想做了较为综合的分析,更多的讨论请参见唐玉斌、何向东:《论奎因自然主义认识论的经验论基础——兼论奎因对归纳方法的看法》,《自然辩证法研究》2011年第4期,第8—13页。

第二章
自然空间证成作用的进一步丧失：
经验主义的所予神话与第三个教条

上一章中，我们讨论了奎因对经验主义两个教条的批判。经过奎因的批判，经验世界（自然空间）在认识论中的位置开始发生急剧的转变。然而，奎因并未从正面直接攻击经验主义，他指出了经验主义的问题所在，但他抵制经验主义的主要方式是提出与之相对的整体论。若他的整体论有效，经验主义的两个教条便无法立足。在我看来，对经验主义进行直接批判的是塞拉斯与戴维森，他们对经验主义的所予神话与第三个教条的批判使得世界概念在认识论中的处境雪上加霜，乃至命悬一线。

塞拉斯的著名论文《经验主义与心灵哲学》（1956）晚于奎因《经验主义的两个教条》（1951）一文五年面世。塞拉斯的这篇文章集中地对经验主义所予神话做出了批判。塞拉斯与奎因有着共同的批判目标，即经验主义（更精确地说，是当时盛行的逻辑经验主义）；他们还走向了共同的理论后果，即整体论。罗蒂对塞拉斯的这篇文章也盛情赞赏，他认为塞拉斯的这篇文章把分析哲学从休谟阶段推向了康德阶段。①

戴维森在1974年正式发表的《论概念图式这一观念》这篇著名论文也产生了极大的影响，这篇文章集中了对诸多关键问题的探讨，罗蒂认为戴维森对概念图式与内容的攻击"概括和综合了维特根斯坦对自己的《逻辑

---

① 塞拉斯本人也认为，自己的任务就是把分析哲学从它的休谟阶段推进到康德阶段，而罗蒂以及布兰顿均认为塞拉斯成功地完成了他的任务。See Richard Rorty, "Introduction", in *Empiricism and Philosophy of Mind*, with An Introduction by Richard Rorty and A Study Guide by Robert Brandom, Cambridge: Harvard University Press, 1997, p. 3.

第二章 自然空间证成作用的进一步丧失：经验主义的所予神话与第三个教条

哲学论》的嘲笑、奎因对卡尔纳普的批评和塞拉斯对经验主义'所与神话'的攻击"①。戴维森本人对这篇文章也十分重视，他认为概念图式与内容的二元区分确定了近代哲学认为自身不得不去解决的诸问题，因而对这一经验主义教条的批判具有十分重要的意义。②

在本章第一节中，我将阐明所予概念的内涵，以及经验主义的两难逻辑。在塞拉斯那里，我们可以区分出所予的两个层次，即认识论的所予和范畴的所予，我认为，经验主义的两难逻辑潜在地推动了人们谈论这两种所予概念。第二节中，我将谈论塞拉斯对所予神话三个问题的批判，塞拉斯的批判斩断了所予与知识之间任何认识论上的直接联系，由于所予直接与世界有关，世界也相应地失去了作为知识的认识论基础的资格。但塞拉斯对所予范畴的批判局限在"类型论"的意义上，即我们可以通过类型（type）与标志（token）之间存在的本质性的规则关系来理解塞拉斯意义上的所予标志，这里所谓的规则是可以习得的，因而没有先验的内涵。相比之下，戴维森对经验主义第三个教条，即对图示/内容二分的批判，一方面杜绝了存在认识论的所予的可能；另一方面，戴维森所批判的图式还有着先验的性质。第三节中，我将分析戴维森的思想。戴维森对第三个教条的批判迂回复杂，他先是以概念相对主义为目标，然后把概念图式是否存在的问题转化为翻译是否可能的问题。戴维森最终认为，并不存在概念图式这一观念，图式和内容的二分亦不可能，不存在等待被组织和整理的内容。塞拉斯和戴维森的批判使得经验世界在认识论中雪上加霜，然而，有趣的是，塞拉斯和戴维森都未放弃对经验世界的谈论，他们都在一定程度上保留了经验世界对于知识构建的参与性。我将在第四节中分别简述他们在这个方面的思想，详细的论述将在第四章和第六章中展开。

---

① ［美］罗蒂：《后哲学文化》，黄勇编译，上海译文出版社2004年版，第8页。
② See Donald Davidson, "The Myth of the Subjective", in *Subjective, Intersubjective, Objective*, Oxford: Oxford University Press, 2001, p.41.

第一节 "所予"的两种概念与经验主义的两难逻辑

经验主义者认为知识来源于经验,来自世界的经验同时也构成知识的基础。例如,霍布斯指出,我们的一切知识都源自感觉,"如果现象是我们借以认识一切别的事物的原则,我们就必须承认感觉是我们借以认识这些原则的原则,承认我们所有的一切知识都是从感觉获得的"①。我们置身于真实的经验世界场景之中,经验世界把自身印刻在我们的感官之上,感官是经验世界走向我们的通道。因而,经验世界中的经验是知识的来源。知识作为一种概念体系,构成知识的概念也源自感觉。休谟认为:"心灵的全部创造力不过是将感官和经验提供给我们的材料加以联系、调换、扩大或缩小而已……所有思想的质料,或者是来自我们的外部感觉,或者是我们的内部感觉。"②感觉为人的创造性精神提供了基础,无感觉便无知识。

知识为何要以经验为基础?更细致的问题是,知识为什么需要一个基础?这个基础为什么是经验?这两个问题或许是许多经验的基础主义者多少未能加以仔细反省的问题。或者,经验主义者会给出简洁的论述,认为如果知识没有一个基础,那么,知识的结构和系统便会晃动不定,无凭无据从而人们可以恣意做出断言,以致谬误百出,真假亦无从判别。我们必须在知识之外找到一个作为基础的东西,这一基础本身没有基础,它是基础的基础,是最为原初的基础。这种基础只能是经验性的,因为,一方面,我们知识的来源和内容往往是经验;另一方面,我们知识的目标也往往是对这些经验做出准确、客观的描述。于是,认识论上,似乎知识必然要以经验为基础。

这些充当知识基础的经验就是所予的一种根本形式,是严格意义上的

---

① [英]霍布斯:《论物体》,转引自北京大学哲学系外国哲学史教研室编译:《西方哲学原著选读》上卷,商务印书馆 2009 年版,第 395 页。
② [英]休谟:《人类理智研究》,吕大吉译,商务印书馆 2009 年版,第 13 页。

第二章 自然空间证成作用的进一步丧失：经验主义的所予神话与第三个教条

经验所予。然而，还有许多其他东西可以被称作为所予，例如"感觉内容、物质对象、一般、命题、实项联结、第一原理，乃至所予性本身"①。塞拉斯和戴维森的批判，虽然一般被视为是对感觉所予论和概念图式的批判，但他们的批判实际上覆盖了更广范围内的所予概念。这些所予大多以各种方式系联在经验之上，或栖居在世界之中。本章的讨论未局限在感觉所予，而扩展到了对更多所予形式的探讨。

塞拉斯区分了两种所予性概念，即"认识论的所予"和"范畴所予"，前者是这样的一种观点，"所予指的是那种可以为我们关于世界中事物实际之所是的断言提供基础性作用的东西"②。这种意义上的所予一般指感觉材料，普莱斯（H. Price）对与这种意义上的所予有关的术语给出了清晰的说明："这种被呈现给意识的特殊的基本方式被称为被给予（being given），通过这种方式呈现的被称为材料（datum）。对应的精神态度被称为亲知（acquaintance），直观综合（intuitive apprehension），有时也被称为拥有（having）。这种特殊的材料被称为感觉材料（sense-data）。对这些材料的认识，出于方便，人们有时称之为感知（sensing）。"③在感知、拥有的意义上的所予可以指显像（appearance），它与感觉材料的主要区别在于，感觉材料来自对象本身的直接报告，它有着确定的性质；而显像则是事物对我们显现的样子，事物很可能并不是以一种清晰且直接的方式被呈现给我们，故而我们需要以这些显像为基础探究事物实际之所是，从而，这里的显像也变成了一种所予。

范畴所予指的是，如果某人借助某一范畴而感知到某一对象，那么这一对象就是"范畴地被给予的"。这种给予与认识论的所予的主要区别在于，认识论的所予是非概念性的，而范畴所予则是概念性的。不那么严格

---

① Wilfrid Sellars, *Empiricism and Philosophy of Mind*, with an Introduction by Richard Rorty and A Study Guide by Robert Brandom, Cambridge: Harvard University Press, 1997, p. 14.
② O'Shea, James R., *Wilfrid Sellars: Naturalism with a Normative Turn*, Cambridge: Polity Press, 2007, p. 179.
③ Cf. O'Shea, James R., *Wilfrid Sellars: Naturalism with a Normative Turn*, Cambridge: Polity Press, 2007, p. 176.

地说,认识论的所予类似于洛克意义上的第一性的质,康德意义上的感性杂多;而范畴所予则类似于第二性的质和直观。举例来说,在对一个红色的苹果的感知中,认识论的所予论者认为,我们基于对红色、圆形、多汁、微甜等基本感觉材料的感知而获得关于一个红色苹果的概念;相比之下,范畴的所予论者则认为"红色的苹果"本身是作为一种直接的所予呈现给我们的,它是一种类型的、概念化的所予。隐藏在范畴性的所予背后的观点是,认为存在一种关于世界的范畴、结构或概念框架,这种范畴、结构或概念框架被不加选择地赋予我们,我们用它来从世界中攫取关于世界的图像,这些图像构成了知识的基础。

塞拉斯对所予概念的区分对应于戴维森关于概念图式的两种隐喻,即"整理"与"符合"。在整理的意义上,概念图式本身是一种所予,我们运用这些概念图式来组织和整理感觉材料,赋予它们以形式;这种意义上的概念图式是一种范畴所予。在符合的意义上,我们所运用的概念图式受到经验内容的主动引导,经验内容选取适用于它们的概念图式,感觉材料起到主导性的作用;这种意义上的所予是认识论的所予。戴维森也在后一种所予的意义上指责奎因仍然保留一条怀疑论的尾巴,即在科学系统的边缘仍然保留着经验刺激的认识论作用,经验刺激仍旧是一种所予。①

然而,为什么会出现上述两种所予概念呢?我认为,这恰是因为经验主义内部存在着两难逻辑。经验主义要求在知识体系之外存在一种非概念性的基础,而这种基础又必须处在概念的认知关系之中才能发挥作用,于是,经验主义面临着一个两难逻辑,即它既需要保证所予的概念无涉性(即处于非认知性的状态中),还需要保证所予进入概念性的认知关系中以便能作用于其他概念。这种经验主义的两难逻辑迫使所予的状态从认识论的所予一步步地发展至范畴所予。我们可以借用布兰顿的如下示例进

---

① See Donald Davidson, "A Coherence Theory of Truth and Knowledge. Afterthoughts", in *Subjective, Intersubjective, and Objective*, Oxford: Oxford University Press, 2001, p. 156. 另参见[美]戴维森:《真理、意义与方法——戴维森哲学文选》,牟博编译,商务印书馆2008年版,第344—345页。

行说明：

物理对象—(1)→对感觉内容的感知—(2)→非推论的信念—(3)→推论的信念①

箭头(1)是一种因果关系，箭头(3)是一种概念的和推论的关系。箭头(1)的左右都是认识论的所予，其左侧是感觉材料(感性杂多)，右侧是显像(直观)。问题在于箭头(2)。在这一箭头的左边，对感觉内容的感知仍然属于非概念性的所予(显像)，它可以充当知识的基础，但由于它是非概念性的，于是，"它如何作用于或系联于概念？"便是一个棘手的问题。在这一箭头的右边，非推论的信念可以作为其他信念推论的起点或基础，在此意义上，它可以作为一种所予概念而被给出，然而，"它是如何被概念化的？"，即过程(2)中到底发生了怎样的概念化的过程？这同样也是一个难以回答的问题。箭头(2)的左右驻扎着认识论的所予以及范畴所予两大阵营，这两个阵营之间有着争斗的同时，它们各自也身处窘境。

塞拉斯和戴维森两人对上述两种所予概念都进行了细致且深入的批判。我们先来讨论塞拉斯对所予神话的批判。

第二节　塞拉斯对所予神话的批判

根据第一节中的分析，我们可以将塞拉斯对所予神话的批判概括为对如下几个观点的批判：(1)存在非概念性的经验内容，我们可以根据这些内容来建构出概念性的对象；(2)知识起源于实在的对象，但我们在认识论上首先获得的是关于这种对象的模糊认知，我们通过这种模糊认知来达到

---

① Robert Brandom，"Study Guide"，in *Empiricism and Philosophy of Mind*，with an Introduction by Richard Rorty and A Study Guide by Robert Brandom，Cambridge：Harvard University Press，1997，p. 126.

对事物实际之所是的认知;(3)存在一种独立的概念性对象,例如独立的信念,它可以作为其他概念、信念和推论的起点和基础,并且,我们是范畴性地获得这种独立的概念性对象。前两个观点是认识论的所予观点,最后一个是范畴的所予观点。我们不妨对这三个观点一一进行考察,探究塞拉斯对之进行了怎样的批判。

第一个观点似乎是一个较容易拒斥的观点。我们不妨以这样的一个问题开始对第一个观点的批判:一个对象未被经验到的方面是如何实存的?例如在对一只红色苹果的经验中,我们能在视觉经验里看到它表面的红色,但我们知道,作为苹果内容的果肉是白色的。我们对果肉是白色的信念丝毫不逊于对果皮是红色的信念。然而,问题是我们并未有对果肉是白色的视觉经验,那么,白色的果肉如何可能作为实存的部分构成作为对象的苹果呢?这是对第一种观点较为温和的质疑,我们即便承认能够观察到的感觉可以构成对象,那么,如何应该处置那些不可观察的,却作为对象的实项内容的感觉呢?

塞拉斯认为,需要在我们所见(what we see)和我们认为我们之所见(what we see of what we see)之间做出区分。① 例如下述四种表达句:

A. 我看见一只红苹果。
B. 苹果有白色的果肉。
C. 我认为红苹果有白色的果肉。
D. 我看不见红苹果有白色的果肉。

命题 A 是我们对所见的描述,实质上揭示的是视觉内容;而命题 C 是我们认为我们之所见的判断,是关于视觉内容的判断。只有在"我们认为我们之所见"这样的判断性问题中,才有对象是否在判断中实存的问题。

---

① Wilfrid Sellars, "The Role of the Imagination in Kant's Theory of Experience", in *In the Space of Reasons: Selected Essays of Wilfrid Sellars*, Kevin Scharp & Robert Brandom, eds., Cambridge: Harvard University Press, 2007, p. 457.

这里问题的关键在于命题 C 和命题 D 之间的矛盾,既然白色的果肉并不在视觉经验中实存,它又如何作为经验中的对象而实存?塞拉斯对这一问题的思考系联在对康德想象力概念的解释之上。对于康德而言,这里的问题是,如何在直观中表象不在场的对象?这一问题极为重要,因为,如果这一问题得不到解决,对象始终只是零碎、片面地以不完全的感性杂多的方式呈现而无法被立义为**对象一般**(对象一般中包含了对象中未被经验到的部分,如命题 B 中的表述)。塞拉斯的答案是,经验中发挥作用的想象力使得未在视觉经验中出现的对象实存化。康德的部分结论与此相同,康德认为:"想象力是即使对象不在场也在直观中表象对象的能力。"①然而,进一步的问题是,想象力究竟如何可能以及如何直观不在场的对象呢?

塞拉斯并未急于直接回应这些问题,他提请我们思考纯粹的感觉材料能够从自身出发走出一条通往概念空间的道路这一提议。感觉材料本身需要进一步的说明。塞拉斯认为,对于一个红色的苹果而言,我们认为我们直接之所见的并非是苹果的"红性"等因果特征,我们实际上是如此经验它的:我们把苹果视为**是**具有红性的。"是"意味着判断,意味着我们在概念空间中经验苹果。那么,在康德哲学中,主要的是要看到直观是思想的一个种(genus),因为任何把感觉所予作为康德认识论的关键特征的方法都是不可理解的。塞拉斯在想象/图像(image)之间做出的区分有利于我们理解他的这一观点:"粗略地说,想象是图像和概念化二者的混合;然而,知觉是感觉、图像和概念化之间的混合。因此,想象一只冰凉多汁的红苹果(是一只清凉多汁的红苹果)涉及的问题是:a. 想象一个包含被红围绕的白以及互相渗透的多汁性和凉性等方面的图像的统一结构;b. 使得这一统一的图像—结构概念化为一只冰凉多汁的红苹果。"②所以,当我们看到一只冰凉多汁的红苹果时,我们所见的感觉图像(感性杂多、感觉材料)已

---

① [德]康德:《纯粹理性批判》,李秋零译,中国人民大学出版社 2011 年版,第 117 页。
② Wilfrid Sellars, "The Role of the Imagination in Kant's Theory of Experience", in *In the Space of Reasons: Selected Essays of Wilfrid Sellars*, Kevin Scharp & Robert Brandom, eds., Cambridge: Harvard University Press, 2007, p. 458.

经包含了一个概念结构,这个结构使得对象概念化地被呈现。这样,直观中把握的杂多就已经有了一个综合,对于康德而言,"直观虽然呈现杂多,但若没有一种此际出现的综合,就永远不能使这种杂多成为这样的杂多并被包含**在一个表象中**"①。塞拉斯指出,在把对象建构起来的过程里,最为显著的事实是联结感性杂多和作为背景的信念、记忆和预期的统一过程,这一统一的能力被康德称为生产的想象力。于是,不在场的对象亦能缘由背景而被表象,并且已经于当下呈现的感性杂多能够在想象中指向不在场的对象,当下化的杂多的实在保证了经验中处于想象中的不在场的对象的实在。塞拉斯由此进一步指出,康德想象力在这一层意义上是经验性的,用康德自己的话说,"想象力……在任何时候都是感性的,因为它只是像杂多显现在直观中那样联结杂多"②。

通过上述分析,我们实际上已经拒斥了第一种观点,并把问题引向后两个观点的讨论。塞拉斯认为"表象(to represent)是思(to think)的一种情形……直观中的对象并不是外在于我们思想的独立的实存……在相关的意义上,直观是思维的一个种"③。思之所及之处,对象已不纯粹,感性杂多已然身着概念的外衣,以待步入知性的领域。然而,人们似乎还可以退回到近代经验主义者那里来挽留认识论的所予,即人们对对象总是进行不精确的表象,我们需要通过擦亮心灵之镜,疏通认知通道,甚至求助上帝来保证我们能获得关于事物实际所是的知识;在这里,所予神话的第二个问题存活下来。另外,如何获得一个关于对象的图像—结构呢?在康德那里,想象力作为感性和知性的共同根,康德在感性和知性之间建造了一座便于范畴行走的桥梁,以保障范畴能够在世界中直接俘获作为知识内容的杂多和作为知识基础的直观,这种范畴的所予是可能的么?塞拉斯所说的"感性的想象力"到底是什么意思?

---

① [德]康德:《纯粹理性批判》,李秋零译,中国人民大学出版社2011年版,第128页。
② 同上书,第141页。
③ Wilfrid Sellars, "Kant's Transcendental Idealism", in *Kant's Transcendental Metaphysics*, Atascadero: Ridgeview Publishing Company, 2002, pp. 404-405.

第二章 自然空间证成作用的进一步丧失：经验主义的所予神话与第三个教条

我们不妨先来探讨所予神话的第二个问题。近代经验主义者认为我们不可能在显像上犯错。我们可能在事物是(is)什么上犯错，但事物看上去(look, seem)怎样的说法并没有给我们留下犯错的空间，例如，当我们说 it is red，我们可能提出质疑说，it looks red（该物可能是其他颜色，这就为前一个"is"的判断留下了犯错空间）。但当我们起初便说 it looks red 的时候，说 it look-looks red 则毫无意义（看上去—看上去并未给"看上去"增加任何别的内涵，因此看上去—看上去并未给"看上去"设置任何别的、"look"在其中可能有犯错可能的空间）。① 因此，似乎显像可以作为一种所予。然而，塞拉斯指出，实际上我们必须首先明白事物实际之所是，才能理解它看上去是什么的表述。② 塞拉斯的著名例子是小约翰在领带店中的例子。在照明灯光发明之前，一条绿色的领带在约翰看来是绿色的；然而，在照明灯光发明并被用于店面装饰的时候，小约翰在店里看到一条绿色的领带，但当他把它拿到外面一看，领带原来是蓝色的。他渐渐领会投射下来的黄色灯光会使得蓝色的领带看上去是绿色的。所以，当小约翰在做出

---

① 我在这里用英语举例的原因在于，在汉语中"看上去"和"是"并未被严格、细致地区分开，我们在"看上去"的情形中也会用"是"来做判断，例如，"这面墙看上去是白色的"。因而，在汉语中"看上去"和"是"的逻辑混淆在一起。为了做出清晰的区分，我在此处用英语表达给出例子。

② 塞拉斯认为，"看上去"的表达式对事物的存在做出了报告。他在《经验主义与心灵哲学》中写道："当我说'X 现在看上去是绿色的'时候，我正在报告我的经验，也就是说，这个表达式是作为一种经验而被说出的，我们无法把它同某人看到 X 是绿色的这一确定的表达式区分开来。在这一表达式内隐藏着'x 是绿色的'这一经验的归因。而我做出'X 看上去是绿色的'的报告而非'x 是绿色的'的报告的事实说明，我已经做出了许多考虑……也就是说在想'认同或不认同'。"(See Wilfrid Sellars, *Empiricism and Philosophy of Mind*, with an Introduction by Richard Rorty and A Study Guide by Robert Brandom, Cambridge: Harvard University Press, 1997, §16.) "认同"指的是对内容的认同，麦克道威尔把"看上去"的表达式视为一种对事实的报告，而布兰顿则把这种表达式理解为一种命题性的倾向，即在灯光等具体情境被给定的情况下，会做出哪一种判断。(See John McDowell, "Why Is Sellars's Essay Called 'Empiricism and Philosophy of Mind'?", in *Having the World in View: Essays on Kant, Hegel, and Sellars*, Harvard University Press, 2009, pp. 226 - 228.) 按照麦氏的理解，"是"的判断建立在对做出"看上去"的表达时的考虑之上；按照布兰顿的理解，"是"的判断则是对"看上去"的表达式所蕴藏的倾向的清晰表述。显而易见，麦氏的理解更加接近于塞拉斯本人的理解。但是，无论采取麦克道威尔的理解，还是在采取布兰顿的理解，我们至多只是对事实（对象）做出了承诺或认同，而没有以之为认识的起点。故而，显像作为所予的身份是不合法的。

"这条领带看上去是绿色的"的断言时,他已经领会了这条领带在标准情况下是蓝色的。"看上去"预设了对"是"的理解。而"是"意味着判断,意味着我们并不是把判断对象作为孤立的事物而直接加以接受。实际上,我们在这里也发现所予神话的第三个问题也是不可能的。即便我们把作为"看上去"的逻辑基础的"是"的判断作为基础的、根本的事实,对这一事实的理解也会基于对其他概念、推论、语境等周边事物的理解之上,例如小约翰的例子中,我们需要知道相关的"标准条件"是哪一些,如果是自然光照时,领带是蓝色;如果是黄色的光照时,领带看上去是绿色的;"是"和"看上去"的使用区分同样预设了许多其他方面的知识。

但是,在第三个问题上,所予论者可能还会提出"类型论的规则"的论证,例如,红色是颜色这种类型中的一个标志,我们可以根据颜色和具体色彩之间,以及其他相关事物之间的规则来做出"这是绿色的"这样的判断。这里的"规则"作为一种所予是超出于类型、标志等具体情形之外的东西。举例说明,"这个树的叶子是绿色的",我们可能根据以下规则做出这个判断:这棵树属于常绿乔木,常绿乔木的叶子是绿色的,所以这棵树的叶子是绿色的;或者,春天树木的叶子是绿色的,现在是春天,所以这棵树的叶子是绿色。诚然,我们可以根据规则来进行三段论式的推理以对一个标志做出判断,然而,这里所涉及的规则是一种在先给定的,可以作为一种所予的规则么?在这种情况下得到的信念、判断是独立于其他概念、信念和推论的,因此也是一种所予么?塞拉斯指出,这里的规则是习得的[①],此时的判断也已经是概念空间之中的成熟居民了,规则和由此做出的判断都可以在一个概念空间中被给出,可以作为推论的依据、起点或者其中一环而得以被理解。

那么,如果某个关于对象的报告者不是根据如此清晰的规则,而是根

---

① 这里涉及塞拉斯那里甚为关键的显像图像(manifest image)和科学图像(science image)之间的关系。两者的关系涉及自然如何作为知识的来源的问题,也可以不那么精确地说,我们如何从自然中习得规范。关于两者关系的详细讨论请参见下一章。不管塞拉斯如何谈论两者之间的关系,塞拉斯都未把规则视为是事先给定的,即所予。

第二章　自然空间证成作用的进一步丧失：经验主义的所予神话与第三个教条

据他的可靠的(valid)感觉来给出信念呢？那么，可靠主义者所认为的可靠的感觉是否是一种所予？实际上，某个观察者是可靠的，乃是因为我们相信他是可靠的。塞拉斯指出，觉知者(perceiver)必然已经习得了一些相关的知识，例如知道视觉条件等是否是正常的，才可以做出可靠的报告。这就意味着，一方面，可靠的观察者的知觉报告是基于一些默会的(implicit)知识而做出的，他所谓的可靠的信念必然依据于其他的他所默会的信念与知识。另一方面，我们相信他的报告是可靠的，乃是因为他的报告在某个推论中起到了有效作用，他的报告必须进入推论的关系之中才能具有"可靠的"性质。总之，并不存在那些孤立的、不以其他信念为基础的信念。

塞拉斯对所予神话的三个问题均持有否定性的态度，他否认感觉材料可以起到认识论的作用，否认显像可以作为达到事物实际所是的基础和出发点，否认我们可以根据规则等形式的所予来获得孤立的信念，这些信念对世界中的内容做出直接的知觉报告，并可以进一步地充当某一推论的起点。在塞拉斯那里，从经验通向外间世界的种种可能道路都被堵塞了。实际上，塞拉斯断然否认知识需要一个经验基础，"经验知识是理性的，这并不是因为它有着一个基础，而是因为它是一项自我纠正的事业，这项事业中，任何一个断言都可能陷入险境，尽管并不是一次性地全然罹难"[1]。塞拉斯实际上最终得出了奎因式的整体论的结论，在这个整体的知识系统中，每一个断言都可能被调整、修改或放弃，以保障推论链条的有效性。塞拉斯得出的推论主义也为布兰顿所继承和发展，我将在第三章和第五章中进一步谈论塞拉斯对布兰顿的影响以及布兰顿的相关思想。

尤为值得注意的是，在我看来，塞拉斯对范畴性的所予批判并不充分。斯诺顿(P. Snowdon)曾注意到，在塞拉斯那里可能存在两种意义上的所予：一种是经验性的，例如感觉材料；另一种是超验性的，例如范畴形式；它们分别对应于提供刺激一方和接受刺激一方，对应于知识的来源和可能

---

[1] Robert Brandom, "Study Guide", in *Empiricism and Philosophy of Mind*, with An Introduction by Richard Rorty and A Study Guide by Robert Brandom, Cambridge: Harvard University Press, 1997, p. 162.

性的条件。① 然而,在塞拉斯那里,类型论意义上的规则是在生活实践中形成的规则,它们可以被修改和调整。在范畴的意义上说,范畴的约定论者会认为种属关系类似于类型和标志的关系,它们之间的规则是可以修改的;然而,范畴的本质论者则认为种属之间的关系是一种超验的关系,在这种意义上的范畴的所予则是被某种超验的框架、图式赋予形式的东西。塞拉斯未能够批判后一种意义上的范畴的所予②,而戴维森对经验主义第三个教条的批判弥补了这一方面的不足。

第三节 戴维森对经验主义第三个教条的批判

虽然戴维森的直接批判目标在于概念图式与内容二分的经验主义的第三个教条,但他的论述迂回曲折,不能一览无余。为弄清他的思想,我们需要十分的耐心以沿循他的思路慢慢探索。

一、概念图式和三种概念相对主义

概念相对主义既是戴维森批判要点,亦是戴维森批判概念图式的切入点。一般而言,概念相对主义者认为,我们的理解是相对于一个概念图式而言的;存在着不同的概念图式,这些图式之间不可互相通约;故而,处在

---

① Paul Snowdon, "Some Sellarsian Myths", in *Empiricism, Perceptual Knowledge, Normativity and Realism: Essays on Wilfrid Sellars*, Willem DeVries, ed., Oxford: Oxford University Press, pp. 102 – 103.
② 塞拉斯的确曾指出"观察框架"并不存在,但他又声称真实存在的是理论框架。这里的框架指的是一种思维范式;观察框架指的是我们日常经验和语言的观察框架,和任何科学理论一样,都是一种理论;理论框架则指我们在观察和描述经验时所运用到的科学的理论框架。塞拉斯认为观察框架是科学框架的来源,但如同他批判所予神话那样,观察框架是不严格的,它本身不具有本体论上的地位。塞拉斯承认理论框架存在,但这种意义上的框架是可变的,它不具有超验性的内涵。(参见郭贵春:《塞拉斯的知识实在论》,《自然辩证法研究》1991年第4期,第7—14页。)因此,无论肯定地或否定地谈论框架,塞拉斯所谓的框架都未能触及戴维森"概念图式"中所蕴含的"先验"维度。

第二章　自然空间证成作用的进一步丧失：经验主义的所予神话与第三个教条

某一图式里的人们无法理解处在其他图式内的人们的行为。举如下三个道德相对主义的命题为例：

  命题1. 我们可以观察到道德的多元性——我们发现，不同的社会和文化之间有着实质上不同的判断标准；

  命题2. 实际后果上，我们不能从这些多元性的判断中决断出一个最好的标准；

  命题3. 故而，道德价值与文化相关，也就是说，不存在绝对的、独立于文化的道德上的善与恶、好与坏等之类的事物。①

我们大多数人都能接受命题1，并且能够隐晦地接受命题2（尽管命题2面临着较多争议），但命题3则是道德相对主义的实质观点。接受命题3的人认为，我们带着文化的有色眼镜看着这色彩斑斓的世界；我们所观察到的道德多元性实际上由于社会、文化的多元性，亦即概念图式的多元性；由于置身在不同的概念图式中，我们实质上有着不同的道德判断标准。根据戴维森的观点："a. 概念图式是组织经验的方式；b. 它们是对感觉材料赋予形式的范畴体系；c. 它们是个人、文化或时代据以检测所发生事件的观测点。"②我们现在讨论的是引文中的 c 部分。我们可以将命题3带入命题1中，得到如下命题：

  命题4. 我们可以观察到概念的多元性——我们发现，不同的社会和文化之间有着实质上不同的概念图式。

---

① Dorit Bar-on, "Conceptual Relativism and Translation", in *Language, Mind and Epistemology*, G. Preyer, F. Siebelt & A. Ulfig, eds., Springer Science + Business Dordrecht, 1994, pp. 145 - 146. 本章中诸多命题的形式受到该文中一些相关命题表达的影响。
② ［美］戴维森：《真理、意义和方法——戴维森哲学文选》，牟博编译，商务印书馆2008年版，第254页。引文中标号为笔者所加。

我们可以把命题 4 看作是道德相对主义或**文化的概念相对主义**的表述。这里有一个相关的问题,即既然我们有着实质上不同的概念图式——因而我们以不同的视角或方式看待事件,我们如何理解彼此?抑或,我们根本无法彼此理解?或者,我们只能不完全地理解彼此?再者,根本不存在概念图式这种观念?我们可以借助戴维森所给出的两种隐喻,即斯特劳森式的隐喻和库恩式的隐喻来进一步细化这里的问题。

斯特劳森式的隐喻要求我们运用同一种语言描述世界,我们构造语句的不同方式,我们运用语言为语句分配真值的不同方式,都会构成一系列的可能世界。在这种隐喻之下,我们实际上运用同一种图式(即同一种语言)来描述不同的可能世界,因而,我们是在语言内部区分出概念和内容。库恩式的隐喻则要求我们对同一个世界做出不同的观察,即用不同的图式(即不同的语言)来描述同一个世界,这种隐喻"暗示了一种相当不同的二元论,即一种关于总括的图式(或语言)和未被解释的内容这两者的二元论"①。

戴维森认为前一种隐喻是相对主义的根基所在(它容易引向第二种隐喻),它构成了继奎因经验主义两个教条之后的第三个教条的内涵之一。根据戴维森,沃尔夫(B. Whorf)②和奎因均持有这第三个教条,例如奎因在《语词与对象》(*Word and Object*)一书中如是写道:

> 我们不可能一个句子一个句子地把观念外壳剥掉,而剩下对客观世界的一种描述;但是我们可以去研究世界和作为其一部分的人,从而发现人对周围的一切可能获有哪些认识线索。把这些线索从他的世界观中减去,我们得到的差额就是纯粹由人提供的东西。这个差额标示着人的概念的独立自主性的限度,即人们可在其中修正理论而同时保存经验材料的那个范围。③

---

① [美]戴维森:《真理、意义和方法——戴维森哲学文选》,牟博编译,商务印书馆 2008 年版,第 260 页。
② See Benjamin Whorf & Chase Stuart, *Language, Thought and Reality*, *Selected Writings of Benjamin Lee Whorf*, John B. Carroll, ed., Mass: John Bissell Carroll, 1956.
③ [美]奎因:《语词和对象》,陈启伟、朱锐等译,中国人民大学出版社 2005 年版,第 5 页。

第二章　自然空间证成作用的进一步丧失：经验主义的所予神话与第三个教条

按照奎因的理解，我们仍然可以提供一个纯粹的整体系统，该系统独立于外在的世界，我们的经验构成了连接内、外的通道，通过经验我们把外在世界的刺激输入该系统之内，"整个科学是一个力场，它的边界条件就是经验。在场的周围同经验的冲突引起内部的再调整"①。奎因所谓的"人的概念的独立自主性的限度"构成了概念图式的空间，在这个空间之内，人们仍保留对塞拉斯所谓的非概念化的"所予"的谈论——所予构成了证成的基础；并且，这种所予不同于信念的内容——信念内容已是概念空间内的居民，因此，我们一方面具有作为经验的感觉所予，另一方面具有概念、信念和推理，此外，我们还需把这两方面的内容联系起来，构成知识（这里对应于上述引文中的 a 部分和 b 部分）。② 只要这种图式与内容的二元对立存在，概念相对主义就不可避免，根据斯特劳森式的隐喻，人们在修正理论的同时，也是在用不同的方式描述世界，这些描述构成了诸可能世界，内容以不同的方式被整理，从而人们也将获得不同的知识。我们不妨将这种概念相对主义称为**描述主义的概念相对主义**。

库恩式的隐喻则喻示了一种十分不同的相对主义以及一种十分不同的"第三个教条"，这一隐喻中蕴含着一个传统的观点，即"任何一种语言都会曲解实在"，我们只有在不借助语言，或者借助与生俱来的"心语"（mentalese）才能表述实在，或借助"上帝之眼"才能看到实在。③ 按照这种隐喻，各种概念图式是观测同一世界的不同的点，置身于不同图式中的人们所观察到的世界是不同的。在这种隐喻中，我们对作为观测点的图式做出本体论的承诺，这些图式具有形而上的异质性，因而，"对于同一个世界的不同观察者，他们用彼此之间不可互相还原的概念体系来观察这个世界"④。用

---

① ［美］奎因：《从逻辑的观点看》，陈启伟、江天骥等译，中国人民大学出版社2007年版，第37—38页。
② 这也恰恰体现着经验主义的两难逻辑。
③ 当然，我并不是说库恩本人持有这里所提及的观点。本文假设戴维森对沃尔夫、库恩（T. Kuhn）、费耶阿本德（P. Feyerabend）以及奎因等人的基本判断都是正确的，而集中于对戴维森本人思想的探讨之上。
④ Donald Davidson, "On the Very Idea of Conceptual Scheme", in *Inquiries into Truth and Interpretation*, Oxford: Oxford University Press, 1984, p. 187. 另参见［美］戴维森：《真理、意义与方法——戴维森哲学文选》，牟博编译，商务印书馆2008年版，第259页。

罗蒂的话说,"改变一个人的概念,就会改变一个人的经验,改变一个人的'现象世界'"①。我们不妨称这种概念相对主义为**本体论的概念相对主义**,在这种相对主义中,概念图式是相对于同一个世界的超越性的存在。

诚然,戴维森并未像我一样明确区分出三种概念相对主义,并且戴维森的讨论更集中在对库恩式的隐喻之上,但当我们区分出这三种概念相对主义,并回归到上文所提到的理解是否可能那一系列问题时,我们探索的道路会在下文中体现得更加清晰。两种隐喻实际上喻示了第三个教条的两个不同方面。我区分出描述主义的概念相对主义的目的在于引向对语言(概念空间)和经验世界(因果刺激、对象)关系的探讨,这一种相对主义实际上承继了奎因对两个教条的批判以及塞拉斯对所予神话的批评;引入本体论的概念相对主义旨在谈论语言的"无本质"特征,肃清我们理解中的超验成分,获得一种新的关于语言和经验世界之间关系的理解方式,从中可以导向戴维森"语言无本质"以及罗蒂"语言是偶然的"等思想②;而似乎有些刻意引入的文化的概念相对主义则旨在为读者提供一道跨出和运用戴维森思想的道路,在这条路上我们可以与罗蒂、斯特劳斯(Leo Strauss)、泰勒(C. Taylor)等人邂逅,借以寻访自由主义、历史相对主义、怀疑主义等著名的思想城镇——虽然本书不拟对之做出讨论。跟随这里的指向,我们也将逐渐明白,即便概念图式这一观念不存在,我们仍能彼此理解。

二、可翻译性和概念图式

不管是哪种形式的概念相对主义,概念相对主义者都面临着一个简单而直接的悖论。概念相对主义者是如何知道彼在的概念图式是不同于我

---

① [美]罗蒂:《罗蒂文选》,孙伟平等编译,社会科学文献出版社2007年版,第100页。
② See Donald Davidson, "A Nice Derangement of Epitaphs", in *Truth, Language and History*, Oxford: Oxford University Press, 2005, p. 107. 另请参见[美]戴维森:《真理、意义与方法——戴维森哲学文选》,牟博编译,商务印书馆2008年版,第250—251页;[美]罗蒂:《偶然、反讽与团结》,徐文瑞译,商务印书馆2003年版,第13页。

们的？概念相对主义者必然已有了对彼在文化、概念或语词的用法的一定理解或预设才能做出判断，然而，处在某个概念图式中的人们对彼在的图式中的概念是全然无知的，这便构成一个悖论：我们无法知道自己不知道的事物，但却需要预设对完全陌生的事物具有一定知识才能判断它截然不同于我们的认知。于是，这迫使概念相对主义者持有一种较强的立场，即认为彼在的概念图式完全不同于我们的图式，既然图式完全不同，那么就不可能对彼在的图式有任何理解，对彼在的图式没有任何理解的话，彼在的图式便完全不同于我们的图式。于是，我们有可能在不对彼在的图式有任何了解的情况下直接断定存在彻底不同的概念图式。强的概念相对主义者的做法是，借助于不同语言间互相翻译的不可能性——即我们不可能用自己的语汇来表述彼在的图式中的概念，来证成他们的断言。

概念相对主义者（包括戴维森本人）在此把翻译的通达性（accessibility）和概念的通达性联系在一起，认为不可翻译性构成了概念的不可通达性的依据。这里有两个问题，首先，为何可以用语言替代概念图式；其次，为何会转向对翻译问题的谈论？

我们先来讨论第一个问题，即概念图式与语言的关系。"清楚的是，拥有不同概念图式的语言必然是不同的语言，而不同的语言则不必然有着不同的概念图式"[①]，因为，语言的差别并不必然意味着语言所牵涉到的概念图式之间具有差别，例如，用英语可能很容易解释 *scorekeeping* 这个词，但用汉语或德语，人们则需做出或多或少的转述（paraphrase），又如 *kairos* 这个词，英语或汉语的说话者都需要对这个词做出进一步的解释。虽然所使用的语言是不同的，但说不同语言的人可以互相理解，即便是对 *lagom* 这一几乎难以在瑞典语之外找到对应翻译的语词而言。然而，具有不同概念图式的语言必然不可以互相翻译。据此，我们可以得出如下其值为真的命题：概念图式不相同是语言不可互相翻译的充分不必要条件。该命题

[①] Katherin Glüer, *Donald Davidson: A Short Introduction*, Oxford: Oxford University Press, 2011, p. 216.

的逆否命题为：可以互相翻译的语言有着相同的概念图式。由于原命题和逆否命题是等值的，故而，戴维森转化了一下思路，试图证明逆否命题中前件的正确性。这样的话，如果我们可以证明语言是可以互相翻译的，那么，不同的语言就共享有相同的概念图式，本体论的概念相对主义便不可能；如果语言之间的确存在（部分或完全）不可互相翻译的情形，那么，我们则会得出存在不同的概念图式这一结论。

所以我们现在用对语言的讨论替代对概念图式的讨论，由考察概念图式是否存在转向了对翻译是否可能这一问题的考察。戴维森的论证思路可以简化为如下三个命题：

命题5. 语言之间的不可翻译性是存在实质上相异的概念图式的必要条件（语言的可译性构成了概念图式是否存在的判定标准）；

命题6. 语言之间不存在不可翻译性的情形；

命题7. 故而，不存在实质上不同的概念图式。

现在的问题集中在命题6上，只要命题6得以被证成，我们就无理由相信存在不同的概念图式，乃至概念图式这一观念。戴维森在"论概念图式这一观念"中区分了完全不可翻译和部分不可翻译两种情况，我们接下来便分别讨论这两种情况。

三、完全不可翻译和对第三个教条的批判

根据戴维森，"倘若在一种语言里任何范围内的有意义语句都不能被翻译成另外一种语言，那么便是完全不可翻译；倘若某一范围内的语句可以被翻译而另外某一范围内的语句不可被翻译……那么便是部分不可翻译"[①]。

---

① [美]戴维森：《真理、意义和方法——戴维森哲学文选》，牟博编译，商务印书馆2008年版，第257页。

第二章 自然空间证成作用的进一步丧失：经验主义的所予神话与第三个教条

戴维森首先"论证"完全不可翻译这种情况，然后"简要地考察"部分不可翻译这种情况。就"论证"和"简要地考察"这种措辞上的区别来看，戴维森更为注重前一种情形。如果将完全不可翻译的情形运用于命题 5 到命题 7 上，我们获得如下命题：

命题 8. 如果两个人具有不同的概念图式，则他们所说的语言是完全不可翻译的；

命题 9. 不存在完全不可翻译的情形；

命题 10. 所以，两个人不可能持有不同的概念图式。（该命题与命题 7 等值）

我们可以直观地看出，拒斥完全不可翻译性对戴维森来说意义非凡。那么，完全不可翻译为什么是不可能的呢？我们不妨从经验主义的第三个教条角度，即图式与内容两者二分的方向加以讨论，总结出如下几个论述：

论述 a. 首先暂且不谈图式与内容的二分，我们有一种**"抄近路"的论证**，即认为不可被理解的语言均不是语言，我们无法用语言对非语言的事物做出解释，故而，不能为我们的语言所翻译的行为不是一种言语行为。但戴维森敏锐地指出，这其实是从第一人称视角出发，把我们拥有的语言和图式作为判定标准；或者因为只存在一种概念图式，故而我们只能做出上述判断——这其实是我们正在追求的结论，我们不能把结论首先当作证据。因此，论述 a 是个无效的论述。

论述 b. 如若我们从内容的角度看，我们会得出一种**知识论的论证**（这一点对应于塞拉斯对认识论的所予中感觉材料理论的批判）。在图式与内容的二分中，内容似乎作为独立于图式的事物而存在，我们可以用"物自体""所予""(纯粹)感觉材料"等名称来描述之。但是拥有这些名称的事物都不能起到解释作用，因为它们是非概念的东西，是尚未进入理性空间而等待被概念组织的东西。在这种情况下，如果翻译得以可能，我们就可以说人们用不同的语词成功地对同一对象做出了表达；如果翻译失败的话，我们则未能成功地用概念的刺针扎入沉默的物自体,物自体依旧沉默不语,此时便无法把物自体之类的对象当作是可被言语表达的对象。我们在此亦不必归咎于概念图式,指责我们的概念图式是有限的,指责它不能渗入一切可能世界之中;我们仅简单地认为根本不存在其他的概念图式。戴维森做出这样的总结:"如果翻译成功的话,我们就无需认为存在两种概念图式;然而,如果翻译失败的话,我们也没有依据说存在两种概念图式。如果我的观点是正确的话,那么,我们便不可能能够以清楚易懂的方式比较两种不同的图式。如果我们知道还有更多的图式的话,毋宁说只存在一种图式。"[1]既然从内容到图式并不是一条有效的判定解释是否成功的路径,那么,从内容一方看,无论解释成功与否,我们都只能得出只存在一个概念图式的结论。

论述 c. 如若我们从图式角度看,我们则在考察库恩式的隐喻,得出**一种本体论的论证**。戴维森在此又进一步区分出了两种隐喻,即"组织"(organizing)和"符合"(fitting)。(我认为,"组织"对应于塞拉斯对范畴的所予的批判,"符合"对应于塞拉斯对认识论的所予中"显像"所予的批判。)

(C_1) 根据"组织"隐喻[2]:

概念图式	组织	未被解释的内容
		经验之流
	系统化了	所予
	分类了	表层刺激
		世界

戴维森指出:"除非一个单一对象被理解为包括或已经处在与其他对象的关系之中,否则的话,我们就无法赋予组织该单一对象这个概念以清

---

[1] Donald Davidson, "Reply to Solomon", in *Essays on Actions and Events*, Oxford: Clarendon Press, 1980, p. 243.

[2] See Robert Kraut, "The Third Dogma", in *Truth and Interpretation: Perspectives on Donald Davidson*, Ernest Lepore, ed., Oxford: Basil Blackwell Inc., 1986, p. 402.

第二章　自然空间证成作用的进一步丧失：经验主义的所予神话与第三个教条

晰的意义。"①就如组织一个衣柜，当我们收拾完其中作为内容的衣物时，我们就是在组织衣柜。当有人提醒我们还得组织一下"衣柜"这个图式时，我们则会大惑不解，就如我已经带领热情的访客参观了图书馆、游泳馆、教室等地方，却仍被要求带领参观"大学"时感到惘然一样。这些隐喻中，我们必须理解了衣柜和里面衣物的关系，大学和各种建筑设施的关系之后才能理解衣柜和大学是什么。衣柜和大学并不是一种独立、超然的存在。类似地，也不存在独立于内容的图式，更遑论在严格区分开图式和内容的情况下，存在一种超然的概念图式。但这里的隐喻是如何证明完全不可翻译的不可能性呢？其实，戴维森在谈论完论述 a 之后就提醒我们思考语言与信念、愿望和意向这些态度之间的关系，提醒我们要注意命题内容。尽管我们用不同的语言"组织"内容，但我们对相同的对象做出了命题态度的归因（ascription），对之做出了相似或相异的谓述。只要我们能在世界中定位出作为原因的凸显（salient）的对象，交流便获得成功，语言也便可以互相翻译，从而完全不可翻译乃是无稽之谈。我将在第六章中展开具体的讨论。

（C_2）根据"符合"隐喻②：

语言	符合	
（概念图式）	应对	经验
	处理	世界
	预测	感觉提示
	……	

这种隐喻以语句（语言）为基本单位，来应对经验，对世界做出应答。该隐喻不同于"组织"隐喻之处在于，它强调内容的首要性，图式在要符合内容的意义上是被动的，而组织隐喻中的图式则是一种在先的存在，我们

---

① ［美］戴维森：《真理、意义和方法——戴维森哲学文选》，牟博编译，商务印书馆 2008 年版，第 266 页。译文略有改动。
② See Robert Kraut, "The Third Dogma", in *Truth and Interpretation: Perspectives on Donald Davidson*, Ernest Lepore, ed., Oxford: Basil Blackwell Inc., 1986, p. 402.

用它来整理和组织内容,内容在此意义上是被动的。

"符合"隐喻中,语言需要来自经验的证据,需要通过身体输入的刺激,"语言无内容则空"。如果我们设想某种语言 L,它能符合所有(实际的、可能的、过去的、现在的以及未来的)经验,那么,L 关于世界的描述为真。同样,我们可以设想存在语言 L_1,L_2……它们描述世界的方式也都是真的。并且,如果这些语言有着不同的概念图式,那么这些语言之间便完全不可互相翻译。然而,由于内容起到了首要的作用,在克劳特(R. Kraut)看来,"'符合'隐喻试图借助真,而非翻译(来证明存在概念图式);但是,我们不能把真之概念从翻译中剥离出来"[①]。克劳特的意思是,符合隐喻诉诸的是传统的真与指称之间的关系,作为指称物的内容成为断定图式是否正确、是否具有相同的基础的标准指示物。实际上,由于内容并不起到认识论上的证成作用(即不能通过诉诸指称及其类似项来判定概念、命题乃至图式的真值),我们必须通过对内容的解释来把握内容和图式,因而,真之概念也不能从解释中抽身而去。戴维森如此看重塔斯基约定 T 的重要原因乃在于,约定 T 中元语言是对对象语言的解释,解释提供了对象语言的成真条件,真之问题在约定 T 中亦离不开解释(interpretation)问题。我将在本章下文中具体讨论这一问题。

从论述 b 和论述 c 中,我们清楚地看到完全不可翻译是不可能的,故而不存在完全不同的概念图式,这两个有效论述中还蕴含着戴维森对第三个教条的理解以及对这个教条的批判。在戴维森看来:(i)奎因对区分分析与综合两种命题的拒斥,使得我们不再迷恋于借助逻辑形式或依据经验内容来谈论意义;(ii)我们以往可以通过范畴、语言结构、形式逻辑来谈论意义,如今我们放弃了意义概念的首要性;(iii)但人们仍需要一种把握经验的方法,在放弃意义和分析这两个概念之后,人们诉诸"概念图式"这一概念;(iv)人们认为,存在图式和内容的二分,前者组织后者,后者等待被

[①] See Robert Kraut, "The Third Dogma", in *Truth and Interpretation: Perspectives on Donald Davidson*, Ernest Lepore, ed., Oxford: Basil Blackwell Inc., 1986, p. 402. 引文中括号内内容为笔者所加。

前者整理。戴维森认为，(iv)是经验主义的最后一个教条，上述分析使得我们有理由认为这个教条是不存在的。

四、无本质的语言

即便承认不存在概念图式这一观念，人们仍然可能倾向于在具体的交流发生之前，设定一种说话者和听者都赞同的理论，设定一种"先验的约定"，一种共同的、本质性的语言，参与交流的人都说着这种语言，因而对话者能够理解彼此。似乎存在"语言"这种实体或本质。对此，戴维森进一步针锋相对地指出："并不存在语言这种东西，并不存在许多哲学家和语言学家过去所设想的那种语言。因此，也就不存在那种可以被习得、掌握或生来就有的东西。我们必须放弃这样一种想法，即认为存在一种语言使用者先获得，然后运用于各种情形的一种清晰、明确的共有的结构。"[1]

戴维森反对这种意义上的语言的存在与他反对概念图式的立场一致。具体地来说，戴维森在"在先的理论"(prior theory)与"进行的理论"(passing theory)之间做出了区分："对于听者而言，在先的理论表述的是，他**事先准备好**如何解释说话者的言语表达；而进行的理论表述的是，他**实际上**如何解释言语表达。对于说话者而言，在先的理论是他**相信**解释者所持有的在先的理论；而他的进行的理论是他**意图**使解释者使用的理论。"[2] 戴维森更加强调进行的理论的重要性，因为无论说话者和解释者持有怎样的在先的理论，如若交流得以可能，在进行的理论中，两个参与交流的人必须使得他们所持有的一致意见变得越来越多，原先两人持有的在先的理论也将逐渐一致化。故而，在戴维森看来，交流成功的条件并不是参与交流

---

[1] Donald Davidson, "A Nice Derangement of Epitaphs", in *Truth, Language and History*, Oxford: Oxford University Press, 2005, p. 107. 另请参见[美]戴维森：《真理、意义和方法——戴维森哲学文选》，牟博编译，商务印书馆2008年版，第250页。

[2] Ibid., p. 101. 另请参见[美]戴维森：《真理、意义和方法——戴维森哲学文选》，牟博编译，商务印书馆2008年版，第243页。

的两个人事先共有关于语言的知识,"在语言、言语或无论你想称之为什么的方面,重要的是交流……""说话者共有一种语言,当且仅当他们倾向于使用相同的语词来意味着相同的事物"①。因而语言是在交流中形成的东西,人们一边交流,语言一边形成、丰富和改变,语言是一种动态的(dynamic)的存在,是一种社会活动的结果。②

戴维森在《墓志铭的微妙错乱》中谈论的用词错误(malaprops)的例子表明,"大多数'无意义的话'在乍听时,都是可以理解的"③。例如,"亲近别有企图"(Familiarity breeds attempt)④,或者"我们死后平等地被焚烧成灰"(We're all cremated equal),⑤在对这些表达式的理解中,我们偏离了正常的理解,进行了创造性的发挥,但听者基于说话者的用词错误仍能理解他的意思。然而,在这里人们仍然可以争论,持异议者可能认为我们是基于对这些语句的正常理解才能够理解这里创造性的表达,那些正常的理解构成了一种在先的、使得理解可以成功的基础。持上述异议的人认为,在解释的次序上,标准意义是最初出现的东西,除非我们能够理解标准意义,否则我们便不能理解偏离了标准意义的其他表达式。

然而,在戴维森看来,解释的顺序并不是一个清晰的概念,许多情况下我们并不是首先清楚地理解标准意义,而是根据已有的模糊理解来推测出

---

① Donald Davidson, "The Social Aspect of Language", in *Truth, Language and History*, Oxford: Oxford University Press, 2005, p. 120, p. 111.
② 在与兰博格(B. T. Ramberg)教授讨论本节内容时,他提醒我注意应该在说话者所共有的、在某种程度上是内在的语言与个人的、具体的语言之间做出区分,兰博格认为具体的、内在的语言是变动的,而我认为语言在任何层次上都是动态的存在,戴维森对语言的理解不仅适用于具体场合之下对表达式的理解,对语言本身的理解上,我认为不存在共有的、内生的语言和语言的无本质思想是融贯、一致的。超出戴维森的思想,我们将能在第九章对杜威语言哲学的解读中,进一步明白语言的动态性。
③ Donald Davidson, "A Nice Derangement of Epitaphs", in *Truth, Language and History*, Oxford: Oxford University Press, 2005, p. 90. 另请参见[美]戴维森:《真理、意义和方法——戴维森哲学文选》,牟博编译,商务印书馆2008年版,第230页。
④ 此句是将"Familiarity breeds contempt"(亲不敬,熟生蔑,狎能生慢)中的"contempt"替换为"attempt",意思变成了"亲近别有所图"。
⑤ 此句是将"We're created equal"(我们生来平等)中的"created"替换为"cremated",意思变成了"我们死后被平等地焚烧成灰"。

标准意义。戴维森指出:"时常出现这种情况:我们可以先辨识出说话者的目的,然后由此辨认出某个语词或短语的原义。……辨别出第一意义的更好的方式是通过说话者的意图。……因为,说话者必然会意图让听者抓住第一意义,而且如果交流成功的话,第一意义就被领会了;如果我们全神贯注于听者必须具有的知识或能力的话,如果听者也真的想解释说话者的言语的话,那么,我们在研究第一意义中便没有错失任何东西。"① 如何辨识出说话者的意图构成了理解的一个要点。实际上,只有理解了说话者的意图,理解才有可能,但同时只有理解成功的情况下才能确认听者理解了说话者的意图。理解和意图似乎构成了一个循环。然而,当前获得的要点是,戴维森所谓的第一意义不是一种必然的在先的存在,根据这种第一意义我们便可以推测出标准意义。在戴维森看来,第一意义并不是系统的、共有的、由习俗约定或由规则所支配的。②

然而,人们为什么会固执地认为必然存在这种使得理解得以可能的在先的约定呢? 兰博格指出:"在我看来,我们试图在语义学中引入'约定'的部分原因乃在于,约定似乎是一种把说话者、听者以及语词联系起来的方式;这一概念极好地吻合于我们如下模糊的直觉,即语言交流仅在交流者在某种程度上理解他们所用的标志所意谓的**相同之物**时,才是成功的。在我看来,许多语义学理论都在试图利用这种直觉。"③ 我认为,兰博格这里所指责的直觉,其错误并不在于它的内容,而在于它未加反省地就接受它的直觉内容,并进一步依据这种直觉固定住了以第一意义为起点的解释顺序。实际上,我们将在第六章第二节中看到,在戴维森那里,解释所指向的相同对象构成解释得以可能与成功的客观性依据。

---

① Donald Davidson, "A Nice Derangement of Epitaphs", in *Truth, Language and History*, Oxford: Oxford University Press, 2005, pp. 92-93. 另请参见[美]戴维森:《真理、意义和方法——戴维森哲学文选》,牟博编译,商务印书馆 2008 年版,第 232-233 页。
② Ibid., p. 93. 另请参见[美]戴维森:《真理、意义和方法——戴维森哲学文选》,牟博编译,商务印书馆 2008 年版,第 233 页。
③ Bjørn Ramberg, *Donald Davidson's Philosophy of Language: An Introduction*, Oxford: Basil Blackwell, 1989, p. 103.

依据上述的理解,我们得出结论:不存在关于语言的知识,因为并不存在一个被称为"语言"的额外实体存在在那里等待被我们认知。戴维森眼中的语言是无本质的、非实在的语言,交流在语言形成过程中起到了极为重要的作用。

第四节 对自然空间的保留

在阐述戴维森对经验主义的第三个教条的拒斥同时,我们发现一个有趣的现象,即戴维森仍然试图保留对经验的谈论,戴维森明确地指出:"我们可以坚持认为**一切**语句都具有经验内容。而经验内容本身又是根据事实、世界、经验、感觉、感官刺激之全体等诸如此类的事物来解释的。"①我们应该如何理解戴维森意义上的"经验内容"?无独有偶,塞拉斯在《经验主义与心灵哲学》一文第九部分之后也仍然保留对某种意义上的经验的谈论,认为理论对象和观察对象实际上是同一枚硬币的两面,它们之所以呈现为不同的形态乃因它们处在不同的存在序列,即理论的和实质的(theoretical and material)序列之中。塞拉斯还积极寻求一种在不诉诸所予的情况下谈论内在感觉片段的方法。为了对世界概念的位置有着更为清晰的认识,本章余下的部分将对两人的相关思想先做出简单的介绍。

一、部分不可翻译与"戴维森化"的约定 T

戴维森对待完全不可翻译与部分不可翻译的态度截然不同,戴维森认为前者是不可能的,而后者是可能的。部分不可翻译并不意味着理解是不可能的,相反,当我们知晓翻译存在局部的失败时,我们势必理解了作为判

---

① [美]戴维森:《真理、意义和方法——戴维森哲学文选》,牟博编译,商务印书馆 2008 年版,第 262 页。

断依据的广阔背景,我们对于这些背景的翻译势必是成功的。进一步地,即便对于那些完全陌生的事物来说,我们必须依据自己熟悉的模式来判断该物的陌生性(strangeness)。

我们可以借助罗蒂的对趾人①例子来进行说明。对趾人有着完全不同于我们的物理语言,对趾人用神经状态来直接交流,例如某个对趾人观察到对方 C 号神经跳动时,他便知道对方口渴了。显然,我们不能直接把自己的概念还原为对趾人的物理语言(这会犯还原论的错误),但如果这样的话,我们如何可能对这种物理语言做出解释?并且,我们怎么知道我们的解释为真?在第六章中我们将会明白,我们能理解对趾人的物理话语乃是因为我们对世界中的相同事实做出了命题态度的归因。但是,"世界中的事实"并非指感觉材料、表层刺激之类的对象。戴维森在这一点上说得很清楚,"'我的皮肤是温暖的'这个语句为真当且仅当我的皮肤是温暖的。这里并没有提到事实、世界、经验或证据"②。上一节中,我指出,在戴维森看来,我们无法离开解释概念而独立地谈论真之概念。本小节中,我们不妨从戴维森对塔斯基约定 T 的继承和改造的角度,简略地谈论真与翻译之间的关系——这也是戴维森在《论概念图式这一观念》一文中简要提及却甚为关键的思想。

塔斯基的 T 语句的基本模式如下:

(T) "p"是 t 当且仅当 p。

t 表示谓词"真的","p"表示元语言,p 表示对象语言。塔斯基严格地区分出这两种层次上的语言以避免封闭的日常语言所面临的说谎者悖论。③ T

---

① [美]罗蒂:《哲学和自然之镜》,李幼蒸译,商务印书馆 2003 年版,第 66 页。
② [美]戴维森:《真理、意义和方法——戴维森哲学文选》,牟博编译,商务印书馆 2008 年版,第 269 页。
③ 说谎者悖论与罗素悖论、康托尔的所有集合的集合悖论、布拉利—福蒂悖论、哥德尔的不完备性定理、格雷林和纳尔逊的异己悖论以及拉姆塞对语义矛盾和逻辑矛盾的区分有着共同的要点,即它们均旨在运用语义分层来避免语义自指。塔斯基的解决这一难题的基本思路是,(转下页)

语句以语言层次论为基础,用较为高阶的元语言解释对象语言,因而 T 语句是一种开放的语言。但根据 T 语句的模式,我们可以有:

(T_1)"雪是白的"是真的当且仅当雪是白的。
(T_2)"雪是绿的"是真的当且仅当雪是绿的。

T_1 和 T_2 显然都符合模式 T,但我们却无法根据 T 来断定 T_2 为假。戴维森认识到了 T 模式在内容恰当性上的缺陷,即 T 模式无法始终正确地被运用于自然语言之上,戴维森沿着这个方向将经验与 T 模式联系起来,他接受的塔斯基模式实际上是塔斯基的 T^x 模式,戴维森用 X 作为"p"的名称①,从而得出:

(T^x) X 是 t 当且仅当 p。

类似地,戴维森得出:

(T') s 是 t 当且仅当 p。

为理解戴维森为何做出这样的修正,我们需先弄清楚戴维森与塔斯基对待 T 模式的不同态度。塔斯基将 T 模式当作一种真之理论,而戴维森则把该模式视为一种意义理论;塔斯基认为意义在真之先,而戴维森认为真在意义之先——把成真条件作为意义的基础便是所谓的"戴维森纲领"。举 T_1 为例,塔斯基首先假定 T_1 的意义是清楚的,然后讨论它何以为真;

(接上页)基于分层理论避免语义自指。其实,罗素和怀特海早在二人合写的《数学原理》一书中就已运用层次理论避免上述悖论。克莱因的《数学:确定性的丧失》一书集中讨论了上述难题。参见[美]克莱因:《数学:确定性的丧失》,李宏魁译,湖南科学技术出版社 2007 年版,第 266—270、287、343—345 页。
① 参见陈晓平:《戴维森从塔斯基那里继承了什么?——戴维森与塔斯基的"真"理论之比较》,《科学技术哲学研究》2015 年第 1 期,第 2—5 页。

第二章 自然空间证成作用的进一步丧失:经验主义的所予神话与第三个教条

戴维森则首先关注于"雪是白的"是什么意思,追问我们如何解释这句话,然后我们才能理解这句话的意义。戴维森关注的解释是一种彻底解释,即甚至连奎因所谓的"翻译手册"尚未存在的情况下,对他者的可观察的行为做出解释。在这种彻底解释中,戴维森把信念和真看作是基本的,因为只有在把他者的某些言语表达看作是真的之情况下,我们才能结合具体的环境以及他者的其他行为做出进一步的解释。对他者某些言语表达的"持真态度"(认为……是真的)是解释得以开始的第一步,"持真态度"打破了"除非我们知道某人所相信的东西,我们就不会知道他所意谓的东西;除非我们知道某人所意谓的东西,否则,我们就不会知道他所相信的东西"这一循环。① 持真态度的依据则是戴维森所谓的"宽容原则"。宽容原则在此并不是作为一种选择而出现,它是作为一种必然而强加于我们。倘若我们想要理解他人,我们则必须秉持宽容原则,必须假设参与交流的人必须具有理性,必须假设我们与他人在很多问题上的看法一致。②(戴维森这里关于"宽容原则"的必要性的论述构成了该原则合法性的"桥头堡论证"。③)

基于上述认识,戴维森对塔斯基 T 模式做出了两点基本的修改:(1)他将 s 改造成场合句;(2)他将时—空—人坐标引入 p。"讲有待被解释的语言的人认为各种各样的语句在某些时间和某些场合为真"④——这构

---

① 〔美〕戴维森:《真理、意义和方法——戴维森哲学文选》,牟博译,商务印书馆2008年版,第29页。
② 参见同上书,第273页。高新民和殷筱认为,戴维森的宽容原则有三个预设,一是说话者具有理性,二是强调主体间性,三是参与交流的人具有共同的价值预设。(参见高新民、殷筱:《戴维森的解释主义及其心灵哲学意蕴》,《哲学研究》2005年第6期,第77页。)我认为,戴维森只预设了参与交流的人是理性生物。"合理性"要求说话者和听者都把对方的行为和话语视为是有意义的,并且他们均要求彼此以可被理解的方式说话,于是,这种情境显然是交流的情境,参与交流的人必然会重视主体间性。另外,预设参与交流的人具有共同的价值取向一点有待商榷,如果说高新民与殷筱所说的"价值"指的是达到理解这种目的,我会赞同他们二人的观点;如若"价值"指的是成熟的伦理规范中的追求,我则认为他们二人的观点有点欠妥,他们忽略了戴维森在彻底的解释这种理论中提出和强调宽容原则,在彻底解释中,并无对成熟的价值的要求。
③ 参见林从一:《思想、语言、社会、世界:戴维森的诠释理论》,台北:允晨文化实业股份有限公司2004年版,第52—60页。
④ 〔美〕戴维森:《真理、意义和方法——戴维森哲学文选》,牟博译,商务印书馆2008年版,第189—190页。

成了认为语句为真的证据。根据 T′：

(T′) 当"Es regnet"这句话由 x 在时间 t 讲出时它在德语中为真，当且仅当在 t 时在 x 附近天下雨。

支持该 T′ 语句正确性的证据乃是无穷递归的各种具体情况，例如：

(E) 库特属于讲德语的语言共同体，库特认为"Es regnet"这句话在星期六中午为真，并且星期六中午在库特附近天下雨。

戴维森认为，我们需要全称量化(E)，以得出：

(GE)$(x)(t)$ 如果 x 属于讲德语的语言共同体，那么，x 在 t 时认为"Es regnet"是真的，当且仅当在 t 时在 x 附近天下雨。

GE 构成了"持真态度在大部分情况下是正确的"之证据，但 GE 已然不是偶然性的经验证据；然而，**GE 涉及经验内容**，例如库特的个人经验，因而 GE 是可错的[①]；而 GE 形式上的正确性保证了我们大部分情况下是正确的（我们可以结合宽容原则理解这一点[②]）。此外，只要 GE 能构成我们大部分信念乃是真的之证据，那么对于我们在某个语言共同体内获得的 E 来说，我们对 E 的不同态度只造成意义上的差别，而非概念图式上的差别。路德维希和齐林一针见血地指出，戴维森"希望一个在外延上恰当的理论

---

① 又如，"雪是白的"是真的，当且仅当草是绿的，这种表述符合 T′，但无意义。实际上，塔斯基创建 T 模型是为了将实质蕴含和形式蕴含结合起来，而戴维森则更加注重实质蕴含，在此意义上，戴维森也必然引入"解释"这一概念。例如，如果 p 为真，那么命题"如果 p，那么 q"在形式上为真；但实质地说，对于命题"如果我今天发工资，我将会去大吃一顿"，不管前提"我今天发工资"是否为真，我都有可能去大吃一顿。如果"我今天没有发工资，我也去大吃一顿"，这便要求人们提供解释。

② 参见[美]戴维森：《真理、意义和方法——戴维森哲学文选》，牟博编译，商务印书馆 2008 年版，第 336—359 页。

能够正确地提出语境的真值条件。……他进一步提出,应当把自然语言的真理论看作是一种经验理论,它必须符合说话者或语言共同体的要求"①。我们应当认识到,戴维森的真之理论实际上是**一种经验论**,改造后的 T 语句是关于我们在实践中被一般化的经验形式的表达,它涉及人际间的交流和理解因素。GE 作为真之依据乃是理性化和一般化的经验性依据,我们也因此能够在大多数情况下理解彼此,而在理解或解释失败的情形中,我们只有通过"扩大共有的(可翻译的)语言或共有的意见这一基础(才能)来增进宣称图式上或意见上的差别时的清晰度"②。在部分不可翻译的情况下,我们需要做的是增进理解,相应的 T 语句的内容或许也会因此发生变化。戴维森这里的思想或许很难理解,我将在第四章对戴维森"解释的语义因果理论"的解释中再度谈及他思想中的关键点。

二、塞拉斯的科学实在论和印象观

塞拉斯与戴维森一样也试图在某种意义上保留对经验的谈论,虽然他们具体的做法并不相同。塞拉斯在这个方面论述虽然也较为细致,但其结论却不像戴维森得出的结论那样难以理解。塞拉斯对经验概念的保留主要体现在他的科学实在论以及对印象(impression)、显像图像等概念的理解之上。本小节中,我将略去塞拉斯论述的细节,而直接呈现其结论。我也暂先简要讨论他的科学实在论和印象观的思想,而在下一章中具体展开对显像图像(以及科学图像)的讨论。

在第二节中,我们已经明白不存在不依据于其他信念而存在的独立信念,但是,这并不意味着信念只能依托于它与其他信念之间的关系而存在,在非推论的链条之中,关于对象的信念可以跻身于实在的(科学

---

① 参见[美]路德维希、[荷]齐林:《戴维森在哲学上的主要贡献》,江怡译,《世界哲学》2003 年第 6 期,第 4 页。
② [美]戴维森:《真理、意义和方法——戴维森哲学文选》,牟博编译,商务印书馆 2008 年版,第 273 页。

的)链条之中。在逻辑经验主义者那里,语言是关于对象的表述,在这种意义上,语言暗示着对象存在。在本体论的意义上,语言和对象处于不同的存在序列之中,理论的对象(即用语言表述的,进入概念空间和推论关系的对象)和观察对象(即至多是感性直观,尚未被概念化和进入推论关系的对象)是两种完全不同的事物。然而,在塞拉斯看来,语言只是表述对象的工具,它只会造成方法论上的区别,而不会造就本体论上的差异。理论对象和观察(科学)对象只是我们运用不同的表述工具而达到的不同结果,它们本质上是同一枚硬币的两面,不存在本体论上的差异。当一个对象在语言中被把握时,它便进入了概念空间和推论的关系之中;当这个对象作为一个推论的基础和起点时,它直接可以从实在的关系中走来,在这种情况下对它的使用是一种非推论的使用。科学的对象在上述的意义上并非出自杜撰,它们具有**实在性**。塞拉斯因此保留了某种版本的实在论。

如果说塞拉斯的科学实在论还易于理解,且尚可接受的话,他对"印象"概念的处置或许会稍稍令人感到困惑。印象是一种内在的感觉片段,例如,我们出现幻觉而误以为"那儿似乎有一头大象"时,我们似乎有一种内在的感觉,这种感觉就是一种印象。如若要解释幻觉为何可能,我们似乎必须要保留对这种内在感觉片段的谈论。但是,如何在不把它当作是一种所予的情况下探讨它呢?不同于"这条领带看上去是绿色的"中"看上去"的逻辑,幻觉中的"似乎"并未预设对"是"的内容的清晰理解,它仅是我们对某种对象的可靠反应中产生的**可靠倾向**。例如,当一个绿色的对象出现时,我们对之具有的可靠反应倾向是"它是绿色的";但是,当这个绿色的对象被抽离时,实际上,我们仍然内在地保留这种反应的倾向性,当对象被填充时,这些反应倾向便迅速捕获对象,做出关于它的判断;当对象缺位,虚席以待时,这些反应倾向仍旧跃跃欲试。

然而,这是否意味着这种反应倾向本身是一种所予?塞拉斯指出,这种可靠的反应倾向是可以通过学习和训练来获得的①,故而,它并不是一种所予。实际上,只有通过学习和训练我们才能觉知(aware of)到这些可靠的反应倾向,这些倾向处在我们默会的(implicit)的领域之中,当我们试图使之清晰(make it explicit)时,它们便逐渐披上清晰的概念外衣,被织入推论的链条之中。此外,值得强调的是,我们也将在第九章对杜威语言哲学的谈论中发现,这种"可靠的反应倾向"在语言形成过程中起到了非常关键的作用。当然,此处对塞拉斯的阐述过于简单,详述其中的理路需要我们做很多的论述。

小结：自然空间的再次历难

布兰顿这样总结塞拉斯在《经验主义和心灵哲学》一文中所做的工作,"认识论的基础主义者诉诸笛卡尔式的所予的做法乃是错误的,因为对概念的非推论的使用预设了对概念的推论的使用。经验主义者诉诸前概念的所予来解释概念物的做法也是错误的,因为……拥有获得关于某种事物概念的能力已经预设了对那种概念的理解……尽管如此,塞拉斯揭示给我们,我们可以在不对所予神话做出承诺的情况下,直接觉察到精神片段(mental episodes)……"②实际上,塞拉斯的种种批判的底线在于,关于对象的概念必须已经在或者潜在地置身于其他概念的关系之中。考虑到经验主义的两难逻辑,塞拉斯彻底堵塞了世界中的感觉材料能对知识起到认识论作用的种种可能途径。

戴维森对经验主义第三个教条的批判有着相似于塞拉斯对所予神话

---

① See Wilfrid Sellars, *Empiricism and Philosophy of Mind*, with an Introduction by Richard Rorty and A Study Guide by Robert Brandom, Cambridge：Harvard University Press, 1997, p. 20.
② Robert Brandom, "Study Guide", in *Empiricism and Philosophy of Mind*, with an Introduction by Richard Rorty and A Study Guide by Robert Brandom, Cambridge：Harvard University Press, 1997, pp. 180–181.

批判的后果。戴维森斩断了奎因的"怀疑论的尾巴",感觉刺激不再能够起到任何认识论的作用。经验世界和知识之间的通道已经完全被隔断了。虽然戴维森和塞拉斯都在某种意义上保留对世界的谈论,但显而易见的是,世界中已经因为渗透了过多概念性的成分而不再如先前在经验主义者,乃至逻辑经验主义者那里那般纯粹。

虽然学界大抵已认可塞拉斯和戴维森对经验主义的批判,例如,罗蒂就直接运用戴维森的结论得出更为激进的观点,即放弃世界;布兰顿的《使之清晰》[1]一书也直接承继塞拉斯的讨论。然而,仍不乏对他们有所怀疑的人,例如泰勒[2]、麦克道威尔[3]、亨德森(D. Henderson)[4]、麦金(M. McGinn)[5]、维金斯(D. Wiggins)[6]等人就对戴维森的观点有所质疑。本章不拟对这些异议进行讨论。我暂不去深究塞拉斯和戴维森的批判是否合理,即便他们大错特错——虽然这极不可能,他们的批判也使得经验世界又经历了一次劫难。经过奎因的批评,经验世界不再能够充当知识的坚实基础,但经验世界仍旧能够沿着知识系统的边缘敲敲打打;然而,经过塞拉斯和戴维森的批判,经验世界和知识在认识论上所有可能的直接接触都被禁止了。经验世界似乎被囚禁在一座暗不透光的牢房之中,然而,塞拉斯和戴维森仍旧保留着对经验世界的谈论,这些谈论使得经验世界仍有生机,并为它的回归保留了一丝希望。

---

[1] Robert Brandom, *Making It Explicit*, Harvard: Harvard University Press, 1994.
[2] 参见[加]泰勒:《罗蒂与哲学》,查尔斯·吉尼翁、大卫·希利编:《理查德·罗蒂》,朱新民译,复旦大学出版社 2001 年版。
[3] See John McDowell, "Scheme-content Dualism and Empiricism", in *The Philosophy of Donald Davidson*, Chicago: Open Court, 1999, pp. 87 – 104.
[4] See Henderson, D. K., "Conceptual Schemes after Davidson", in *Language, Mind and Epistemology*, Springer Netherlands, 1994. 171 – 197.
[5] See McGinn, M., "The third Dogma of Empiricism", *Proceedings of the Aristotelian Society*, Aristotelian Society, Wiley, Vol. 82, 1981, pp. 89 – 101.
[6] See Wiggins, D., *Sameness and Substance Renewed*, Cambridge: Cambridge University Press, 2001.

第三章

世界的两副面孔：概念空间和自然空间的分裂

前两章对经验主义三个教条以及所予神话的批判，尤其是戴维森对概念图式的批判，促使罗蒂认为，"复兴一种基础主义的认识论以解释'知识是如何可能的'乃是多余的"①。罗蒂进一步认为：

> "不同的概念框架以不同的方式划分世界"这样的表达中所使用的"世界"观念，是关于某种完全无规定的和不可规定的事物的观念——事实上就是物自身。……总结这一观点，我想说的是，"世界"或者是关于不可言说的感觉的原因及理智的目标的空洞观念，或者是我们的研究目前所没有涉及的那些客体的名称，即纽拉特之舟上那些目前不被移动的木板，……为了完全消除在前一种空洞的意义上使用"世界"这个词的"实在论"诱惑，我们需要避开那导致这种使用的一整套哲学观念……②

罗蒂指出，"'世界'或者是关于不可言说的感觉的原因及理智的目标的空洞概念，或者是我们的研究目前所没有涉及的那些客体的名称"，故而没有一个在那里（out there）的世界，我们被要求将知识与之对应；也没有一个运用知性却不能认识的物自身。罗蒂在前一种意义上反对真理符合论，认为"真理，和世界一样，存在那里——这个主意是一个旧时代的遗物"③；在

---

① ［美］罗蒂：《罗蒂文选》，孙伟平编译，社会科学文献出版社2007年版，第110页。译文略有改动。
② 同上书，第113—114页。
③ ［美］罗蒂：《偶然、反讽与团结》，徐文瑞译，商务印书馆2003年版，第14页。

后一种意义上,他否认康德意义上的物自体存在。既然世界——此处当然指经验意义上的世界——不能说话,说话的只是我们,罗蒂便采纳了戴维森在《墓志铭的微妙错乱》一文中的观点,认为语言不存在本质,语言是偶然的,"只有语句才有真假可言;人类利用他们制造的语言构成语句,从而制造了真理"①。在语言内部,我们便已经能够穷尽一切,在与客观之物的关系上,"除了我们已经知道的,我们就无需知道任何别的,哲学没有任何别的进一步的工作要做"②。

然而,诸多哲学家,包括奎因、塞拉斯、戴维森、麦克道威尔、布兰顿等人,均未放弃对经验世界的谈论。例如,麦克道威尔对罗蒂放弃经验概念从而隔断心灵与实在的联系的做法感到"忧虑",罗蒂的做法会使得概念失去根基,而在空中无摩擦地自旋。麦克道威尔持有一种"最低限度的经验论",即"经验必须构成一个法庭,它就是我们的思想可以对事物情况如何这一问题做出回答的方式做出裁决"。③ 麦克道威尔认为,必须保证经验世界的可应答性(answerability),把经验世界当作我们可与之对话的伙伴。

保留对经验世界的谈论,不仅仅是出于避免麦克道威尔式的忧虑的考虑,还涉及如下可能事实,即经验世界在作为知识的来源上,是不可被消除的存在。本章以讨论对塞拉斯哲学的两种理解(或对塞拉斯哲学不同方面的强调)为契机,揭示"世界"这一概念的"自然与概念"的双重面向,并最终提议以一种融贯的方式谈论世界的这两个面向。罗蒂和布兰顿把塞拉斯的追随者分为左、右两派,左派站在概念空间之内,认为我们不需要再从自然空间出发;右派则认为自然空间是知识的来源。第一节中,我将在简要阐述两派的观点上,讨论塞拉斯本人的想法。塞拉斯自己并未区分这两种对立的观点,相反,他在发展自己哲学的过程中,一直试图融贯地谈论世界的两个面向。第二节以布兰顿为例,进一步讨论了左派的思想。第三节则

---

① [美]罗蒂:《偶然、反讽与团结》,徐文瑞译,商务印书馆2003年版,第19页。
② [美]罗蒂:《后哲学文化》,黄勇编译,上海译文出版社2004年版,第209页。
③ [美]麦克道威尔:《心灵与世界》,刘叶涛译,中国人民大学出版社2006年版,第8页。

以米丽肯为例,更为具体地展现了右派的思想。第四节则以麦克道威尔为例,指出还有居于两种观点之间的思路。左、右两派,以及麦克道威尔式的居间派思想,均有着各自的合理之处,在具体的探究中,我们发现两派的思想并非水火不容,我们有着能够连贯地谈论世界的自然和概念两面的可能。

右派的思想促使我们认识到,仍有许多哲学家在谈论经验世界;甚至是左派的一些哲学家,例如布兰顿,依旧保持着对经验世界的谈论。经验世界远未失落,更具有争议性的乃是谈论世界的方式。

第一节 塞拉斯哲学的双翼

罗蒂和布兰顿把塞拉斯的追随者区分为左、右两派①,其中右派认为"在描述和解释世界方面,科学判定一切事物,判定事物是其所是,或不是其所不是"②,科学的描述和解释仍需对世界中的对象负责;左派则认为:"在描述**知道**这种状态或某一片段的特征时,我们所做的并不是关于片段或状态的经验的描述;我们把它们放置在理由的逻辑空间内,在其中我们能够证成并能够证成某人的言语。"③

右派的观点中隐含着一种"科学的自然主义"思想,即认为我们所做的并不仅仅是就现象做出描述和解释,我们还需认知和达到概念的内容本身。塞拉斯的这一观点典型地体现在《阿基米德的杠杆》(1981)④、《精神

---

① See Robert Brandom, *From Empiricism to Expressivism: Brandom Reads Sellars*, Cambridge: Harvard University Press, 2015, pp. 30 - 31.
② Wilfrid Sellars, *Empiricism and the Philosophy of Mind*, Rorty R. & Brandom R. eds., Cambridge: Harvard University Press, 1997, § 41.
③ Ibid., § 36.
④ Wilfrid Sellars, "The Lever of Archimedes", in *In the Space of Reasons: Selected Essays of Wilfrid Sellars*, Scharp K & Brandom R., eds., Cambridge: Harvard University Press, 2007, pp. 229 - 257.

事件》(1981)①,《哲学和人的科学图像》(1962)②等著名文章中。《阿基米德的杠杆》发展了在《经验主义与心灵哲学》一书中"'看上去'的表达在概念上依赖于'是'的表达"的观点,认为"某物看上去是红色的"与"某物是红色的"两种表达式使用的是关于"红色"的相同概念;在运用前一种表达式时,使用者对"事物实际是红色的"做出了承诺,因此相应的判断,即后一表达式,也谈及世界中的对象。③ 在《精神事件》中,塞拉斯进一步解释语言如何被用来表征世界。在《哲学和人的科学图像》中,塞拉斯提出了他的核心观点之一,即显像图像和科学图像之间的区分,粗略地说,前者指非概念化的初始对象,后者指根据自然法则而受控于我们的概念化的对象。塞拉斯认为,科学图像起初是显像图像,自然科学需要并具有承担解释和认知显像图像的责任和能力。

左派的观点则放弃了探寻自然对象实际所是的追求,认为应该把探究的起点放置在规范的空间之内。左派的观点典型地体现在塞拉斯对所予神话拒斥的后果之中。"很多东西据说都是被给予的,包括感觉内容、物质对象、共性、命题、实项联结、第一原则,甚至是所予性本身。"④放弃所予神话意味着放弃任何被给定而对之未予证成的东西,意味着我们只有先把最初获得材料放置在理由的逻辑空间中才能展开认知工作。在《对语言游戏的反思》(1954)⑤一文中,塞拉斯把使用语言解释为遵守"规则"的活动,同样在这一篇文章中,塞拉斯区分了"语言的入口转化""语言的内部转

---

① Wilfrid Sellars,"Mental Events", in In the Space of Reasons: Selected Essays of Wilfrid Sellars, Scharp K. & Brandom R., eds., Cambridge: Harvard University Press, 2007, pp. 282–300.
② Wilfrid Sellars, "Philosophy and the Scientific Image of Man", in In the Space of Reasons: Selected Essays of Wilfrid Sellars. Scharp K. & Brandom R., eds., Cambridge: Harvard University Press, 2007, pp. 369–408.
③ 参见王玮:《塞拉斯对"看到"的解析》,《自然辩证法研究》2014年第12期,第103—107页。
④ Wilfrid Sellars, Empiricism and the Philosophy of Mind, Rorty R. & Brandom R., eds., Cambridge: Harvard University Press, 1997.
⑤ Wilfrid Sellars, "Some Reflections on Language Games", in In the Space of Reasons: Selected Essays of Wilfrid Sellars, Scharp K. & Brandom R., eds., Cambridge: Harvard University Press, 2007, pp. 28–56.

化""语言的出口转化"三个过程,它们分别对应于知觉、推论和行动,这三种类型的转化都是受"规则"所控制的。从左派的观点可以推出,科学不必继续忧虑事物实际之所是为何,科学的解释只是关于事物描述和解释的一种。

布兰顿把罗蒂、麦克道威尔以及他本人划为左派阵营,把米丽肯、罗森博格(J. Rosenberg)以及丘奇兰德等人列入右派阵营(我在本章第四节中试图把麦克道威尔解读为居间者)。① 罗蒂和布兰顿对理解塞拉斯哲学的二分法可以理解为自然主义和推论主义的对立,分别对应于自然空间和概念空间两个面向。当深入塞拉斯哲学的细节时,我们发现塞拉斯试图融贯地谈论左派和右派的思想。因此,塞拉斯需要回答如何融贯地谈论这两种空间的问题。

我们不妨以显像图像和科学图像的区分为例来尝试勾画塞拉斯在回答这一问题上的思路。塞拉斯的确认为前者是人之为人在自然中最初遭遇的东西,然而,人在历经丰富的经验和反思之后,我们不仅在经验上,也在分类上(categorically)对显像图像做出加工。② 德弗里斯提醒我们注意,塞拉斯实际上不仅把物理对象和生物,他还把人称(persons)当作显像图像。③ 人称的图型结构分为身体和心灵两个部分,这便意味着:向下,心灵可以通过身体以使得概念作用于物理对象;向上,身体可以通过心灵把物理对象带入人的认知研究范围。④ 这也意味着显像图像本身已经包含有规范。塞拉斯举例说:"认为无毛的二足动物是人类就是把它看作是权利和义务的网络中的存在者。从这一视角看,人称的不可还原性如同不可把

---

① Robert Brandom, *From Empiricism to Expressivism: Brandom Reads Sellars*, Cambridge: Harvard University Press, 2015, p. 31.
② See Wilfrid Sellars, "Philosophy and the Scientific Image of Man", in *In the Space of Reasons: Selected Essays of Wilfrid Sellars*, Scharp K. & Brandom R., eds., Cambridge: Harvard University Press, 2007, p. 375.
③ Willem DeVries, *Wilfrid Sellars*, Kingston: McGill-Queen's Uinversity Press, 2005, p. 11.
④ Jay Rosenberg, "On Sellars's Two Images of the World", in *Empiricism, Perceptual Knowledge, Normativity and Realism: Essays on Wilfrid Sellars*, Willem DeVries, ed., Oxford: Oxford University Press, pp. 292–293.

'应当'还原为'是'一样。"①"应当"对应于规范的维度，由显像图像所表达；"是"则对应于事实的维度，由科学图像所表达。佩雷格林（J. Peregrin）解释道："因此，认为显像图像和科学图像不同的基本理由在于，前者不是描述，或者说不是纯粹的描述。然而，当我们展现科学图像时，我们对'什么在那里'做出了判断；在某种意义上，当我们展现显像图像时，我们则在主张'应该有什么'。因此，显像图像……已经是规范性的。"②根据这一解释，显像图像为科学图像提供了来源，即根据"应当"做出"是"的判断。但我们不应忘记，显像图像也是关于经验的，因此相应的判断应该是在更为清晰的层次上阐明经验内容。

然而，在塞拉斯看来，科学图像既不是显像图像在概念领域的延伸，也不是关于显像图像更为精致的说明；科学图像只是在方法上（methodologically）依赖于显像图像，即显像图像是构成科学概念和方法发展的必要条件。如何理解这里所谓的"方法"呢？简单地说，由于显像图像是"一种框架，在这个框架内人们觉识到自己是在世界中的人"③，因此人必须通过显像图像来观察、认识和解释世界，在这个过程中发现的关于自然的基本模式和规范构成了科学图像的基础，科学图像也需要承继相应的观察和思考方法。罗森博格总结说："保留显像保证了人既作为主体，亦作为规范的来源……关键的是，还需认识到，任何规范秩序最终只有在成熟的科学图像中得到解释。"④显像图像和科学图像的关系上，一方面，后者受到来自前者的限制；另一方面，前者为后者提供了资源，并使得自身所包含的规范在后者的

---

① See Wilfrid Sellars, "Philosophy and the Scientific Image of Man", in *Frontiers of Science and Philosophy*, Colody, R., ed., Pittsburgh: University of Pittsburgh Press, 1962, p. 39.
② See Jaroslav Peregrin, *Inferentialism: Why Rules Matter*, Basingstoke: Palgrave, 2014, p. 128.
③ Wilfrid Sellars, "Philosophy and the Scientific Image of Man", in *In the Space of Reasons: Selected Essays of Wilfrid Sellars*, Scharp K and Brandom R., eds., Cambridge: Harvard University Press, 2007, p. 373.
④ Jay Rosenberg, "On Sellars's Two Images of the World", in *Empiricism, Perceptual Knowledge, Normativity and Realism: Essays on Wilfrid Sellars*, Willem DeVries, ed., Oxford: Oxford University Press, pp. 292–293.

范围内被清晰化。在此意义上,两种图型处于连贯和互动的关系之中,世界的自然和概念两个面向因此也不存在分裂。佩雷格林的解释过多地强调显像图像的规范性质,而淡漠了其中的自然性质。

塞拉斯虽曾言及,"在描述和解释世界方面,科学判定一切事物,判定事物是其所是,或不是其所不是",但塞拉斯并非因而声称科学对于经验有着优先性。根据德弗里斯的解释,塞拉斯认为描述和解释的确是人类认知活动的主要形式,但并不是唯一的形式,在科学和世界的关系上,塞拉斯更多地是试图说明科学的描述和解释依旧指向对象,依旧需要对经验负责。[1] 这些观点为右派所青睐。然而,我们注意到显像图像中不仅包括物理对象,也包括人之心灵所带来的规范维度,左派更希望强调规范的维度而放弃物理的维度。左、右两派是对塞拉斯哲学不同方面的强调和发展,但就塞拉斯本人的哲学旨趣来看,或许他并不会乐于见到他的研究者分裂为两个对立的派别。

第二节 布兰顿:以推论为起点

布兰顿认为,塞拉斯成功地达成了自己的哲学目标,即把分析哲学从它的休谟阶段推进到了康德阶段。休谟哲学依旧从感觉出发,休谟式的分析哲学依旧从概念与感觉的基础对应关系出发,这种思路下的分析哲学依旧有着认知事物本来面目的憧憬或对自然对象的承诺。康德哲学中,知识起源于感性杂多,但却以直观为基础,"直观"已经渗透了时空形式,是能为知性所综合的概念化的对象;康德式的分析哲学直接从概念化的对象开始,走出推论的一步,它不再缅怀传统认识论的追求,而在推论的使用中轻装上阵。布兰顿直言不讳地指出,塞拉斯的这一贡献是卓著而成功的,但

---

[1] See deVries, Willem, "Wilfrid Sellars", *The Stanford Encyclopedia of Philosophy* (Winter 2016 Edition), Edward N. Zalta, ed., forthcoming URL = 〈http://plato.stanford.edu/archives/win2016/entries/sellars/〉.

他依旧试图保留对世界的谈论的做法则是失败的。①

康德认识论哲学强调感性和知性的二分,诸多解读者把这种二分对应于未概念化的对象和概念化的对象之间的严格二分,认为它们分属于两个不可沟通的领域。通过感性接受性获得感性杂多,在知性的统合下获得感性直观,粗略地说,前者一般是非概念的,而后者是概念化的。塞拉斯在此方面的主要工作在于,揭示感性接受对象刺激的过程没有康德所认为的那么单纯。塞拉斯认为:"杂多有着这一有趣的特征:它已经是在一般认识论的,或康德所谓超验论的基础上被设定;它受限于构成人类知识的概念……这种杂多概念,用现在的话说,是理论构建性的。"②也就是说,对杂多的接受中已经涉及了综合,因而感性接受的材料已经被概念化。

塞拉斯对"想象/图像"(image)做出的区分有利于我们理解他的观点:"粗略地说,想象是图像和概念化二者的混合;然而,知觉是感觉、图像和概念化之间的混合。因此,想象一只冰凉多汁的红苹果(是一只清凉多汁的红苹果)涉及的问题是:(a)想象一个包含被红围绕的白以及互相渗透的多汁性和凉性等方面的图像的统一结构;(b)使得这一统一的图像结构概念化为一只冰凉多汁的红苹果。"③所以,当我们看到一只冰凉多汁的红苹果时,我们所见的感觉图像(感性杂多、感觉材料)已经包含了一个概念结构,这个结构使得对象概念化地被呈现。这样,直观中把握的杂多就已经有了一个综合,故而正如康德所言:"直观虽然呈现杂多,但若没有一种此际出现的综合,就永远不能使这种杂多成为这样的杂多并被包含**在一个表象中**。"④

---

① See Robert Brandom, *From Empiricism to Expressivism: Brandom Reads Sellars*, Cambridge: Harvard University Press, 2015, p. 87.
② Wilfrid Sellars, "Sensibility and Understanding", in *Science and Metaphysics: Variations on Kant's Themes*, New York: Humanities Press, 1968, p. 9.
③ Wilfrid Sellars, "The Role of the Imagination in Kant's Theory of Experience", in *Categories: A Colloquitium*. Henry W. Johnstone ed., Department of Philosophy, Pennsylvania State University, unpublished, 1978, §23.
④ Wilfrid Sellars, "Kant's Transcendental Idealism", in *Kant's Transcendental Metaphysics*, Atascadero: Ridgeview Publishing Company, 2002, p. 128.

第三章 世界的两副面孔：概念空间和自然空间的分裂

布兰顿认为，这一理解是我们需要关注的塞拉斯的重要洞识之一，这一思想指出"概念除了其描述和解释经验事件的表达功能之外，有些概念的表达功能还在于清晰地阐述推论的框架的必要特征，在这一框架之中，描述和解释才是可能的"①。简单地说，"只有在解释也可能的语境下，描述才是可能的"②。布兰顿强调杂多在其中可以被概念化的结构，认为康德所谓的"先验性"以及概念结构隐含在"知道如何"（know-how）之中，即是说，在感性杂多被呈现给我们时，我们已经知道如何表达对象，知道如何在使得对象在使用概念的过程中被清晰化；并且，这些对象一旦作为知识的对象出现，便已然被概念化了。

进一步地，传统的认识论中，概念是对象的标签，但塞拉斯认为知道如何给事物贴标签意味着已经知道如何对事物做出可靠的有差异的反应，知道运用标签的条件以及情境，这也便意味着知道如何对事物做出描述。③根据塞拉斯所述："尽管描述和解释是可以区分的，但在某种重要的意义上，它们是不可分的。因为仅有在运用表达式来描述对象时，即便是那些基本的用来描述原子对象知觉特征的单词，也是在蕴含（implication）的空间中界定那些对象。人们此时在做描述，而非贴标签。"④蕴含的空间中已经包含了对象之间的关系，故而，描述对象的实践实际上便是使得对象的内容及其之间的关系清晰化的推论的实践。布兰顿因此认为，塞拉斯的哲学把我们引向了推论主义的道路。

布兰顿对塞拉斯的右派观点深感不满，认为我们无需再诉诸科学的权威。布兰顿认为塞拉斯对迷恋科学的原因在于当时可被接受的学科间的

---

① Robert Brandom, *From Empiricism to Expressivism: Brandom Reads Sellars*, Cambridge: Harvard University Press, 2015, pp. 38-39.
② Robert Brandom, *Reason in Philosophy: Animating Ideas*, Cambridge: Harvard University Press, 2009, p. 57.
③ Robert Brandom, *From Empiricism to Expressivism: Brandom Reads Sellars*, Cambridge: Harvard University Press, 2015, p. 41.
④ Wilfrid Sellars, *Counterfactuals, Dispositions, and the Causal Modalities*, Minnesota: University of Minnesota, 1957, §108.

等级制,即科学的解释高于其他解释①;如今我们已经放弃了科学优于其他学科的观念。放弃对自然对象的谈论,并不会减损我们语汇的解释力②;布兰顿用对"单称词项的替换的推论"的方式③以及模态语义学的方法④说明,放弃自然主义的谈论世界的方式,我们依旧可以运用推论的和语义的方式保留对世界的谈论。

第三节 米丽肯:从有模式的反应中探知世界

米丽肯和布兰顿同为塞拉斯的拥趸。米丽肯指出,布兰顿更加强调塞拉斯哲学的规范维度,而她则重视塞拉斯对进化论的运用以及从中可能发展出的生物语义学。⑤ 米丽肯的依据主要是塞拉斯对维特根斯坦语言游戏的一些思考。

使用语言,在维特根斯坦的意义上,通常被视为遵从一些规则来使用表达式。但这种观点可能存在"遵守规则的悖论",其问题主要体现在无限后退和循环。用塞拉斯的分析说:"学习使用一种语言(L)就是去学习如何遵守 L 的规则;但是,规定我们所采取的行动(A)的规则是已经包含关于 A 的表达式的语言中的语句;因此,规定语言表达式(E)的用法的规则的语句已经是包含关于 E 的表达式的语言中语句,换句话说,是元语言中

---

① See Robert Brandom, *From Empiricism to Expressivism: Brandom Reads Sellars*, Cambridge: Harvard University Press, 2015, p. 85.
② Ibid., p. 86.
③ See Robert Brandom, *Articulating Reasons: An Introduction to Inferentialism*, Cambridge: Harvard University Press, 2009, pp. 123 - 156.
④ See Robert Brandom, *From Empiricism to Expressivism: Brandom Reads Sellars*, Cambridge: Harvard University Press, 2015, 2015, pp. 64 - 81. Also see Robert Brandom, *Between Saying and Doing: Towards an Analytic Pragmatism*, Oxford: Oxford University Press, 2008, pp. 92 - 116.
⑤ See Ruth Millikan, "The Father, the Son, and the Daughter: Sellars, Brandom, and Millikan", in *Language: A Biological Model*, Oxford: Oxford University Press on Demand, 2005, pp. 77 - 91.

的语句；于是，学习遵守 L 的规则已经预设了使用元语言（ML）的能力，而语言 L 的规则形成于元语言中。"① 为了避免遵守规则的悖论，布兰顿式的推论主义者把遵守规则的起点放置在其他相关的实践之中，实践整体构成我们行动的背景，故而避开了循环，此时无限后退的过程以延伸推论链条丰富语汇的形式展开。②

米丽肯并不反对上述观点，但她认为，塞拉斯实际上阐述了脱离这一循环的自然主义进路。沿循着这一思路，我们会发现世界的自然的面向以及规范的自然起源。总的来说，"遵守规则"和"受限于有模式的反应"之间有着可靠的联系，我们可以认为前者是后者更高层次上的表达，在此意义上，遵守规则的行为涉及（关于现象，非规范性的）游戏和（规范性的）元游戏，而后者只涉及非规范性的游戏。

塞拉斯借助对蜜蜂舞蹈的模式解释阐述了上述观点：（a）起初有某些蜜蜂开始有模式地舞蹈，但此时并不必然会因为这一模式的发生而据其采取相继的行为；（b）能够表达"接线图"的模式有着生存价值；（c）通过遗传机制以及自然选择，所有的蜜蜂最终都有了这种"接线图"。③

塞拉斯接着指出，从这种物种进化的类比中我们认识到，突变中出现的新行为的倾向性能够在自然选择中起到"法则的效果"。学习受模式控制的行为也是在学习施行行为的条件、情境以及后果，在自然的奖惩机制的作用下，我们会在相关的游戏中走出固定的一步。因此，在游戏中走出一步有两种意思，一来可以指运用元语言中的规则走出一步，二来还可以指借助反应的模式走出一步。④ 举象棋的游戏为例，走出一步棋既可以根

---

① Wilfrid Sellars, "Some Reflections on Language Games", in *In the Space of Reasons: Selected Essays of Wilfrid Sellars*, Scharp K and Brandom R., eds., Cambridge: Harvard University Press, 2007, p. 28.
② See Robert Brandom, *Between Saying & Doing: Towards an Analytic Pragmatism*, Oxford: Oxford University Press, 2008, pp. 1–30.
③ Wilfrid Sellars, "Some Reflections on Language Games", in *In the Space of Reasons: Selected Essays of Wilfrid Sellars*, Scharp K and Brandom R. eds., Cambridge: Harvard University Press, 2007, pp. 33–34.
④ Ibid., pp. 34–35.

据已有的下棋规则进行；当规则不存在时，我们还可以根据观察到的模式，例如"马跳日，相跳田"，来走出一步。后一种走法也有助于我们玩有意义的游戏。

按照米丽肯的解释，"塞拉斯把对语义规范的接受理解为对那些在语言和思想中走出一些步骤倾向的揭示"①。米丽肯同意布兰顿在推论中理解这些倾向，但她强调我们必须同时需要重视这些倾向本身的自然意义，只有有了这些倾向，我们才能理解规范的起源，理解事实，"根据新的描述的和指引性的再现而做出推论是人类对其意向态度的核心运用，于是这些态度的意向性及其内容，在某种程度上，起到推论的模式的作用。'这些模式必须能够匹配其内容'与'内容在某种程度上依赖于这些模式'是同一思想的两种表述"②。根据右派的观点，我们不应在人与动物之间截然地划出界限，世界的内容作为知识的起源，应该得到我们持续的重视。

第四节 作为居间者的麦克道威尔：自然表达主义

布兰顿把麦克道威尔列入自己所在的左派，然而，在我看来，麦克道威尔实际上属于两派之间的居间者。在认为所有的经验都被概念化的意义上，麦氏属于左派；在依旧强调经验内容的不可消除性的意义上，麦氏属于右派。麦氏指出："我们不应该把康德所谓的'直观'（经验的接收）理解为一种概念外的所予，而应把它理解为一种已经有着概念内容的发生或状态。在某人接受的经验之中，例如'看'的经验，**事情是如此这般的**。人们依据这种经验也可以做出判断。"③麦氏的核心论点在于，直观（作为一种发生[occurence]或状态）虽然不是成熟的概念空间内的居民，但它依旧能

---

① Ruth Millikan, "The Father, the Son, and the Daughter: Sellars, Brandom, and Millikan", in *Language: A biological model*, Oxford: Oxford University Press on Demand, 2005, p. 81.
② Ibid., p. 90.
③ John McDowell, *Mind and World*, Cambridge: Harvard University Press, 1994, p. 9.

第三章　世界的两副面孔：概念空间和自然空间的分裂

够起到理性的证成作用；直观已经是概念化的，但并不是成熟形态的概念。要理解麦氏这一有些"奇异"的观点，我们最好从他与塞拉斯观点上的差异开始。

塞拉斯在《经验主义和心灵哲学》中写道："以命题为基础的人类知识这幅图景有着一些明显的要点：观察报告并不像命题依赖它们的那样依赖于命题。另一方面，我的确想要坚持认为'基础'的隐喻是误导人的，因为它使得我们不能发现经验命题在依赖于观察报告上存在一种逻辑的维度，而在后者依赖于前者的意义上，又存在另一种逻辑的维度。"[1]塞拉斯并不认为观察报告是基础性的，我们应该在逻辑的空间中理解命题和观察报告之间的相互依赖性。因此，我们也只能在逻辑的空间内证成经验。塞拉斯对所予神话的批判意味着否定在概念的空间之外还有事物能够起到证成作用。

麦氏因此认为，塞拉斯设置了两个截然分离的领域，即概念的逻辑空间和自然的逻辑空间，我们在前一个空间中运用到的概念不能被还原为后一空间中的事物。麦氏恰是对塞拉斯的这一观点感到不满，他认为塞拉斯因此使得世界失去了"应答性"。麦氏同样从对康德"直观"概念的解读出发，试图恢复世界的可应答性，世界可以作为我们与之"对话"的伙伴而存在。[2]

对于麦氏来说，感觉经验并不是我们被动地接收来自世界的刺激的结果，而是心灵积极地组合感官中被动接收到的感觉材料的结果，麦氏正是在此意义上声称感觉经验能够充当知识的基础。经验，由于心灵的作用，已然是被概念化的。然而，我们需要注意到，麦氏这里所谓的"概念化"并不是指已经成为概念空间内的、可以为推论所使用的概念。麦氏举例说，当我们看到一只深色的鸟儿时，"我的经验使得鸟儿在视觉上被呈现给我，

---

[1] Wilfrid Sellars, *Empiricism and the Philosophy of Mind*, Rorty R. & Brandom R, eds., Cambridge: Harvard University Press, 1997, §38.
[2] John McDowell, "Sellars, Kant and Intentionality", in *Having the World in View: Essays on Kant, Hegel, and Sellars*, Cambridge: Harvard University Press, 2009, pp. 4–6.

并且我的认知能力使得我能够非推论地知道我所看见的是深色。即便我们接着认为我的经验有着内容,我们也无需认为我们是在某种概念之下而具有使我能看到内容的认知能力"①。在麦氏看来,"我们需要的观点是,内容不是命题的,而是直观的。我在康德的意义上理解直观。……获得一种直观,就是拥有一种视角"②。只要我们是世界中的能动者,只要我们带着某种视角探索世界,我们必然能以某种方式认知世界;在这种认知世界的方式中,世界直接把它展现给我们。我们可以把麦氏的思想理解为一种"自然表达主义"。③ 人类和动物都是自然的探索者,"狼群在狩猎"或者"报春花快要开放了"同发现鸟儿是深色的一样,已经包含了对相应内容的直观统合。④ 麦氏因而认为感觉经验中已经包含了判断,已经具有我们能够在逻辑的判断中所发现的相同的"形式",因而经验能够起到理性上的证成作用。但是,这些经验是直观的,而非概念的;它们只使得我们有资格持有某种信念,而非是拥有信念本身。麦氏也正是基于此理解,认为我们可

---

① John McDowell, "Avoiding the Myth of the Given", in *Having the World in View: Essays on Kant, Hegel, and Sellars*, Cambridge: Harvard University Press, 2009, p. 259.

② Ibid., p. 260.

③ 当然,麦氏没有在任何地方使用"自然表达主义"这个理论标签。在与剑桥大学三一学院普莱斯教授的一次谈话中,笔者了解到麦克道威尔不喜欢"表达主义"这个词,因为麦克道威尔一直认为表达主义者采取的是侧视视角(side-way's perspective),而这种侧视视角是不可接受的。侧视视角是某种形而上的视角,认为我们可以站在语言之外,将语言同世界相比照。有人或许会认为"直接实在论"这个理论标签更适合麦氏,何况他的"经验无中介地向外在实在敞开的观点"时常被人们(例如普特南,甚至麦克道威尔本人)称为"直接实在论。"(See Hilary Putnam, "McDowell's Mind and McDowell's World", in *Reading McDowell: On Mind and World*, Nicholas H. Smith, ed., London and New York: Routledge, pp. 177 - 178; John McDowell, "Responses", in *Reading McDowell: On Mind and World*, Nicholas H. Smith, ed., London and New York: Routledge, p. 291)。但诚如孙宁所指出的那样,麦克道威尔并未在本体上承认任何意义上的实在存在——不管其是否是直接的。(参见孙宁:《如何成为一个深刻的析取论者?——对麦克道威尔析取论的一项研究》,《哲学动态》2015 年第 7 期,第 72 页。)笔者认为,直接实在论并不是一个好的说法。显然,麦克道威尔是反实在论的(non-realism),但他的理论本身不是某类实在论思想,因此我们需要在反实在论的前面再加上一个"非"(non),这样便构成了一个略显怪异但更加准确的形态:非—非实在论(non-non-realism)。至于笔者所说的"自然表达主义",我仅是在本章的语境中给出了适合这里的语境的标签,而未想在这个理论标签上附着上任何更多的理论内涵。

④ John McDowell, "Avoiding the Myth of the Given", in *Having the World in View: Essays on Kant, Hegel, and Sellars*, Cambridge: Harvard University Press, 2009, p. 261.

以在避免所予神话的意义上依旧保留对内容的谈论,因为直观并不是一种感觉材料,在它们已经涉及统合的意义上,它们已经是概念化的。

麦氏和布兰顿的区别主要在于,首先,麦氏并不认为概念空间是我们认知对象和做判断的必要条件,我们完全可以从直观开始认识论的探究,并且,直观的过程只是一个把对象带给我们的过程,而非推论的过程。① 其次,更为细微地说,麦氏指出,并不是所有的直观都可以在推论中清晰化,例如颜色的概念,我们可以用"这"和"那"来指称某种颜色,并且在推论中使用它们,但是它们本身依旧可能保留着我们在直观中获得的认知而未被清晰化为概念的属性。② 对此的简单论证是,色谱上记载的光的颜色是连续的,而关于颜色的概念则是不连续的,故而有些颜色内容是在使用概念的推论中无法被清晰化的,但这并不影响到我们对那种色块的使用。再次,在麦氏看来,直观是人与动物共有的能力,因此麦氏隐地承认人与动物、自然世界和概念世界之间的连续性,只不过人与动物的区别之处在于,人能够将在自然中获得的经验部分地现实化为第二自然(即教化)领域内的内容,而动物仅具有第一自然。③ 最后,在对塞拉斯哲学中经验主义成分的解读上,麦氏虽然对塞拉斯有着诸多异议,但与布兰顿对塞拉斯的经验主义的批评不同,麦氏积极地在此方面同塞拉斯对话,并批评布兰顿未能充分地认知塞拉斯的经验主义的意义。④ 或许麦克道威尔并不像布兰顿所认为的那样毫无争议地属于左派阵营。

麦氏和米丽肯都强调自然世界在认识中的作用,都试图保留对世界的

---

① See John McDowell, "Why Is Sellars's Essay Called 'Empiricism and Philosophy of Mind'?", in *Having the World in View: Essays on Kant, Hegel, and Sellars*, Cambridge: Harvard University Press, 2009, pp. 221-238.
② See John McDowell, "Avoiding the Myth of the Given", in *Having the World in View: Essays on Kant, Hegel, and Sellars*, Cambridge: Harvard University Press, 2009, pp. 262-268.
③ 参见[美]麦克道威尔:《心灵与世界》,韩林合译,中国人民大学出版社2014年版,第122—125、155—156页。
④ See John McDowell, "Why Is Sellars's Essay Called 'Empiricism and Philosophy of Mind'?", in *Having the World in View: Essays on Kant, Hegel, and Sellars*, Cambridge: Harvard University Press, 2009, p. 221.

谈论。两人的不同之处主要在于，米丽肯更加借助生物学的研究来探究知识的自然起源，麦克道威尔则更加注重从德国观念论传统，尤其是康德和黑格尔哲学，这种纯粹思辨性的哲学中探究知识与自然的关联。除了探究方式上的不同，米丽肯所谓的反应模式是非概念的，是概念的"前阶段"，而麦氏所谓的直观已然是概念化的。如果把对直观的统合理解为对经验模式的发现，麦氏和米丽肯的思想关系便被拉近；如果认为统合已经受范畴作用，麦氏则更接近于布兰顿。在此意义上，我们可以将麦氏理解为居于左派和右派之间的居中者。

小结：弥合概念空间和自然空间

通过对左、右两派思想的具体考察，我们发现可以在塞拉斯的思想中找寻到两派的思想来源。以显像图像和科学图像的区分为例，不那么严格地说，米丽肯所谓的反应模式以及麦克道威尔意义上的直观相应于显像图像；自然反应的模式同显像图像一样，不仅包含有经验内容，其模式也是规范的来源和基础；世界以直观的形式呈现自身，其中也包括内容和模式。但只有在科学图像中才能使模式所蕴含的规范清晰化，即在理由的空间中，通过做出推论而使得隐含的规范清晰化。

塞拉斯的追随者分裂为左、右两派，或许从侧面反映塞拉斯在结合世界的两个面向上的尝试的失败。塞拉斯哲学的确有其不可自圆其说的地方，其矛盾之处尤其体现在：在自然的逻辑空间和理由的逻辑空间的二分上，塞拉斯认为两者截然相分，自然之内的事物不可能进入到理由的逻辑空间中；在显像图像和科学图像的二分方面，塞拉斯又暗示说，自然是规范的来源，两者之间存在某种连续性。或许我们需要更进一步的研究来消除塞拉斯哲学中的这一矛盾，但不止一位哲学家，例如德弗里斯[①]和奥勒（B.

[①] See Willem DeVries, *Wilfrid Sellars*, McGill-Queen's Press, 2005, p. vii.

第三章 世界的两副面孔：概念空间和自然空间的分裂

Aune)①，指出塞拉斯在这一主题上表述的含糊性，或许也正是因为塞拉斯态度上的暧昧不明才导致其追随者的分野。

布兰顿认为我们的研究应该从人与生物的断裂处开始，即从人能做出而动物不能做出的断言开始；与之相对，米丽肯和丹尼特认为人与动物是连续的，人的规范空间有着自然的来源和基础。这两种理解使得世界分裂为两个相矛盾的面向。

关键的问题在于规范从何而来？自然选择中隐含着规范么？我们能在自然中走多远？知识探究的起点为何？布兰顿的基本观点是：规范是对象之间的逻辑关系，规范态度并不处在因果关系之中，而是处在推论的关系之中；规范只能在使用语言的共同体中获得。相比之下，自然主义者，例如丹尼特，则把以目标为导向的非语言的生物意向作为解释的起点，认为人类之前的（pre-human）生物意向是理解人类意向的基础。布兰顿针锋相对提出的问题是，为什么就此会产生语言性的社群？"铁在潮湿的环境中生锈"是铁对潮湿的环境做出了反应，但是铁对世界做出了认知吗？布兰顿的回答是，显然铁不能认知世界，因为它缺少规范的维度，只有在规范的维度中才能区分某个语词的正确用法和错误用法，我们才能够说语词真正地被使用。类似的例子是，当鹦鹉说出"红色"时，我们也不能认为该鹦鹉会使用"红色"一词，因为它不能在给出和索取理由的推论实践中走出一步。布兰顿引用黑格尔对动物意欲（desire）的说明，"动物把从树上落下便旋即吃下的东西称为食物"②，意在表明，动物对世界的直接反应中没有进一步的思考因素和规范维度。但是丹尼特提醒布兰顿，动物所做出的反应具有应答的倾向（responsive disposition），不同于铁块对潮湿的环境做出的反应，动物的反应是对规范维度的反应。在丹尼特看来，动物对环境的反应对内容做出了直接归因，而其中的规范维度体现在我们解释动物行为

---

① See Aune, B., "Sellars's Two Images of the World", *The Journal of Philosophy*, 1990, pp. 537–545.

② Robert Brandom, *Marking It Explicit*, Cambridge: Harvard University Press, p. 86.

的自然理由(例如达尔文进化论的解释)之中。①

杜威在记号和符号之间做出的区分有助于我们理解丹尼特的思想,动物在对符号做出的有模式的反应中已经潜在地具有规范与意义,而从记号到符号的过程乃是遵从自然进化规律的习惯的累积和固定的过程。② 丹尼特同样认为,如果没有类似于进化论之类的自然理由,自然就不可能在诸多的备选中选择出一个具体的"功能"(function),例如,我们便无理由认为鸟的翅膀的功能是飞翔,鱼鳃的功能是在水中呼吸。功能是自然设计的最佳选择的体现,人类的诸多功能,例如语言,可以被视为对自然设计的表现与模仿。我们将在第三部分"向概念空间进发"中了解到关于"功能"的更多论述。

布兰顿似乎过于强调规范的维度,米丽肯曾指责布兰顿"过于强调语言实践中意向和思想的独立性而未能重视行为的无意向性但有目的性的行为模式和生存功能,因而忽视了所有形式的意向性中的态度维度"③。布兰顿强调规范维度与承认规范与自然之间的连续性实际上并不矛盾。本章的探究一方面说明,仍有许多哲学家保留对经验世界的谈论;另一方面,本章的探究应该促使我们认识到连续地谈论自然空间与概念空间的可能。接下来的第二部分的探究将具体从概念空间一方,以语义、语用和解释学的方式探究谈论自然空间的方式;第三部分的探究则主要以自然主义的方式来具体讨论哪些自然的因素可以,以及如何进入概念空间之中。

---

① See Daniel Dennett, *The Intentional Stance*, Cambridge: MIT Press, 1987.
② 参见本书第九章内容。
③ See Ruth Millikan, "The Father, the Son, and the Daughter: Sellars, Brandom, and Millikan", in *Language: A Biological Model*, Oxford: Oxford University Press on Demand, 2005, pp. 77–90.

第二部分
世界的重拾

本部分在概念空间一方探讨重拾世界的可能。重拾世界意味着能够"谈及"自然空间,谈论概念空间和自然空间的勾连,从概念空间的角度看这一尝试,就是去探究概念渗入自然空间中有多深,从自然空间的角度就是去探究哪种意义上的自然能够以及如何进入概念空间之中。本部分主要借助戴维森和布兰顿哲学中的相关研究来探讨在概念空间中谈论自然的方式。

第四章试图在"解释的语义因果理论"这一综合性的理论标签之下融贯地解释戴维森的真之语义学、彻底的解释理论、不规则的一元论以及因果理论,这里采用的解释顺序是"对完全因果律的本体论承诺→真→意义→解释"。恰是因为对完全因果律的承诺才使得我们有资格将一个事件理解为因果事件,一旦对于因果事件的解释获得了成功,我们便有权认为世界中切实发生着处于因果关系中的事件——包括物理事件。这一章或许是本书最具挑战,也最具争议性的一章。

戴维森的解释的语义因果理论适用于从言的判断,而可能在从物的判断上失效。布兰顿以推论主义的方式谈论表征的理论有助于克服戴维森理论上的缺陷。第五章将会展开布兰顿把形式语义学和实质语用学结合起来的具体方式。然而,布兰顿面对批评者的批评时，更多地是站在他所持有的理性主义立场来做出回应。人们有时会期待布兰顿直接（即不再重复他一贯的论调，而是从提问者的视角）回应他哲学中存在的问题，例如，他的研究进路谈及的表征是否同一于自然空间中外在的对象。我们在这一点上恰又可以回到戴维森的哲学。布兰顿的推论主义语义学以断言为起点，戴维森的三角测量理论则以理性生物的意向状态与可观察的行为开始；戴维森将解释的逻辑起点设置在自然之内，但他却以主体间形成的社会基线为依托测量出世界中的对象。戴维森的研究或许能够补充布兰顿理论中的不足，但也可能因其视角中隐在的先验性而带来新的麻烦。

由于戴维森和布兰顿哲学实际的起点均不在自然空间内，他们均在概念空间一方以语义和语用等方式来间接地谈论经验世界，借助这种迂回的策略，他们最终谈及的内容在何种程度上是外在于我们的，或如何是自然空间内的。换句话说，从概念空间出发，我们能探入自然空间有多深或多远。经过接下来三章的讨论，我们发现以戴维森和布兰顿的方式重获的内容是概念可谈及的内容，它与概念处在语义而非因果的关系之中，但是，保留这些内容之于概念的因果作用，或对自然空间做出本体论承诺，有助于保证经验世界的客观性，保证经验世界之于知识的限制，同时这也是成功的解释和交流的前提与基础。

第四章
语义进路：戴维森解释的语义因果理论

如所周知，休谟因果理论因未能证明先后相继的两个事件之中蕴含有因果律，而未能避免怀疑论，即便无数次观察到两个事件前后相随，也不能证明它们会恒常地前后相继。如若两个事件分别是物理事件和精神事件，怀疑论的火焰更会延及世界。即便我们有着关于由物理事件导致的精神事件的知识，我们也不能证明世界中物理内容能够恒常地引起我们相应的认识。旧有的做法是，认为物理事件本身就能够起到证成精神事件的作用，而我们已经在第一章和第二章中看到，这种做法是如何招致批判并被抛弃。在这种情况下，我们或者保持精神世界和物理世界的平行性，认为二者互不干扰，甚或认为我们无法用概念直接勾住的物理世界并不存在；我们抑或可能还有其他谈论世界的方式。在我看来，戴维森"解释的语义因果理论"[①]便为我们提供了一条保留世界，乃至获得因果律的可行方式。

"解释的语义因果理论"首先是一种因果理论，在此意义上，它在解决休谟因果理论的问题上向前迈出了实质的一步；其次，它还是一种语义理论，它涉及对单称因果陈述这种自然语言的意义的研究；最后，它也是一种解释的理论，因为我们将会看到戴维森实际上颠倒了休谟因果理论的解释顺序；不同于休谟从与原因和结果有关的事件开始，解释它们的关系中是否蕴含有一个因果律，戴维森的解释顺序的起点则是对"a 导致了 b"这样的因果陈述的解释。我认为戴维森的"不规则的一元论"实质上是一种解释的语义因果理论。这一见解或许会令一些人感到诧异，我希望本章中的

---

① 戴维森本人并未提过"解释的语义因果理论"的说法，这种说法为我所提，旨在建立起一种关于戴维森彻底解释理论、语义理论以及不规则的一元论的综合性的理论。

论述能够消除人们的困惑以及怀疑。

第一节中,我将简单介绍休谟因果理论涉及的问题。第二节中,我将介绍戴维森的不规则的一元论的基本思想。我的基本态度是尝试融贯地解释戴维森的思想,而暂先不介入对该思想的批评之中,因为我们一旦弄清楚这种思想作为一种解释的语义因果理论意味着什么,我们将能够抓住戴维森思想的重点以及问题实质,并且能够避免许多无的放矢的批评。我将在第三节中揭示解释的因果语义理论的内涵。我将先讨论休谟因果理论中的事件—时间并行结构,戴维森发现在这个结构中休谟忽视了空间这一维度,这里的空间不仅仅指物理的空间,还指逻辑的空间。借助这一认识,戴维森论述到充当原因和结果的并不是事件,而是可用语句表达的事实。我们接着会认识到这一事实是由单称因果陈述(That a caused b)表述的事实。通过第三节的讨论,我们将会认识到戴维森对严格的因果律做出了本体论的承诺,依据这种承诺,我们就有根据认为某个单称因果陈述是真的,并有理由对之做出解释;当我们能够做出解释时,我们也获得了该陈述的语义,知道了什么可以充当某个结果的原因,以及某个原因的结果。在第四节中,我将会回到对不规则的一元论的讨论,首先阐述为什么认为不规则的一元论是一种解释的语义因果理论,然后指出这种理论存在的问题。我指出,正是因为戴维森需要来自严格因果律的支持以获得解释单称因果陈述的合法性,他才在不规则的一元论中强调因果关系里隐含着严格的法则,他才在物理事件和精神事件的随附性关系上,偏向物理事件。但是,在运用解释的语义因果理论来解释具体的陈述时,我们可能会被开空头支票,因为这种理论可能犯有语义自指的错误。要突破语义自指,必然需要突破语义的界限,在某个节点上与世界中的对象发生直接的联系。①我认为布兰顿成功地做到了这一点,他将单称词项与指称系连在了一起,我将在下一章中详细讨论布兰顿的做法。

---

① 这种做法实际上同塔斯基的做法一样,通过建立分层的语言,即对象语言和元语言,以避免语义自指。参见第二章第七节内容。

第四章　语义进路：戴维森解释的语义因果理论

在小结部分，我总结了戴维森对休谟因果理论的两点超越之处，这两点超越之处对于本书主题来说有着重要意义。戴维森的解释的因果语义理论对因果律的存在，同时也对世界的存在，做出了本体论承诺，于是，借由这种本体论态度，我们可以减轻怀疑论的焦虑，认为世界不仅存在，而且有序可循。

第一节　休谟因果问题和四类事件关系

根据斯泰纳（M. Steiner）的解释，休谟意义上，或近代意义上的因果理论，具有两个显著特点：首先，原因和结果分别为两个独立的整体事件；其次，原因和结果都发生在量子化（最小化）的时间点上，因此人们是在标记的意义上，而非在类型的意义上谈论原因和结果。[①] 在休谟式的因果理论中，点时间上的原因和结果都是标记事件（token event），"点"原因或"点"结果被胶着在一个有机的整体（即因果事件）之中。基于上述两点潜在的共识，人们试图从个体事件的前后相继的关系中探讨隐含在因果关系之中的因果律。然而，正如休谟因果问题所揭示的那样，我们仅能观察到事件前后相继，而无法观察到事件之间的内在关联。[②]

在我看来，休谟因果问题可以分为两层：在第一层次上，我们询问因果刺激如何可能导致了（caused）关于世界的知识；在第二层次上，我们询问是否有一个最终的因果规律，这一规律规定了时间上前后相继的两个事件之间的必然联结。前者涉及概念与世界之间的关系，后者则涉及对本质规律的探求。如果能较好地解决休谟难题的话，我们似乎应该既需要保留对世界的谈论，也需要至少对因果律存在与否的问题给出一个答案。因此，严格的因果律是否存在，或者因果关系中是否蕴含着一条严格的法则，

---

① Steiner, M., "Events and Causality." *The Journal of Philosophy*, 83.5, 1986, p. 252.
② ［英］休谟：《人类理智研究》，周晓亮译，中国法制出版社 2011 年版，第 76 页。

关系到能否避免怀疑论,关系到能否将经验世界放置到我们的知识体系之中等许多重要问题。

我们不妨通过对下述四种事件关系的简单探究加深对休谟问题的理解,并为下一节中探究戴维森的"不规则的一元论"做出准备。存在着物理事件和精神事件,对这两类事件的两两关联中,我们可以有如下四类基本事件:

a. 物理—物理事件(P-P 事件):"温度骤降"导致了"水面结冰"
b. 物理—精神事件(P-M 事件):"温度骤降"导致了"我不想出门"
c. 精神—物理事件(M-P 事件):"心理压抑"导致了"不出门"
d. 精神—精神事件(M-M 事件):"心理压抑"导致了"我不想出门"

物理事件一般被看作是限定一个严格内容的事件——例如"温度骤降"这个内容;而导致精神事件的物理事件可能是一类物理事件——例如,"温度骤降""风大"等物理事件都可能导致"我不想出门"这个精神事件。此处对物理事件的理解与斯泰纳的理解略有不同,斯泰纳只在时间上对这种事件做出了限定,而我们将会在本章第三节中看到,应该同时在时间和空间上对物理事件做出限制,休谟因果问题之所以产生的一个重要原因乃在于忽视了空间维度(这里的空间不仅指物理意义上的空间,也只逻辑意义上的可能空间①)。对于时空中的一个物理事件来说,它所被标记的内

---

① 诸多的研究者似乎忽略了物理空间的维度,我认为有必要保留对物理空间的谈论,因为只有物理空间中实际发生了可能在逻辑空间中发生的事件,我们才能严肃地对待逻辑上的可能性。这一态度与对待可能世界的语义学的态度一致,因为只有在可能世界中所发生的事情对现实世界有影响时,我们才能够合理地通过对可能性的谈论来研究现实性。不过,如若的确忽视了物理空间的维度,这也不会有损相关的分析效力。因为我对物理空间的强调,只是想提醒在逻辑上对事件进行考察时,勿要忘记事件是在现实中发生的事情,有了这点注意,在下文中,我们也将能同情地理解戴维森为何会对物理事件的本体论承诺。

容 X 不随具体标记的改变而改变。例如"温度骤降"这一具体事件,在孪生地球上的表述可能是"C 号神经开始处于活跃状态",这两种表述都意味着一个相同的内容 X。物理事件因此也常常被视为是独立于语言的,语言表述的方式并不会影响到该事件的内容 X,也不会影响到内容之间的关系。但对于精神事件来说,同一个表述可能意味着不同的内容,例如"心理压抑",这一表述的内容可能随着人称的变化而变化,因而在精神事件上,人们更加依赖运用语言来进一步澄清或解释该精神事件的物理内容是什么。

因为物理事件限定着一个严格的内容 X,且内容不随表述它的方式的改变而改变,人们认为物理事件之间蕴含着一个严格确定的规律。例如上述 P-P 事件 a 中蕴含着"水在零度以下结冰"这一物理规律,在孪生地球上,则可能蕴含着"当 C 号神经被激活时,XYZ 处于固体状态"这一规律。地球与孪生地球上的表述虽然可能不同,但两种表述都意味着一个相同的规律。但对于精神事件来说,由于其内容的不确定性,我们还需要在具体的情境下去确认其具体的内容,精神事件不可能蕴含有一个超脱了具体语境的规律。

然而,如果以休谟的目光审视物理规律时,我们仍然不能平息心中怀疑论的忧虑,即便对于物理事件而言,我们也只能千万次观察到它们的先后相继,而不能直接观察到规律本身。我们可能千万次地具有关于世界的体验,但我们始终无法确定内在于我们的精神事件如何与外在的物理事件相关联。即便我们接受物理事件和精神事件存在关联,由于两者之间不存在法则似的关系,亦不可将心理的还原为物理的,我们不免会怀疑世界的真实样态是否与它在我们心中的样态相同。

第二节 不规则的一元论

戴维森的"不规则的一元论"(AM)探究了精神事件和物理事件之间

的关系,他的这一思想令人费解且招致了诸多非议。但在我看来,如若我们试图首先同情地理解戴维森的思想,我们就会发现戴维森在解决休谟因果难题上迈出了实质的一步,这一步骤虽然问题重重,但应对这些问题的同时,我们亦获得了解决问题的新方向。

戴维森不规则的一元论思想主要体现在如下三个看似矛盾的原则之上:

1. 因果相互作用原则(Principle of Causal Interaction):至少有些心理事件同一些物理事件发生因果相互作用。

2. 因果特征的法则性原则(Principle of the Nomological Character of Causality):哪里有因果性,哪里一定有规律,并且,与原因和结果相关联的事件处于严格的决定性规律中。

3. 精神的非规则性原则(Principle of the Anomalism of the Mental):不存在据以预测和解释精神事件的严格的决定性规律。①

原则 1 并无争议,该原则是所有介入物理事件和精神事件之间关系讨论的人所默认的一个原则。我们这里的问题并不在于两种事件是否能够发生因果作用,而在于它们两者以何种方式发生作用。根据原则 2 和原则 3,戴维森只承认因果关系中蕴含着严格的规律,而精神事件中没有严格的规律,因此,精神事件之间的关系不是因果关系。

当我们重回原则 1 时,我们就会发现 AM 有一个表面上不融贯的地方。原则 1 表明,有些精神事件与物理事件处在因果关系之中,但是原则 2 和原则 3 表明,精神事件之间的关系是非因果的,那么,精神事件和物理事件究竟处于怎样的关系之中呢?戴维森认为两者具有随附性(supervenience)关系:

---

① Donald Davidson,"Mental Events", in *Essays on Actions and Events*, New York: Oxford University Press, 2001, p. 208.

第四章 语义进路:戴维森解释的语义因果理论

S:精神事件不能被还原为物理事件,因为两者之间不存在严格规律,但两者处于一种非因果的依赖关系之中。

请注意原则1和S之间表述上的差异,与原则1不同的地方在于,在S中,精神事件和物理事件处于一种非因果的依赖关系之中。实际上,在我看来,这两种表述只有表面上的差别,而无实质的矛盾。但要弄清楚这一点,其实并非易事,本节余下的部分,甚至是在第三到第五节对戴维森因果语义理论的探究中,都包含着对这一问题的进一步理解和回答。

戴维森这样解释随附性,"精神特性在某种意义上依赖于或随附于物理特性。这种特性可以被看作:不存在这样的两个事件,它们在所有物理方面是相同的但却在心理方面有所不同,或者说,一个在物理方面没有任何变化的对象在心理方面也不可能发生变化。这种依赖性或随附性并不蕴含依据规律或定义的可还原性"①。戴维森对随附性的这一表述表明物理事件和精神事件之间存在一种非对称关系,即物理方面的变化会引起精神方面的变化,精神方面的变化只会引起关于物理方面表述的变化,而不会影响到物理事件本身的性质。

我们可以根据第一节中对物理事件和精神事件的解释来理解这一非对称关系。如果把物理事件理解为限定具体对象的事件,那么,物理事件之间可能存在严格的规律。类似地,精神事件作为表述一类对象的事件,彼此之间不存在严格的规律。在物理事件和精神事件的关系中,如若它们处于严格的规律关系之中,根据原则2,这种关系只能是因果关系;根据原则3,与原因和结果相关联的两个事件不可能全是精神事件(如若可能全部是精神事件,物理事件就被理解为精神事件或对精神事件的解释,因而物理事件以某种方式依附于精神事件;一方面,从物理事件向精神事件的"逆向还原"是不可能的,另一方面,两个精神之间不存在严格的法则关

---

① Donald Davidson, "Mental Events", in *Essays on Actions and Events*, New York: Oxford University Press, 2001, p. 214.

系);于是,可能的情况只能是,这两个事件都是物理事件,精神事件此时是对物理事件的一种表述,物理事件是精神事件的内容。精神事件作为一种类型事件,它可以以多种方式表达物理内容,但表述方式的变化并不会引起物理内容本身的变化。

按照这种理解方式,我们也将能够理解戴维森稍具迷惑性的断言"所有的精神事件都是物理事件"。我们可以以如下三段论推理来对此断言再稍作解释:

大前提:	只有物理事件才能处于严格的规律限制之中
小前提:	有些精神事件与物理事件处于严格的决定性规律之中
结　论:	这些精神事件也是物理事件

戴维森在此当然并不是消除了精神事件和物理事件本体上的界限,他只是认为,精神事件所表述的物理事件与其他的物理事件处于严格的规律限制之中。

戴维森为什么在精神事件和物理事件建立起这种非对称的关系呢?在我看来(实际上戴维森本人对此也十分清楚),AM 中的原则 2 是一个关键的点,他必须承认因果性以及蕴含于其中的严格性的法则存在,只有当物理事件和物理事件,以及物理事件和精神事件处于法则的支配之下时,我们才有根据认为原因和结果具有因果关系。① 戴维森的解释实际上颠倒了休谟式的解释顺序。休谟式的解释顺序以与原因和结果相关的事件开始,探究在事件因果关系之下蕴含了怎样的法则。而戴维森的解释顺序则从承认法则存在开始,然后探究与原因和结果相关的两个事件如何可能处于因果关系之中。我认为,正是基于这一颠倒的解释顺序,戴维森发展出了他的因果语义理论。无论戴维森认为严格性的法则是先验的,抑或只是预设,我认为戴维森都对因果律的存在做出了本体论的承诺。我们不妨先暂时搁置现有的问题,转而探究戴维森的解释因果语义理论的内涵,然

---

① Donald Davidson, "Laws and Cause", in *Truth, Language and History*, Oxford: Oxford University Press, p. 202.

后在此基础上,分析戴维森的理论中存在的问题。

第三节　对因果事件的新阐释

戴维森的因果语义理论系连在对休谟因果理论不足的克服之上。休谟因果理论强调了时间因素,而忽略了空间要素,戴维森正是在这一点上将因果理论构造成一种解释的理论。本节中先讨论休谟的因果理论中的事件—时间并行结构,而后接着直接考察戴维森的语义因果理论。

一、休谟因果理论中的"事件—时间"并行结构

休谟在《人类理智研究》中写道:"相似的对象恒常会和在一起,心灵被习惯所决定,从一个对象的出现推断出另一个对象。这两个情节构成了我们认为物质所具有的那个必然性的全部。"①如果两个对象在时间上恒常地前后相继,我们就可以认为前一个对象是后一个对象的原因,可以认为前一个对象的发生导致了后一个对象的发生。休谟的说明包含了事件与时间两个要素,如果我们分别把目光分别投诸事件和时间,我们对同一语句会得出两种不同的解读。例如如下语句:

(1) 史密斯从楼梯上摔下**导致了**他的死亡。

按照事件的表述方式,我们可以把(1)表述为:

(2) 存在事件 e 和 e′,史密斯从楼梯上摔下是事件 e,史密斯死亡是事件 e′,事件 e 导致了 e′。

---

① [英]休谟:《人类理智研究》,周晓亮译,中国法制出版社 2011 年版,第 68 页。

按照时间的表述方式,我们可以把(1)表述为:

(3) 存在时间 t 和 t′,在时间 t 史密斯从楼梯上摔下,在时间 t′史密斯死亡,并且时间 t 先于 t′。

戴维森指出,如果语句(1)中不存在像语句(2)、(3)这样的事件—时间并行结构的话,我们就很难解释时间上前后相继的事件为何具有因果关系①,我们仍然会询问前一个事件为什么是后一个事件的原因。例如,A开枪打伤了B,B在一周后死亡,我们只有依据事件—时间的并行结构才能将这两个事件联系在一起,否则,事件之间只会彼此孤立,互不影响。

休谟因果理论中的"事件—时间"并行结构似乎已足以能说明前后相继两个事件在时—空上有着直接的联系,这一直接联系至少预示存在着一条时—空上相关的因果律,这一因果律是事件之间得以直接联系起来的基础。然而,这一并行结构却在"空间"维度上出现了致命问题。我们将会在下文中清楚地看到这一点。

二、"原因"对应于"语句",而非"事件"

休谟把原因定义为"被另一个对象所跟随的一个对象,它的出现总是将思想带到那另一个对象上去"②。按照这种表述,原因和结果是可以由单称词项命名的实体,即二者可以是有着指称的专名。但是,休谟把结果定义为"被一个对象所跟随的一个对象,而且,凡是与第一个对象相似的一切对象都被与第二个对象相似的对象所跟随"③。于是,前后相继的两个

---

① See Donald Davidson, "Causal Relations", in *Essays on Actions and Events*, Oxford: Oxford University Press, 2001, p. 163.
② [英]休谟:《人类理智研究》,周晓亮译,中国法制出版社2011年版,第63页。
③ 同上。

对象便可以是有着某些相似**属性**的"对象集"。然而,如果我们说原因是一个共享有相似属性的对象集的话,我们就会在描述具体事件时发现麻烦。例如语句(1),史密斯从楼梯上摔下并不必然是他死亡的原因,或许因为史密斯体质太差,或者因为史密斯摔下时刚好撞到一块石头,才导致了他的死亡。这些诸多事件都有一个共同的属性,即"导致史密斯死亡的原因"。如果我们把这个属性记作 C,那么,原因事件集可以是 $C(e_1,e_2,e_3\cdots\cdots)$。总之,当我们描述具体事件时,时间 t 发生的事件并不必然是时间 t′发生的事件的原因,这也是事件——时间并行结构的致命问题——我们未能就在时间 t 发生的事件 e 所占据的空间做出完全的描述。

戴维森指出,或许事件并不能充当原因,充当原因的应该是语句。[①] 结合语句(1),我们可以将戴维森给出的理由做出如下陈述:

首先,语句能够描述原因的充分性。如果事件 e 是一系列事件的集合中的一员的话,那么,语句(1)的前件就不能作为判定该因果关系的真值的基础,因为,事件 e 只是诸可能事件中的一种,e 发生,不代表 e′必然发生,同时,e 不发生不代表 e′必然不发生。因此,事件 e 并不能直接等同于事件 e′发生的原因,事件不能充当原因。按照这种理解,只有对事件做出完整描述,如史密斯从楼梯上摔下,撞到了硬物,史密斯体质差,等等,才能给出原因,完整的事件集才能充分地充当原因。对原因事件的描述越充分,事件集就越能充当原因,而这一描述工作只能借由语句(sentences)完成,因为我们只有通过语句才可以表达因果陈述的成真条件,才能表达出原因的逻辑结构,进而才能阐明什么能够充当原因。所以,在一个对具体事件的描述中,充当原因的其实是语句表达式的对应项。

其次,语句能够描述结果的必要性。具体因果关系中的原因和结果的结构是非对称的,即一个原因只有一个结果,而某个结果可能有其他诸种原因。事件 e 可以导致事件 e′,而事件 e′的发生却不一定是因为事件 e,还

---

① See Donald Davidson,"Causal Relations", in *Essays on Actions and Events*, Oxford: Oxford University Press, 2001, p.151.

可能是因为事件 e_1，e_2，e_3，等等。故而，事件 e 和事件 e′ 之间的因果关系中，作为事件 e′ 原因的很可能不只是事件 e，我们不能未经证明便将事件 e 直接等同于原因。如果要确定事件 e 和 e′ 之间的因果关系，我们则还需进一步对事件 e 的必要性给出说明，即说明"事件 e 如何作为事件 e′ 唯一的必然理由"。而这一说明的工作也只能运用语句来完成，这就回到了戴维森给出的第一条理由之上了。

再次，"导致了"一词其实是语句连词。当我们对事件 e，e′ 分别做出等值替换时，我们发现表述这两个事件之间因果关系的语句的真值不变。如果史密斯是第一个登上月球的人，那么，语句(1)在逻辑上就等同于如下语句：

（4）史密斯从楼上摔下导致了第一个登上月球的人的死亡。

我们发现，如果我们所做的不是等值替换，那么表述事件之间因果关系的语句的真值就可能会改变。例如，与体质差的史密斯不同，约翰是个身强体壮的人，他是个摔跤运动员，如果他从楼梯上摔下，最多只会受伤。在这种情况下，如果我们把语句(1)改写成如下语句，表述事件之间因果关系的语句真值便会改变：

（5）约翰从楼梯上摔下导致了他的死亡。

约翰的死因很可能不是他从楼梯上摔下，而是由于其他的一些原因。我们从这一分析中可以看到，在保持真值不变的替换中，事件 e，e′ 的所有替换项都是实质等值的（material equivalence），这些等值式具有相同的语义基础，于是，如果我们用语句来表达这一等值式，把事件当成该语句中的函项，我们就会在把语句(1)改写成如下语句时发现因果陈述的逻辑形式：

(6) e 这一事实导致了 e′ 这种情形。(That fact that e caused it to be the case that e′.)

这种改写可以直观地让我们看出,原因和结果其实是两个语句,事件只是语句中的函项,并且"导致了"一词其实是"隐藏着"的语句连词。①

第四节　对单称因果陈述的解释

既然原因对应于语句,"导致了"这个语词的本质是连词,那么对某一因果关系的描述其实也是一个语句。戴维森把像"a 导致 b"这样的语句称为因果陈述,如果 a,b 是简单事件,那么"a 导致 b"就是一个单称因果陈述。在戴维森那里,因果陈述中"导致了"一词已不同于其在休谟因果理论中的性质。休谟因果理论中,"导致了"是一个关于 a,b 的二位谓词(two-place predicate)$P(a, b)$;而在戴维森看来,"导致了"其实是一个关于 a,b,以及 a 导致 b 的三位谓词 $P(a, b, C(a, b))$[其中,$C(a, b)$表示"a 导致 b",即与 a,b 相关的因果陈述]。② 所以,对三位谓词 $P(a, b, C(a, b))$的成真条件的解释比对二位谓词 $P(a, b)$的成真条件的解释多了对于关于 a,b 的因果陈述本身的解释。戴维森的这一见解是我们理解他对休谟因果理论所进行的改造的关键,戴维森正是基于此理解而把重点由对原因与结果之间因果律的探求转移到对因果陈述的解释上。

根据上文中戴维森给出的"为何原因对应于语句"的第一点理由,我们可以推出:"我们面临的问题并不是我们对原因的描述不足,而是我们所描

---

① See Donald Davidson, "Causal Relations", in *Essays on Actions and Events*, Oxford: Oxford University Press, 2001, p. 153.
② See Donald Davidson, "The Logical Form of Action Sentences", in *Essays on Actions and Events*, Oxford: Oxford University Press, 2001, p. 118.

述的事件仍然只是原因的一部分。"① 例如,对于语句"布鲁特斯刺死了凯撒",假设谓词 $P(x, y, E)$(其中,x 表示"布鲁特斯刺凯撒",y 表示"凯撒死亡",E 表示"布鲁特斯刺死凯撒")是关于布鲁特斯刺凯撒、凯撒死亡以及布鲁特斯刺死凯撒的谓述。那么,在这种情况下,谓词 $P(x, y, E)$ 寓示着一条绝对的因果律,即任何人只要对其他任何人做出相同的"刺"的动作,都会导致其他人的死亡;我们也因此可以依据这条因果律,认为布鲁特斯的"刺"的动作是凯撒死亡的充分原因。然而,事实上,如果布鲁特斯刺向埃及艳后,却并没有导致埃及艳后的死亡,因为埃及艳后并不像凯撒那样战伤累累,那一"刺"并没有达到致死的效果,于是,谓词 $P(x, y, E)$ 暗示着的因果律并不是绝对必然的。这里的问题是,我们已经对原因做出了充分的描述(任何人只要对其他任何人做出相同的"刺"的动作,都会导致其他人的死亡),但是我们所描述的事件仍然只是原因的一部分("凯撒之死"只是"任何人之死"中的一种可能,从"凯撒之死"中并不能充分地推出"任何人之死")。②

要克服上述问题,我们似乎应该要求自己在逻辑上对原因做出无穷③描述,与原因对应的语句因此是无穷的语句,其形式如下:

(7) $(\exists! e)(Fe \& t(e) = n)$

其中,!e 表示在时间 t 发生的唯一的事件集,n 表示充当原因的事件数量,F 是关于事件性质的函数,形式(7)表示在时间 t 发生的事件集中,存在 n 个事件具有性质 F,也就是说有 n 个事件能够作为原因。形式(7)

---

① Donald Davidson, "Causal Relations", in *Essays on Actions and Events*, Oxford: Oxford University Press, 2001, p. 157.
② Ibid., p. 157.
③ 我认为,在原因和结果被具体化之前,即在解释具体进行前,单就这种原因的形式来说,这里的 n 必须是一个无穷值,因为只有在 n 无穷化的情况下,我们才能始终合理地认为解释在所有的可能世界中有效,我们才能合理地预设一个形而上的因果律,并从而能够进一步地把这一因果律作为并不会发生直接效用的解释的基础。

给出了充分描述原因的形式,只有形式(7)才能描述完整的事件,才能解释原因为什么必然会有相应的结果跟随。

形式(7)还能有效地避免上文中提及的原因—结果的不对称性。单就具体的事件 e 必然有事件 e′跟随并不意味着事件 e′必然跟随着事件 e。因果律要求在"a 导致 b"的形式中,a 是 b 的充分条件。然而,人们往往忽略我们还需对 b 的必要性做出解释,因果律之外似乎还应该存在着"果因律"。依据形式(7),我们在需要解释 a 为何是 b 的原因(对 b 的充分性的说明)的同时,虽然需要说明 b 发生的原因为何是 a(对 a 的必要性的说明),但对 a 的充分性说明地愈甚,便对 b 的必要性说明地愈甚;对 b 的必要性说明地愈甚,便对 a 的充分性说明地愈甚;故而,对 a 的充分性的说明也是对 b 的必要性的说明,这里旧有的不对称性关系转化为对称的关系。由此,戴维森给出了完全的(full-fledged)因果律的形式:

$$(8)\ L: \begin{cases} (S) & (e)(n)(Fe\ \&\ t(e)=n) \rightarrow \\ & (\exists! f)(Gf\ \&\ t(f)=n+\varepsilon\ \&\ C(e,f))) \quad \text{and} \\ (N) & (e)(n)((Ge\ \&\ t(e)=n+\varepsilon \rightarrow \\ & (\exists! f)(Ff\ \&\ t(f)=n\ \&\ C(f,e))) \end{cases}$$

其中,! e,! f 表示存在的唯一事件集,n 表示事件集中事件的数目,F,G 是对应于原因和结果的事件性质的函数,C(e, f)读作 e 导致了 f, t 表示事件发生的时间。[1] 在函数 F 中,t 作为一个具体的赋值函项,一旦 t 作为具体的数值被输入到函数中,那么,就会输出一个或一些具体事件。该形式中的(S)能够说明 a 的充分性,(N)能够说明 b 的必要性。如果我们对原因描述得越充分,我们便能越更好地阐明结果的必要性,反之亦然。由于对原因和结果的描述是对称的,因此,L 所示的因果律是一个充分必要

---

[1] Donald Davidson,"Causal Relations", in *Essays on Actions and Events*, Oxford: Oxford University Press, 2001, p.158.

的因果律,原因和结果都是充分必要的原因和结果。①

因此,按照休谟的因果理论,我们必须拥有一条因果律才能把对结果的解释限制在原因之上,我们才能说:史密斯在时间 t′ 死亡,史密斯在时间 t 从楼梯上摔下是史密斯死亡的原因,并且,**正是史密斯在时间 t 从楼梯上摔下才导致了史密斯在时间 t′ 的死亡**。但是,如果我们只有(7)和(S)的话,在具体地解释因果陈述时,我们尽管不能解释为何史密斯在时间 t 从楼梯上摔下是史密斯在时间 t′ 死亡的**唯一原因**,但我们却已经能够解释"史密斯在时间 t 从楼梯上摔下导致了史密斯在时间 t′ 死亡"这一因果陈述!其原因我们实际上在第四节中已有所说明。戴维森的解释学视角使得他有独特的处理因果关系的方式,戴维森的目光不再局限于"a 导致 b"中 a 与 b 是否有必然的因果关系,一旦我们询问 a 为何是 b 的原因,我们不仅仅需要就为何 a 能导致 b 做出说明,我们实际上还需解释 b 的成因。例如,当我们探究"史密斯死亡"的原因时,我实际所做的工作是解释这一现象,我们会探究史密斯是否身强力壮,他跌下楼梯时是否撞到了硬物等其他诸可能原因。我们不会单列出一个具体原因,而后竭力论述该原因就是导致史密斯原因,即我们不会首先确认"史密斯从楼梯上摔下导致了他的死亡"这一陈述是唯一可能的陈述,继而解释这一狭隘的断言。在解释的顺序上,戴维森的语义因果理论颠倒了休谟因果理论的解释顺序,探究因果关系的起点不再是个体事件,而是能够充当原因的可能事件集;只有当对原因做出充分描述之后,我们才能说明某一具体原因是真正的原因。②

如今,有了(7)和(S),我们就能充分地说明"a 导致 b"中对 a 的所有可能描述是 b 的原因,b 必然跟随着对 a 的所有可能描述。但是,有了(7)和(S),如果我们把语句(1)改写成如下形式的话,我们就能对"a 导致 b"这一因果陈述给出解释,并认为具体的事件 a 就是事件 b 的原因:

---

① Donald Davidson, "Causal Relations", in *Essays on Actions and Events*, Oxford: Oxford University Press, 2001, p. 157.
② Donald Davidson, "The Individuation of Events", in *The Essential Davidson*, Oxford: Oxford University Press, 2006, pp. 96-97.

(9) **在其他条件正常的情况下，史密斯从楼梯上摔下导致了他的死亡。**

其中，"其他条件正常"表示 n 已经获得了一个具体的值，例如 n = 3，这就说明三个事件构成的集是原因，而这三个事件之外的所有其他可能事件均处于常态。

在我看来，改写后的语句(9)隐含着两个实质的变化。首先，"在其他条件正常的情况下"把原先丰富、开放的描述系统变为一个封闭的系统，无论其他"非正常的条件"有多么丰富，抑或还有多少其他丰富的可能，我们此时一概不论，我们只考虑在史密斯体质健康，斯密斯摔下时并未撞到石头……其他条件正常的情况下，斯密斯从楼梯上摔下是否是斯密斯死亡的原因。① 描述系统变为封闭系统同时还带来了另一个实质的变化，即我们由对事件类型的谈论（即拥有着某些相似属性的事件），转化为对标记事件（即个体事件）的谈论，我们只有在谈论具体事件时才能够确定具体的原因。系统的封闭化，事件的个体化，这两种转变使得我们有理由认为(9)是一个蕴含着严格的法则的因果陈述。因为系统的封闭性，个体的数量变得有限，个体的关系也是有限的，所以在一个封闭的系统内，才可能给出能够作用于所有个体的法则。无论戴维森是否同意这一点，我们已经能够从逻辑上辨明形式(7)必然预示着一条严格的法则存在。实际上，戴维森本人也恰是在我上述分析的意义上承认，在一个封闭的系统内存在着严格的物理法则。②

---

① 或许有人会疑惑并追问"确定正常条件的标准是什么"，这的确是一个关键的问题。然而，这里是在逻辑上解释问题，而不是在现实上解决问题。确定正常条件的活动是一种现实的实践活动，这里逻辑上的辨明只是为做出因果解释提供形式上的依据而不是具体的现实的依据。认识到这一点使得我们有资格在现实的实践活动中确定并调整"正常条件"。不过，对形式的依归最终的确需要落实到现实的活动，乃至相关的内容之上，本书下文将揭示，戴维森的因果语义理论很难运用于从物的表达式之上，其中的主要原因恰在于此。
② 戴维森承认的是，在像基础物理学这种封闭的系统中存在严格的法则。经典物理学排除了干扰因素，即排除了不正常的情况。即便是在量子系统中，当我们持续观察一个对象时，系统就会被锁定（坍塌）到某个具体状态，从而封闭化。

一个具体的结果必然对应着一个原因,对于史密斯的死亡,因为在其他条件正常的情况下,我们只能以"史密斯从楼梯上摔下导致了他的死亡"这样的方式来解释史密斯的死因。此外,形式(7)以无穷描述的方式描述原因,而在戴维森看来,无穷描述的语句的语义结构已经可以作为有穷描述的语义基础,即有了这种可以为各种可能情况提供解释的语义结构,一旦具体的情况被框定,我们能迅速给出解释,同时,不与其他诸可能解释相矛盾(在现实世界中的解释不与可能世界中的解释相矛盾)。如今,在具体的情境下,我们需要提出各种理由来支持对语句(1)的解释,而非继续讨论原因,列举种种可能的事件。如果我们能从解释中发现一道因果律 L,或者我们能够给出完整的原因(7)的话,那么,我们的解释工作便能够做得更好。然而,我们并不必然需要 L 和(7),有了(7)和(S),我们便已经能够解释语句(1)。

　　以往,在休谟那里,我们试图通过 L 和(7)来把 a 解释为 b 的原因;如今,戴维森改变视角,认为我们只需要解释"a 导致 b"这样的因果陈述。基于解释的语义因果理论,我们现在回到对不规则的一元论的探讨之上。

第五节　不规则一元论的问题

　　戴维森指出:"我们事先知道的是如下证据,即如果单称因果陈述是真的,就存在支撑它的法则,并且我们可以在不知道法则是什么的情况下知道此。"[1]我们可以从戴维森的这一表述中嗅到他的真之语义学的味道,即真在意义之先,但是,真奠基在一个支持我们对某一陈述能够具有持真态度的法则之上。如是理解的话,法则构成了真之基础,真构成了意义之基础。于是,法则存在对戴维森来说至关重要。

---

[1] Donald Davidson, "Laws and Cause", in *Truth*, *Language and History*, Oxforｌ: Oxford University Press, p. 202.

第四章 语义进路：戴维森解释的语义因果理论

我们现在或许能够理解戴维森为何在物理事件和精神事件的非对称关系上偏向物理事件，因为只有在物理事件的关系中才能发现最接近法则的东西。但我们完全可以不知道这种法则具体是什么，我们仅需对它做出本体论的承诺，从而我们有依据认为某个陈述是真的，并对之做出解释。金在权对此颇感不满，他指出戴维森所谓的严格规律是不能说的，而不能说的规律是毫无意义的。[①] 进一步地，金在权认为并不存在戴维森所谓的那种理想化的严格规律，在他看来，规律只是程度上的问题，在此意义上，心理学中也存在着规律，只是其中的规律在可预测性上逊色于物理规律，但这并不能否认心理规律具有可以进一步完善的可能性。根本地，金在权不认为 AM 是一种处理物理事件和精神事件之间关系的有效理论。[②]

在我看来，金在权的批评未能触及戴维森不规则一元论的实质。我认为应该将不规则的一元论放置在戴维森的哲学整体中来理解，把该理论视为是一种解释的语义因果理论，该理论的目标在于，对某一单称因果陈述做出解释，而解释的依据在于认为该因果陈述是真的，其真之属性得到了严格的规律的支持。戴维森真正的，或者说首要的目标并不在于强调或证明法则的存在，他只是依据对法则的本体论承诺展开自己的解释学目的。

我们由此能够理解戴维森为何会强调 AM 中的原则 2。但我们或许还可以对随附性 S 提出疑问，这一疑问与不规则一元论中存在着的一个关键问题有关：戴维森可能并未就某一单称因果陈述做出实质的解释！

假设 P_1 和 P_2 是两个物理事件，P_1 导致了 P_2，则有：

i. P_1 导致了 P_2；

ii. P_2 为 P_1 所导致；

iii. P_2 为"一系列有着类似属性的事件"所导致；

[①] See Kim Jaegwon, "Can Supervenience and 'Non-Strict Laws' Save Anomalous Monism?", in *Mental Causation*, Heil J. & Mele, A., eds., Oxford: Claredon Press, 1993, pp. 4–26.

[②] 参见[美]金在权：《物理世界中的心灵：论心身问题与心理因果性》，刘明海译，商务印书馆 2015 年版，第 41—45 页。

iv. P_2 为"导致 P_2 的原因"所导致。

根据第四节中的分析,我们得到(iii);根据第五节中的分析,我们得到(iv)。而在(iv)中,我们并没有获得任何实质的解释!但我们可以为戴维森辩解说,戴维森实际上是把"P_1 导致了 P_2"视为需要被解释的基本事实,一旦我们成功解释了"P_1 导致了 P_2",我们就有理由认为 P_1 是 P_2 的原因,因为我们对之做出本体论承诺的因果律已经承诺 P_1 和 P_2 能够成为彼此的充要条件。然而,即便我们可以得出因果律的完全的逻辑形式,这种逻辑形式也没有比(iv)的形式多出任何实质的部分。戴维森可能陷入语义自指的陷阱:他对因果律做出本体论承诺,但他甚至可能不知道因果律的真实面目是什么,我们可能未在实际的使用中用到因果律这种可能性使得戴维森可能犯语义自指的错误。

当然我并不是全然否定作为一种解释理论的语义因果理论,在解释语句(1)这样的单称因果陈述时,戴维森的理论并不会出现问题。戴维森的理论问题在于上述形式上的漏洞,实际上,戴维森已经做出了填补这些漏洞的理论准备,即在第四节中用等值替换的方法界定原因和结果的逻辑结构。如若把原因和结果都视为基本事实,而不仅仅只是将"P_1 导致了 P_2"这一陈述作为基本事实的话,我们可以探究原因和结果的逻辑结构,或许我们由此可以在原因和结果的层面上将它们与指称结合起来。在我看来,布兰顿做到了这一点,我将在下一章中详细探究他的做法。

最后,我还认为解释的语义因果理论实际上不仅仅适用于单称因果陈述,例如 P-P 事件,M-P 事件(其中,M 与 P 处于因果关系中);它还适用于 M-M 事件,M-P 事件(其中,M 与 P 非因果地相连),只要 M 和 P 是简单事实。当然,戴维森不会同意我的观点,因为他不会承认在 M-M 事件,M-P 事件(其中,M 与 P 非因果地相连)的背后存在一个支持它们的严格的法则,但如若我们同金在权一样认为并不存在严格的法则,规律是不严格的,那么,在解释因果陈述失效的情况下,我们便会反省和审查所依据的规律,并对规律做出修正。于是,因果陈述可以与规律处在一种良性的互动之中。这是一种并不有害的观点,在这种观点中,精神事件可以摆脱随附于物理事件的命运,而与物理事件享有同样的权重。

小结:对自然空间的本体论承诺

现在我将就语义因果理论在何种意义上超越了休谟的因果理论,以及这种理论对于本书的研究具有哪些意义做出简要说明。

戴维森独特的解释的语义因果理论对休谟因果理论的超越分别体现在本章一开始便提及的因果理论的两个层次上。在第一个层次上,戴维森指出虽然我们不能从感性因果刺激中获得关于世界的知识,但是我们对因果陈述的解释使得我们对世界中的具体对象做出了本体论的承诺,从而,世界可为我们所谈论;在第二个层次上,戴维森的观点是,我们必须相信有因果律才能对因果陈述做出解释,在此意义上,戴维森对因果律做出了本体论的承诺。

我们不妨先具体说明戴维森的语义因果理论在第二个层次上的超越性。我们注意到,对因果陈述的解释只需借助形式(7)和(S),而无需借助于因果律 L。按照戴维森的说法,"对于有足够预言力的规律的无知并不妨碍有根据的(valid)的因果解释"[1]。在此意义上,因果陈述里并不必然蕴含有一条具体的因果律。然而,戴维森并未全然否定因果律的存在,他认为我们能证成因果陈述的基础恰在于我们相信有一条因果律的存在,我们相信存在着一条因果律,它使得 b 必然跟随着 a。如若我们对因果律缺乏信念,我们便无法将 a,b 联结起来。尽管我们可能并不现实地知道这一因果律是什么,我们至少对其存在做出了本体论的承诺。在此意义上,

---

[1] Donald Davidson, "Actions, Reasons and Causes", in *Essays on Actions and Events*, Oxford: Oxford University Press, p. 16.

因果陈述又蕴含有因果律。① 实际上，上文中对系统封闭化，事件个体化的后果的描述已然揭示了这种因果律是可能存在的。戴维森的语义因果理论对休谟因果理论在第二层次上的超越的完整表述是：我们依据对因果律的本体论承诺，而非因果律本身，来对因果陈述做出解释。

  上述的超越性对应于"是否存在一个因果律"的问题。然而，戴维森又是如何应对"因果刺激是否可能导致我们关于世界中的知识"呢？用戴维森的话说，物理事件是如何导致精神事件呢？根据戴维森本人的不规则一元论，虽然精神事件与物理事件联结在一起，但我们不能把精神事件还原为物理事件，两者之间并不存在某种严格的精神——物理规律，故而我们关于世界的知识仍然缺乏坚实的（valid）基础。然而，在讨论的语义因果理论时，戴维森提请我们注意**事物存在**（there is）和对**事物发生**（occurrence）的解释之间的区别②，后者指的是因果陈述。因果陈述——尤其是单称因果陈述——对具体之物的触碰，是语言与事物之间能够具有的最亲密接触，是语言能够描述的最小单元。在此，我们也应至少像对因果律做出本体论承诺那样，对事物存在做出本体论承诺，事物发生意味着事物存在。因为，事物如若不存在，我们便不能理解我们对因果陈述为何做出"如此这般"的解释。这其实是戴维森一贯强调的要点，他之所以保留对经验世界的谈论，保留对真之谈论其实是想保留某种实在论意义上的客观性，这种客观性可以为解释、意义、真，乃至错误提供基础和依据。我将在第六章中，借助对戴维森三角测量模型的阐释，来进一步阐述戴维森的这一思想特征。戴维森的语义因果理论对休谟因果理论的第二个超越之处在于，对单称因果陈述的解释能够保留对经验世界的谈论，我们所谈论的对象必然就是存在于经验世界中的对象。

  根据戴维森解释的语义因果理论对休谟因果理论的上述两点超越性，

---

① Donald Davidson, "Causal Relations", in *Essays on Actions and Events*, Oxford: Oxford University Press, 2001, p. 160.
② Ibid., p. 162.

第四章 语义进路:戴维森解释的语义因果理论

在知识与自然空间的关系上,我们虽然是在概念空间中做出因果陈述并对之做出解释,但我们有理由认为因果陈述中与原因和结果有关的对象和事件真实存在于,且真实发生于自然空间之中。对因果律做出本体论的承诺的重要意义在于,我们可以防范怀疑论的侵扰,进而可以在坚信自然空间存在、坚信自然空间中的对象之间有着切实可靠的联系之基础上,以可靠的方式谈论经验世界。这种重返自然空间的方式虽然以本体论的承诺为前提,但这种做法达到了认识论上的良好后果。我将在下一章中从推论主义角度,借助布兰顿的哲学思想,来探究如何通过社会进路走出一道从单称词项到指称的语义进路,借此也希望能够克服第六节中所指出的戴维森思想上的问题。

第五章
语义和社会进路：布兰顿结合形式语义学与实质语用学的尝试

在上一章第四节中，我提到，在某些情况下运用戴维森的解释的语义因果理论来解释单称因果陈述时，我们可能并未做出任何实质的解释；我当时提及，布兰顿的理论为解决戴维森理论中的问题提供了一个思路。通过本章中的相关论述，我试图说明解释的语义因果理论适用于从言（de dicto）的表达式，而不适用于从物（de re）的表达式；布兰顿借助对从言和从物两种归因方式的谈论，以及对单称词项、两种规范身份和两种道义计分的归因态度等探究，发展出了一条从推理到表征的社会路径。布兰顿的做法不仅克服了戴维森"解释的因果语义理论"的不足，还为我们提供了一道谈论世界的新思路。沿着布兰顿的思路，我们能够在做出真之推论的基础上保证我们所谈及的内容的确如我们认为它所是的那样。相较于戴维森的因果语义理论只对因果律和世界存在做出本体论承诺，布兰顿的推论主义中包含了更多细节。布兰顿的理论也招致了许多质疑，本章先阐述布兰顿的思想，以期在对布兰顿思想有了基本理解的基础上，再来讨论那些反对意见。

第一节中，我将简要地对已多次提及的"颠倒的解释顺序"进行说明，解释顺序的颠倒意味着解释起点和理论目标的重置。颠倒解释顺序也是许多新实用主义者共有的做法。第二节中，我未急于讨论布兰顿的思想，而是通过对从言和从物两种归因方式的探讨谈论戴维森解释的因果语义理论所存在的具体问题。我们将会看到，戴维森只关注因果陈述的形式而忽略了那些其内容发挥重要作用的表达式，这致使他的解释的语义因果理论只适用于从言判断而不适用于从物判断。第三节中，我将讨论单称词项

第五章 语义和社会进路：布兰顿结合形式语义学与实质语用学的尝试

的两种作用。布兰顿通过替换的方法，以推论主义的方式谈论了单称词项的内容和作用。旧有的观点是，认为单称词项的功能是再现（represent）对象，而布兰顿则以单称词项所起到的推论作用来理解它的内容。第四节中，我讨论的是布兰顿所谓的从推理到表征的社会进路。布兰顿区分了承诺（commitment）和资格（entitlement）这两种规范身份，当某人做出一个断言时，他对他所持有的信念及相关的意向内容都做出了承诺，但他必须能为他的断言提供理由以便获得资格，对做出断言的人来说，证成他的断言的活动与使之信念成真的行动是同一的。此外，证成断言的推论活动也是一种社会活动，因为存在一个道义计分者，后者以为前者打分的方式而认可或不认可前者的断言。值得强调的是，当道义计分者认可某一断言时，他只是从做出断言的人那里继承了承诺和资格，这一事实使得他不必承担动用自己的信念体系来证成该断言的责任，于是，即便计分者和做出断言的人具有不同的信念体系，他们也能谈论相同的对象。

第五节中，我通过评述布兰顿对经验主义的批判，进一步深化对布兰顿哲学中所具有的理性主义特征的理解。布兰顿强调以推论的方式谈论表征，并认为我们只能以推论的方式理解表征的概念内容。本节同时讨论了布兰顿在这两个基本观点上可能存在的问题，布兰顿也对一些批评做出了回应。通过这两节的讨论，我们可以进一步深化对布兰顿思想的理解。

相较于戴维森，布兰顿从他的推论语义学中发展出了一种谈论对象的方式。虽然布兰顿旨在结合推论语义学和实质语用学，但他的解释的起点是判断而非自然对象或人的意向状态，这就意味着他的推论语义学在他的哲学中占据更为主导性的地位，我们将会看到，这种做法也导致了具有争议性的后果。戴维森则从不同人称的意向状态出发，从语用的角度走出了一条从表征到概念的社会进路，我将在下一章中，利用戴维森的三角测量模型对这一种思路进行探究。

/"世界"的失落与重拾/

第一节 颠倒的解释顺序

颠倒解释顺序似乎构成了新实用主义的一个特征,其背后的支撑思想则是整体论。① 在上一章中,我们认识到戴维森颠倒了休谟式的因果解释顺序。② 旧有的解释顺序往往从基本的单位(例如概念、单元模块等)开始,然后解释这些单位之间的联系;而颠倒后的新的解释顺序往往把这些基本单位放置在一个有意义的系统之中,把它们构成的关系整体当作一个基本事实,然后对这一事实做出解释。

布兰顿也对解释顺序做了颠倒。传统的解释顺序从概念开始,认为概念是我们可以对之负责的最小单位,而颠倒后的解释顺序则把判断作为最小单位,认为我们只有在理解概念在一个判断中所起到的作用的情况下,才能理解概念。③ 布兰顿认为康德和弗雷格首先完成了对这一解释顺序的颠倒。如所周知,在康德那里,感性杂多是知识的来源而非基础,作为知识基础的是感性直观。感性直观中已经涉及知性范畴的使用,因此直观已经是概念性的。进一步地,这一概念尚还只是某个可能判断的谓词,即它只有为知性所运用做出具体的判断时,我们才能理解这一概念。弗雷格继承了康德的做法,在意义(*Sinn*)和意谓(*Bedeutung*)之间做出了区分,前者指的是某一对象的涵义,涵义的形式可以是概念、词项、次语句表达式、从句以及句子等,后者指的则是对象本身。不那么准确地说,意义相应于康德那里已经被概念渗透的感性直观、知性综合、判断等,意谓则相应于未

---

① 武庆荣对布兰顿颠倒解释顺序的做法中所蕴含的整体论特征做了更为细致的说明,参见武庆荣:《布兰顿推理论研究》,博士学位论文,西南大学逻辑学系,2013 年,第 67—82 页。
② 布兰顿认为,戴维森颠倒解释的顺序的动机与他是一样的,他们都认识到在解释人们的行动时,我们不应该从对人们在做什么的说明开始,而应该先解释人们的信念、意欲、意义等。See Robert Brandom, *Reason in Philosophy: Animating Ideas*, Cambridge: Harvard University Press, 2009, pp. 6 - 7.
③ Robert Brandom, *Articulating Reasons: An Introduction to Inferentialism*, Cambridge: Harvard University Press, 2001, p. 160.

被概念化的感性杂多和物自体。弗雷格认为解释次序的起点是意义而非意谓。

这一颠倒的解释顺序是否合理？颠倒解释顺序意味着什么？我们不妨先来回答第二个问题。传统的解释顺序从概念与对象的基本关系开始，然后运用概念做出判断，传统的解释者需要保证概念与对象、判断与世界之间的关系为真，因此，真(truth)是他们的首要追求，为真的判断具有意义，真在意义之前。然而，颠倒的解释顺序则从判断开始，这就意味着我们不需要将判断在先地建立在概念与对象的直接关系之上。颠倒的解释顺序的优点在于，我们可以首先致力于做出推论，为判断提供理由，有理由意味着有意义，我们可以认为有意义的判断同时也是真的判断，意义在真之先。解释顺序的颠倒也带来了真和意义顺序的颠倒。然而，颠倒的解释顺序有着一个潜在的危险，正如康德悬设了物自体以及弗雷格对意谓的概念也语焉不明一样，这种解释顺序需要对如何与经验世界发生关系、经验世界存在与否等问题作出应答。我们已经看到，戴维森的做法是对世界做出本体论的承诺，罗蒂则决然放弃了世界这一概念。下面我们来探究布兰顿对这一问题的回答。

第二节　从"从言"和"从物"的视角再议解释的语义因果理论

作为罗蒂的学生，布兰顿并未决然地放弃经验概念；作为麦克道威尔的朋友，布兰顿亦未像麦氏一样公然为经验概念辩护。布兰顿采取一种中间态度，他保留了一种实在论直觉，承认经验世界存在，但经验世界就如栅栏之外的领地，那里危险丛生，我们最好就待在栅栏内的安全领域谈论它[①]——栅

[①] 陈亚军访谈，周靖整理：《匹兹堡问学录——围绕〈使之清晰〉与布兰顿的对话》，复旦大学出版社2017年版，第4—5页。

栏之内的领地是人类可用语言进行推论地说明的事物,而栅栏之外的事物则无法用语言来描述——布兰顿的这一理论态度实质上保留了对经验世界的谈论,虽然他并未像麦克道威尔那样直接谈及经验世界。布兰顿指出:"要解释为什么会有单称词项,在某种重要的意义上,就是去解释为什么会有对象……即解释我们为什么会谈论被建构为有性质的、相关联的对象:'语言的限制(这种意义上的语言,就我理解而言)意味着对我的世界的限制。'"①

布兰顿的这一思路意味深远,当他颠倒了解释顺序时,他实际上也摒弃了他所谓的形式语义学的解释顺序。在布兰顿看来,形式语义学往往也采取一种自下而上的解释顺序,罗素、早期维特根斯坦式的形式语义学将起点建立在词项与指称的对应关系上;即便形式语义学不以与指称的基本关系为起点,它也预设了语义单位的真,这些为真的语义单位构成了形式语义学的另一种起点。然而,布兰顿的语义学目标同时旨在在某种意义上保留对内容的谈论,布兰顿把兼顾内容的语义学称为哲学语义学或推论主义语义学。

为避免陷入布兰顿的哲学迷宫而迷失,也为了紧扣重拾世界这一主题,我认为我们最好从布兰顿对"从言"和"从物"两种归因方式的谈论开始,先定位戴维森的解释的因果语义理论的问题,然后把这一问题铭记于心,细观布兰顿是如何克服这一问题的。

对于同一个因果陈述"a 导致了 b"来说,我们其实有两种表述:

1. S 相信 a 导致了 b。(S believe that a caused b.)

2. 关于 b,S 相信 a 是 b 的原因。(For b, S believe a is the cause for b.)

3. 关于 a,S 相信 b 是 a 的结果。(For a, S believe b is the effect for a.)

---

① Robert Brandom, *Articulating Reasons: An introduction to inferentialism*, Cambridge: Harvard University Press, 2001, p. 155.

第五章 语义和社会进路：布兰顿结合形式语义学与实质语用学的尝试

表达式(2)和(3)实质上相同。正如我们在上一章中所提到的，对 a 的充分性的描述和对 b 的必要性的描述在后果上都会使得 a 和 b 的关系变得对称。表达式(1)则是戴维森所研究的对象，他依据对因果律的本体论承诺而相信 S 所相信的内容(that 从句)是真的，然后依据表达式的真来解释该表达式。然而，表达式(2)、(3)与表达式(1)有着实质的差异。以表达式(2)为例，我们可以把它改写成：

4. a 是 b 的真的原因。(It's true *of/about a* that it caused *b*.)

在表达式(4)中，判断的对象不再是 that 从句，而是对象 a。在这种表达式中，我们需要探究 a 和 b 的内容，而此类表达式是戴维森所忽略的。在布兰顿那里，从物和从言指两种归因方式。当判断的内容为语句时，例如表达式(1)，我们所做的便是从言归因；当判断的内容为对象或系连在对象上时，例如表达式(2)至(4)，我们所做的便是从物归因。

从言归因和从物归因是两种实质上不同的归因方式，它们之间的区别不仅影响到我们推理的方式，通过对它们区别的进一步讨论，我们也将会明白戴维森解释的语义因果理论的漏洞所在。

布兰顿指出："在日常的谈话中，未能在从物和从言之间做出区分是系统化的模糊性的主要来源。"[①]布兰顿给出了如下一些例子：

5. 亚当斯相信避雷针的发明者没有发明避雷针。
6. 亚当斯相信发明避雷针的那个人没有发明避雷针。

表达式(5)是不可能的，因为我们可以将该语句改写成：

---

① Robert Brandom, *Articulating Reasons: An Introduction to Inferentialism*, Cambridge: Harvard University Press, 2001, p. 170.

5.1 亚当斯相信"避雷针的发明者没有发明避雷针"。

可以看出,该语句是从言的,that 从句内的内容在逻辑上构成了直接的矛盾,一个人不能同时既相信 a 又相信非 a。但是表达式(6)却是可能的,因为"发明避雷针的那个人"指向了一个具体对象,该对象可以是双焦点透镜的发明者、美国首位邮政局长,或者是富兰克林,因此,表达式(6)可以被改写为如下形式:

6.1 亚当斯相信双焦点透镜的发明者没有发明避雷针。
6.2 亚当斯相信美国首位邮政局长没有发明避雷针。
6.3 亚当斯相信富兰克林没有发明避雷针。
……

上述断言都是正当的。布兰顿认为:"从物归因可以被认为是,在 that 从句内输出一个单称词项,在这个词的前面加上'of',并在原初的位置上加上一个代词而形成从物归因。"① 因此,从言的形式

7. S 相信 $\emptyset(t)$。

可以变成如下从物的形式:

8. 关于 t,S 相信 $\emptyset(it)$。

it 成为一种共指称(co-referential)对象。那么,戴维森的解释的语义因果理论在何种意义上不适用于从物的形式呢?布兰顿又是如何克服戴维森理论上的不足呢?本节余下的部分将尝试对前一个问题做出回答,我将在

---

① Robert Brandom, *Articulating Reasons: An Introduction to Inferentialism*, Cambridge: Harvard University Press, 2001, p. 172.

随后的两节中尝试回答后一个问题。

我们看到对于从言判断而言，that从句的内容需要符合逻辑规律，而戴维森在解释单称因果陈述时，亦给出了充足的因果律的逻辑形式，这种逻辑形式在保证原因和结果的充分性和必要性的同时，也保证了解释的语义基础——因果陈述的真。因此，戴维森的解释的语义因果理论适用于以因果陈述为内容的从言判断，而当陈述的内容本身起到关键作用时，例如在从物的断言中，其陈述形式上为真也不能保障该陈述具有意义。

对于从物判断而言，解释的因果语义理论因为忽略了对对象的探究而变得不再适用。对于某一从物的单称因果陈述而言，例如表达式(6)，我们可以先将之改写成如下形式以方便分析：

9. 亚当斯相信a导致了b；其中，a指的是发明避雷针的那个人，b指的是避雷针的发明。

根据形式(8)，a其实也有着自己的逻辑结构，符合这一逻辑结构的表达式有着共同的指称。然而，戴维森的解释的语义因果理论把"a导致了b"当作是一个基本事实，而忽略对内容a和b所具有的逻辑形式进行探究。如今，我们认识到，在对从言判断的研究中，我们可以仅把"a导致了b"视为一个基本的事实；但是，在对从物判断的研究中，我们则需把a和b都看作是一个事实或语义单位。戴维森因为忽视了后一点而致使他的解释的因果语义理论陷入窘境。戴维森的理论漏洞恰恰体现出了形式语义学的问题，当为布兰顿所指责的形式语义学被运用于那些要求对内容进行直接考察的情形时，它便不再适用了。

第三节 探究单称词项的替换方式

布兰顿的推论主义语义学（或称哲学语义学）的理论目标不仅是要寻

求谈论意义的方式,它还试图以某种方式保留对内容的谈论。由于颠倒了解释顺序,布兰顿不会以谈论对象的方式谈论单称词项,布兰顿指出,自己的解释路径实际上是,"我们可以试着在没有具体对象这一概念的情况下来对单称词项作出说明,随后通过讨论具体对象和相应词项的表达式之间的关系来界定对象是什么"①。

在传统认识论以及形式语义学中,单称词项往往起着指示对象的功能,而布兰顿对单称词项的解释的要点在于"单称词项的作用只能从它对于其处于其中的句子的贡献来决定,从做出断言和复合推理的角度看,它具有语义替换的功能,即通过替换,它有助于形成断言和做出复合的推理"②。实际上,布兰顿对单称词项做了两次运用,第一次是在次语句的句子的发生(occurrence)获得其独立的推理内容的概念时;第二次是单称词项或次语句作为复合推理的内容,其内容在多值性的替换中得到界定。③

简单地说,替换的方法是通过替换内容的方式来判定包含这些内容的某个断言是否仍具有意义,是否仍构成一个保持真值不变的推理。在对单称词项的第一次运用中,单称词项首先作为某一断言的内容;在对它的第二次运用中,单称词项则是复合推理的基本构成单位。布兰顿论述单称词项的部分是他哲学中的难点之一,我们不妨通过一些更为简单的情形来慢慢地接近布兰顿的思想。试考虑如下三个条件句:

10. 如果 F(a),那么 G(a)。
11. 如果 F(a),那么 F(b)。
12. 如果 F(a),那么 G(b)。

---

① Robert Brandom, *Articulating Reasons*: *An Introduction to Inferentialism*, Cambridge: Harvard University Press, 2001, pp. 154 - 155.
② 刘钢:《从形式推理走向实质推理:论布兰顿的推理主义语义学》,《哲学分析》2011 年第 4 期,第 25 页。
③ See Robert Brandom, *Articulating Reasons*: *An Introduction to Inferentialism*, Cambridge: Harvard University Press, 2001, p. 128.

其中,F、G 是替换的框架,a、b 是被替代的项目。我们暂时不考虑它们是否对称(简单地说,对称性指的是,如果从 p→q 到 r→q 是一个好的推论,同时从 r→q 到 p→q 也是一个好的推论,那么,框架 α→q 则是一个对称的框架,其中,α 是可被代入内容的项。但是,我这里所谓的框架 F、G 与布兰顿所谓的框架有着不同的意义,布兰顿意义上的框架源自替换结构的作用,它是在动态的推理过程中获得的。[①] 我此处事先给出了具体的框架并对之进行了静态化的处理,即先给出框架 F 和 G,然后通过内容 a 和 b 来定义框架)。先以(10)为例:

10.1 如果汤姆是条狗,那么汤姆是哺乳动物。

其中框架 F 指的是 α 是条狗,框架 G 指的是 α 是哺乳动物,其中,F 和 G 是可被代入内容的函项,α 为被代入的内容。表达式(10)用替换框架的方式来定义内容,这样做的后果实际上是用亚里士多德下定义的方法来对内容做出定义,因为,在该条件句持真或真值不变的条件下,当我们对框架做出替换时,我们实际上是在对内容的外延边界做出规定。布兰顿称之为内涵主义式的定义方式,这种方式与他所谓的推论主义的方式截然不同。[②] 现在举(11)为例:

11.1 如果汤姆是条狗,那么杰瑞是条狗。

(11.1)的这种说话方式与(10.1)实际上是不一样的,因为,我们此时需要考察该条件句中的前件和后件的内容,并且它们相应的内容(汤姆和杰瑞)亦不相同。布兰顿称这种情形下的替换为实质替换,实质替换是一种语用情形,我们需要知道如何使用相关的词项以便能够做出好的推论;

[①] See Robert Brandom, *Articulating Reasons: An Introduction to Inferentialism*, Cambridge: Harvard University Press, 2001, p. 131.
[②] Ibid., pp. 10–12.

如果我们对替换的推论的善(goodness)做出了承诺,语用的表达式结构同时也是语义的,因为我们是根据推论是否依旧有效,是否依旧有意义来判定推论的善是否被保存。此外,我们在好的推论中可以把一组推论划分为等值的类,这一类中对象都可以被代入 α 中而使得推论依旧是好的推论。布兰顿指出,这就是单称词项旨在指向个别对象的蕴意,可互相替换的等值的类代表着一个对象。这里涉及对单称词项的第一次使用,即作为次语句的内容而被使用。这里给出单称词项的内容类似于弗雷格所谓的"概念内容",这一概念内容的集合容纳了所有能使得包含它们的次语句发挥相同作用的内容。

布兰顿指出:"如果两个语句是彼此的替换变项,它们就可以被用来展示相同的替换的语句框架;也就是说,它们可以通过替换的转化而从一个变为另一个。这些替换的转化界定了两种基本的替换结构的作用,这两种可以互相替换的表达式能够发挥本质上相同的作用。"① 于是,那些容纳同类内容的单称词项在一个推论中起到相同的推论作用,这涉及对单称词项的第二次使用,即在复合推理中,在多值性的替换中,那些保存了推论的善的一类集合界定了相同的单称词项的内容,这些内容在推论中有着相同的语效(pragmatic force)。举(12)为例:

12.1　如果汤姆是条狗,那么杰瑞是哺乳动物。

在(12.1)中,我们在对单称词项的第一次使用中,获得次语句的内容(即汤姆和杰瑞的概念内容),在对单称词项的第二次使用中,框架 F, G 则在等值的替换中起到了相同的推论作用,这两种框架也因此包含着相同的内容。

布兰顿认为,我们必须承认内容的客观性,推论才是有意义的。显然,布兰顿并未采取一种表征主义式的观点从对象直接出发来保证推论的意

---

① Robert Brandom, *Articulating Reasons: An Introduction to Inferentialism*, Cambridge: Harvard University Press, 2001, p. 150.

义。布兰顿称自己的推论主义是**一种表达主义**,即通过推论活动表达对象①;他从概念的空间里揭示出了物之所是。然而,或许有人还会指责布兰顿,认为他所揭示的作为单称词项内容的对象只不过是弗雷格意义上的概念内容,发挥相同推论作用的框架的内容也只不过是具有共同语义功能的词项的对应项,布兰顿大可把这对应项称作为对象,但这种意义上的对象与我们以往理解的表征意义上的对象截然不同。但在布兰顿看来,"要解释为什么会有单称词项,在某种重要的意义上,就是去解释为什么会有对象……解释我们为什么会谈论被建构为有性质的、相关联的对象:'语言的限制(这种语言就我的理解而言)意味着对我的世界的限制。'寻问'为什么会有单称词项'是询问'为什么会有对象'的一种方式"②,实际上,布兰顿提出了谈论表征的方式,只不过人们在如何理解布兰顿式的表征概念的问题上存在着争议。下一节,我们来阐述布兰顿谈论表征的方式。

第四节 谈论表征的社会方式

布兰顿认为:"无论我们是以真或以理由的方式来思考命题内容,我们都有义务去讨论关涉性(aboutness)和表征。"③在第二节中,我们了解到有从言和从物两种归因方式。在前一种归因方式中,我们思考的是说话者在谈论什么;在后一种归因方式中,我们思考的是**什么**被说出、想到或谈及。前者涉及的是思想的命题维度,后者则牵涉到思想的表征维度。布兰顿提出的问题是,"为什么任何有着命题内容的状态或发生也应该被理解为具有表征的内容"④。

---

① Robert Brandom, *Articulating Reasons: An Introduction to Inferentialism*, Cambridge: Harvard University Press, 2001, pp. 25 – 40.
② Ibid., p. 155.
③ Ibid., p. 158.
④ Ibid.

布兰顿提供的回答是以社会的方式来阐明和理解表征的内容,他的解释同样渗透着推论主义的痕迹。布兰顿相信个人总是出于某种理由而采取行动,命题内容因此总包含有意向状态,但是,如果能动者(agent)想要证明自己的言语行为是可信的话,他做出的断言必须能够在给出和索取理由的实践中作为推论的前提和基础,即推动活动的一个环节而被理解。例如,某人相信他面前的一个色块是红色的,并做出"这是红色"的断言。同时,这个人的身边还有一只鹦鹉,它同样能够说出"这是红色"这个表达式。并且,此人和鹦鹉都能对红色的色块做出可靠的有差异的反应,但他们之间谁能够谈论概念"红"的对象呢?布兰顿认为,只有具有在推论的链条中定位那一对某一对象做出反应的能力时,即能够知道从红色的某物中推出什么,知道什么可以作为某物为红的证据,什么与红的概念不相容时,我们才能够说某人真正做出了一个断言,该断言在给出和索取理由的游戏中能够走出一步(make a move),这一步骤能够证成其他的断言,也能为其他的断言所证成。相应地,他所持有的意向内容也被证成了。

以推论的方式谈论指称,实际上需要在社会空间中接受他者的询问,做出断言的人有义务提供理由来证明他的断言和内容之间关系。因此,断言的表征内容不仅要在推论的意义上被阐明,也要在社会的意义上被阐明。布兰顿指出:"给出和索取理由的游戏本质上是**社会**的实践。"①

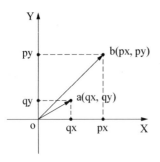

图 5-1 谈论表征的社会方式

我们可以借助如下坐标图来进一步阐释布兰顿的思想(见图 5-1):

其中,x 轴代表的是信念的维度、表征的维度,在此方向上,对于一个对象 o 来说,我们具有关于它的信念,例如 F(o)。持有 F(o) 的人对内容做出了从物的归因,这种归因是一种实践的态度,持有信念 F(o) 的人对 o 做出了

---

① Robert Brandom, *Articulating Reasons: An Introduction to Inferentialism*, Cambridge: Harvard University Press, 2001, p. 163.

"承诺"(commitment)。y轴代表的则是交流的维度、社会的维度以及推论的维度。y轴上的基本单位是F(o),但此时的F(o)是一个判断,做出这一判断的人需要为他的判断提供理由,他需要能够在推论中走出一步。在y轴上,做出F(o)这一判断的人对这一命题享有"资格"(entitlement)。

资格和承诺是做出判断的人享有的两种规范身份。布兰顿指出,现实的交流中还存在道义计分者(deontic scorekeeper),他对做出判断的人做出计分,通过分值而认可(endorsement)或不认可做出判断的人所持有的断言。例如,给出断言的人在o点上持有的信念是"汤姆是一只狗",在p点上持有的信念是"汤姆是雄性动物"。给出断言的人认为从"汤姆是一只狗"到"汤姆是雄性动物"是一个好的推论,在y轴上他希望自己给出的理由能够证成自己的这个推论。他希望自己得到的分值是b(px, py),如果计分者给做出断言的人打出分值b(px, py),那么,这就说明计分者认可做出判断的人所持有的断言;然而,如果计分者打出的分值只是a(qx, qy),那么,这就说明计分者不认可或部分不认可做出判断的人所持有的断言。

做出断言的人同样可以成为计分者,计分者同样可以做出断言,做出断言的人和计分者两种身份的转化体现出给出和索取理由的语言实践中的你来我往的交流,在这种交流中,断言的分值不断变化。按照这种打分策略,似乎只有在断言被所有计分者打满分的情况下,我们才能够认为做出判断的人合理地证成了他的断言,并且他的信念内容是真实的。然而,值得强调的是,布兰顿认为,道义计分者在认可某一断言时,他只是从做出该断言的人那里继承了资格和承诺,计分者本人不负有证成该断言的责任。这就意味着,计分者与做出断言的人可能有着不同的信念体系,但他们依旧可以谈论相同的对象。例如,信奉琐罗亚德斯教(Zoroastrian)的人和我们一样有着关于"太阳"的信念,但他们可能以相当不同的方式对太阳做出了从物的归因;但是,如果我们作为计分者并认可他们所做出的断言,那么,即便我们具有不同的信念体系,我们所谈论的仍是同一个太阳,因为,我们一旦从他们那里继承了资格和承诺,我们就认可了他们所做出的推论,认可了作为推论的前提和结论的断言及其内容。

在谈论表征的社会方式中,断言与单称词项一样,也被用了两次。在第一次使用中,断言作为一种包含内容的信念而置身在一个融贯的信念体系内;在第二次的使用中,我们需要证明该断言能够作为推论的前提和基础,即既需要其他断言作为理由,又能作为其他的断言的理由;在这次使用中,断言被证明是一个推论链条中合理的一环。信念其实是一种私人享有的命题态度,而断言则是把自己的信念勾连起来,能够提供持有该信念的理由。在此意义上,我们或许可以把布兰顿的 *Making It Explicit* 一书的书名解释为"使得信念内容在推论的实践中清晰化"。

第五节 对布兰顿理论的再思

第三章布兰顿对塞拉斯的左派追随者思想的简述中,我们看到布兰顿批评对塞拉斯的经验主义解读,他倡导以使用概念的推论为起点。布兰顿哲学中重要的论题之一便是,认为理性是一个规范的概念。① 布兰顿这样解释他认为的人所独有的智识能力(sapience),"理性生物具有的智识能力一般有三种模式:第一种模式是工具性的,该模式把理性理解为能获得到我们所想(的内容);第二种是康德式的规范模式;第三种是黑格尔式的社会—历史模式。结论是,只有黑格尔式的模式是可以拥有的:我们的本质取决于我们的目的"②。布兰顿认为,我们的自我观念对于自身来说是最为关键的,不同的自我观念相应于不同的政治活动,也相应于不同的哲学观念。布兰顿不认为,概念是应对自然的工具,亦不承认那些被视为概念的直观。布兰顿因其所持有的过强的理性主义色彩,无怪乎他会被视为一名新黑格尔主义者。布兰顿因此也对经验主义多有批评,但他的立场本身也招致了一些哲学家的质疑。

---

① See Robert Brandom, *Reason in Philosophy: Animating Ideas*, Cambridge: Harvard University Press, 2009, p. 2.
② Ibid., pp. 18 - 19.

第五章 语义和社会进路:布兰顿结合形式语义学与实质语用学的尝试

一、布兰顿对经验主义的批评

布兰顿对经验主义也有着严苛的批判,他认为有三种谈论内容的方式。第一种方式认为人们是依据于解释者事先所持有一些概念或约定来谈论内容;第二种方式是从功能的角度理解内容,通过对内容之间的关系的探究以及使用内容的环境的观察来判定内容是什么;第三种方式则是通过对生物(例如大猩猩、海豚等)的观察来进行研究生物对"什么内容"做出了反应。① 第一种方式实质上以概念和规范为前提,我们需要具体地展开这一思路才能进一步谈论它。布兰顿批判的重点更侧重于后两种方式,因为它们直接犯了"策略性"的错误。

在对经验主义的具体批判中,布兰顿主要通过对功能性、可靠性以及同一性三个概念的批判来说明经验主义的错误。布兰顿认为,主要有四种说明功能性的进路:(i)经验主义式的,这种进路认为概念的功能在其相应的经验起源之中,我们需要研究使用概念的**因果条件**,这一进路实际上指向对经验内容的直接探究;(ii)实用主义式的,即认为我们需要在使用概念的实践后果之中理解概念的内容;(iii)理性主义式的,这种进路是布兰顿采取的进路,认为我们应该在概念的推理的(reasoning)使用中来认知其内容;(iv)综合性的,即认为概念的内容涉及上述三种进路的所有方面。② 布兰顿认为第四种进路是一种既想保留蛋糕、又想吃下蛋糕的策略,只要前三种进路中有一种是不合理的,第四种进路就是失败的。经过奎因、塞拉斯、戴维森等人的批判,我们可以认为第一种经验主义的进路亦行不通。关于实用主义的进路,陈亚军认为布兰顿的语言实用主义是新实用主义的重要代表,布兰顿注重实践,并把知道如何放置在知道什么之前,然而,陈亚军也极富洞见地指出,布兰顿版本的语言实用主义中,"实践"的内涵要

---

① See Robert Brandom, *Reason in Philosophy: Animating Ideas*, Cambridge: Harvard University Press, 2009, pp. 177 – 179.
② Ibid., p. 180.

比杜威意义上的要单薄许多,布兰顿所说的"做"主要是指一种语言活动,因而更多地是一种语用学的概念。① 由于布兰顿所采取的理性主义立场,他的理性主义的实用主义放弃了为古典实用主义者所青睐的"经验"概念。

对经验内容功能的谈论(使用概念就是运用内容的功能)的进路只能在布兰顿倡导的推论的意义上获得成功,而这并非是经验主义想要的进路。经验主义者试图诉诸可靠性的策略,认为如果能够对内容做出可靠的有差异的反应,我们便能获得经验内容。在反对这种策略时,布兰顿把对对象的反应分为两个层次:在第一个层次上是非推论的反应,例如铁块会在潮湿的环境中生锈,鹦鹉在面对红色的色块时能够说出"这是红色的"这一表达式;在第二个层次上是推论的反应,例如当一个人说出"这是红色的"时,他能够为他的断言提供理由,他的断言能够作为推论的前提和基础,他能够运用这一断言在给出和索取理由的游戏中走出一步。对对象的第二个层次的反应是布兰顿所倡导的推论主义式的反应,而第一个层次则是经验主义意义上的反应,我们发现铁块和鹦鹉——它们的确能够对对象做出可靠的有差异的反应,但是我们并不因此能够说它们认知到了对象是什么。②

经验主义者或许还会争论到,布兰顿的例子中,铁和鹦鹉都不是能动者(agent),如果做出可靠判断的是一个理性的能动者的话,我们便依旧能够在可靠的反应中认知对象。布兰顿进一步举例说,例如有一个叫巴尼的人,他是一个谷仓专家,每一次见到谷仓时,他都能对之做出可靠的有差异的反应,并判断对象是谷仓。然而,当巴尼来到谷仓县时——该县有做立面谷仓画(即从正面看上去是一个立体谷仓,但它只是立在那里的平面画,

---

① 参见陈亚军:《将分析哲学奠定在实用主义的基础上来》,《哲学研究》2012年第1期,第69—77页。但是,布兰顿在某些地方对实用主义的特征的说明似乎也说明他实际上重视到了这种内涵不单薄的实践概念,他指出,实践在包含了对象、事件、世界中的事态的意义上是"厚"的,实践中涉及了被动的接受自然世界信息的过程,也包含了主动的知觉过程。See Robert Brandom, *Between Saying and Doing: Towards an Analytic Pragmatism*, Oxford: Oxford University Press, 2008, pp. 178 - 179.
② See Robert Brandom, *Reason in Philosophy: Animating Ideas*, Cambridge: Harvard University Press, 2009, pp. 182 - 185.

第五章　语义和社会进路：布兰顿结合形式语义学与实质语用学的尝试

类似于裸眼 3D)的癖好,谷仓县 99% 的谷仓都是立面画,只有 1% 的画是真正的谷仓——巴尼原先的"可靠性"便会受到质疑,他在谷仓县做出的 99% 的判断可能是错误的。故而,即便能动者是一个可靠的理性能动者,我们依旧不能保证他能够精确地谈论对象。如果巴尼想要试图恢复他的"可靠性",则他必须了解谷仓县的特殊情况,当他再次需要作出判断时,他会围绕着立面画转一圈然后判断这是一幅画或是真正的谷仓。巴尼能够这么做意味着他已经知道了做出判断的情境,他的判断已经作为他新增的一些判断,例如"他正身处谷仓县""谷仓县有许多立面画""立面画是平面的""谷仓是立体的""只有立体的才是真正的谷仓"等断言中的一环。这便再度回到了布兰顿推论主义的策略。①

最后,经验主义者或许还会强调,每次在对同一对象做出断言时,我们必须保证所谈论的内容的同一性,否则,我们的判断会失去可靠性(validity)。布兰顿指出,这种策略"试图通过缩约远端刺激以最大化对不同种类的刺激做出反应的可靠性,远端刺激指的是任何发生在做出反应的机体之外的,与机体发生偶然关系的终端"②。布兰顿尤为指出谈论内容同一性的三角测量方法,认为这种备受欢迎的方法是失败的。例如两个对话者对同一个对象做出解释时,他们可能对对象的不同方面做出归因,例如,在冬天打开窗户和关掉室内的电暖都会导致室内温度的下降,当对话者谈论温度下降这个事件时,对话的一方由于未能看到窗帘后被打开的窗户,但注意到暖气被关了而对"暖气没开"做出命题态度的归因,对话的另一方则注意到相反的事实而做出不同的归因。因此,很难通过三角测量来确定断言的内容乃是同一的。③ 在下一章对戴维森三角测量的谈论中,我们认识到戴维森尤为强调对话者之间形成的社会基线,三角测量也必须在你来我往的交流中进行,布兰顿所提出的这一错误可以在进一步的交流中

---

① See Robert Brandom, *Reason in Philosophy: Animating Ideas*, Cambridge: Harvard University Press, 2009, pp. 185 – 188.
② Ibid.,译文较原文有删减。
③ Ibid., pp. 188 – 195.

得以避免;即便没有避免,交流获得了表面上的成功,交流者也应对"温度下降"这一事件相应的事实做出了客观性的承诺——尽管他们对这一"客观事实"的理解是不同的。我将在下一章具体展开戴维森的论述。如若我们把戴维森所谓的社会基线引入交流之中,对话者的对话游戏便构成了你来我往的给出和索取理由的实践,或许,在此意义上布兰顿能够接受戴维森式的三角测量模型。

二、推论主义与表征主义的关系

本章前四节向我们展示了布兰顿谈论表征的推论方式,布兰顿思路的要点在于,如果在阐明(explication)的逻辑顺序中,我们能够清晰地说明命题内容所处的推论关系,我们便能够揭示它所蕴含的内容之于规范的应答性,即是说我们无需诉诸表征的语汇,而用推论的语汇便能言及(of/about)表征。然而,布兰顿的这一甚为关键思想也是最招质疑的观念。

首先,克雷默(M. Kremer)认为,未考虑现实对象的推论方式融合了谈论对象诸种可能方式,这种方式无异于通过对可能世界的谈论来谈论现实世界,然而,我们一般在可能世界和现实世界之间设置一些逻辑关系,才能保证对可能世界的谈论切实与现实世界中的事实相关,但是,布兰顿单纯地从推论的一方出发,未考虑推论的关系和事实的关系之间的逻辑关联,因而,**(a)布兰顿对可能世界的说明并不必然说明我们所栖居的现实世界的性质。**[①] 也就是说,运用断言做出的推论无论多么有效,断言的内容并不必然被谈及。克雷默继续分析到,即便在那些内容被谈及的情况之中,由于我们只能以推论的方式谈论表征,于是,我们只能获得关于表征的概念性的说明,克雷默因此认为**(b)布兰顿并不能谈及经验意义上的表征,而只能谈论关于对象的形式概念,因此,布兰顿对表征所做的推论的描述**

[①] See Michael Kremer, "Representation or Inference: Must We Choose? Should We?", in *Reading Brandom: On Making It Explicit*, Weiss, B. & Jeremy W., eds., London and New York: Routledge, 2010, p. 234.

只是关于对象的必要描述,而非充分描述。①

海勒(B. Hale)和莱特(C. Wright)更加直接地指出对表征的谈论和对断言的谈论是两个不同的过程。布兰顿认为,提出断言(asserting)和给出理由(reasoning)是一枚硬币的两面,在给出理由证成断言时,我们也对断言的内容进行了说明。然而,海勒和莱特则认为,断言性(assertibility)与做出断言的人所置身的情境以及相关方面的信息有关,但是,关于内容的判断一般来说则不受上述语境的限制,因而,**(c)推论地说明断言的内容和对断言的内容进行说明是两个不同的过程。**②

此外,在由理性主体进行推论的过程,即给出和索取理由的实践中,哈贝马斯提出了这样的忧虑,即**(d)继承资格的人会习惯于期待别人给出答案,每一段对话都从第三人称视角那里开始。**③ 下文中我们将认识到,道义计分者可以通过"归派"这种归因行为而持有断言者所做的断言,当道义计分者的角色转化为断言者的时候,如若他还持有先前的断言并把该断言归派给先前的断言者,他便避开了自己提供理由的责任,于是每一段对话都开始于"我从某甲那里听说……",这一事实导致人称间的关系往往是第一人称和第三人称的关系,万德雷尔(J. Wanderer)因此希望布兰顿**(e)强调第一人称和第二人称的关系**④,并且,减少或避免从第三人称那里继承断言,以保证参与交流的人都承担给出理由的责任。

布兰顿对上述质疑均做出了回应。关于问题(a)和问题(b),布兰顿回复到,从判断出发只是为了我们更好地谈论和理解表征或直观,我们并未

---

① See Michael Kremer, "Representation or Inference: Must We Choose? Should We?", in *Reading Brandom: On Making It Explicit*, Weiss, B. & Jeremy W., eds., London and New York: Routledge, 2010, p. 234.
② See Bob Hale and Crispin Wright, "Assertibilist Truth and Objective Content: Still Inexplicit?", in *Reading Brandom: On Making It Explicit*, Weiss, B. & Jeremy W., eds., London and New York: Routledge, 2010, pp. 277-278.
③ See Jürgen Habermas, "From Kant to Hegel: Robert Brandom's Pragmatic Philosophy of Language", *European Journal of Philosophy*, 8, 2000, p. 345.
④ See Jeremy Wanderer, "Brandom's Challenge", in *Reading Brandom: On Making It Explicit*, Weiss, B. & Jeremy W., eds., London and New York: Routledge, 2010, p. 100.

因此使得表征成为一个不可理解的概念。换个方向说，我们首先具有关于经验对象的概念，而后以推论的方式阐明经验对象的性质，这种做法并未放弃对表征的探究。① 或许布兰顿对问题(d)的回答能够使我们更好地理解对前两个问题的回复。布兰顿区分了两种规范性的社会身份，即承诺和资格，当一个人对其信念的内容做出承诺时，他便有权持有该信念；当一个人做出判断时，并能够为之提供理由时，他便对断言具有资格。布兰顿还区分了两种命题态度的归因方式，一种是认可(undertake, acknowledge)，另一种是归派(attribute)；前一种方式中，做出归因的人需要自己承担证成责任，后一种方式中，做出归因的人则需要解释自己为什么认为他人会持有某一信念或断言，他给出的理由是他人持有信念或断言的理由，而非是自己的理由。② 我们可以通过下表5-1来梳理清楚它们之间的关系：

表5-1 规范身份和命题态度的归因方式关系

规范身份 \ 归因方式		第三人称 认可	第三人称 归派
第一人称	承诺（关于信念内容）	成真条件(true)	信念条件(belief)
第一人称	资格（关于判断）		证成条件(justified)

传统的观点把知识定义为被证成的真之信念(justified true belief)，认可别人的承诺需要给出成真条件，即说明别人为什么认为信念是真的；把命题态度归派到别人的信念上时，需要解释别人（而不一定是自己）为何把该命题态度理解为一种信念；当把命题态度归派为别人的断言时，需要解释别人如何证成他持有的断言。

布兰顿举例说，设想你身处一个暗室中，你可能报告说你面前十尺处有一只被点燃的蜡烛，此时，你便对"面前十尺处有一只被点燃的蜡烛"做

---

① See Robert Brandom, "Reply to 'Michael Kremer's Representation or Inference: Must We Choose? Should We?'", in *Reading Brandom: On Making It Explicit*, Weiss, B. & Jeremy W., eds., London and New York: Routledge, 2010, p.347.
② See Robert Brandom, "Reply to 'Bob Hale and Crispin Wright's Assertibilist Truth and Objective Content: Still Inexplicit?'", in *Reading Brandom: On Making It Explicit*, Weiss, B. & Jeremy W., eds., London and New York: Routledge, 2010, pp.360-361.

出了承诺,并且,我把这个承诺归派给你。我们两个都可能有资格做出这样的承诺,因为在正常的情况下,你是关于周边环境的可靠的报告者。但是,如果我知道但你不知道前方五尺处有一面镜子,而你看到的镜中蜡烛实际上在你左边,那么,我便不会认可你自认为被证成的信念是真的,因此,也不会相信你前面十尺处真正有一根蜡烛。布兰顿借着这个例子试图说明,通过社会视角做出的推论而对断言和信念进行说明的过程也是对内容进行说明的过程,某种意义上,我们正是依据内容的客观性(例如前面五尺处有一面镜子,蜡烛真正的外置在你左边这一客观事实)来判定是否认可别人的断言。从对知识的定义的视角看,知识不仅包括对他人资格的归派,还关涉到对他人承诺和认可的归派,也就是说既关于判断,也关于判断的内容。布兰顿因此不接受批评意见(a)、(b)和(c)。

至于问题(d)和(e),布兰顿似乎意识到了哈贝马斯的忧虑,并接受万德雷尔的意见。布兰顿坦率地承认,他在《使之清晰》一书中尚未谈及万德雷尔所考虑到的方面,他认为万德雷尔的意见值得进一步的发展。[①] 然而,布兰顿认为,哈贝马斯和万德雷尔的意见在能否以推论的方式谈论表征的问题上,并不是关键的,他们的意见至多促使布兰顿对规范身份和命题态度的归因方式等做出更多的说明或限制,布兰顿也很可能因此会直接要求所有参与交流的人至少承担起潜在的证成责任。

三、关于观察的"双层次"说明

布兰顿在阐释塞拉斯关于"观察的知识"(observational knowledge)方面的思想时,认为观察的知识存在两个层次,第一个层次指可靠的有差异的反应倾向(reliable differential responsive dispositions),第二个层次指

[①] See Robert Brandom,"Reply to Jeremy Wanderer's 'Brandom's Challenge'", in *Reading Brandom: On Making It Explicit*, Weiss, B. & Jeremy W., eds., London and New York: Routledge, 2010, p.315.

推论的阐明的道义实践(inferentially articulated deontic practice)。① 上文对此已经论及。布兰顿认为人们有着对刺激做出可靠的有差异的反应的能力,这种能力并不受推论的能力的限制。那些不具有智识能力的感性生物、一些人造的机器,甚至那些具有超级盲视能力的盲人都具有这种能力,而人所具有的另一种能力是使得观察报告或知觉报告中所蕴含的概念清晰化的能力。布兰顿认为,观察报告和知觉判断已经是潜在的知识,故而已经蕴含着概念。

麦克道威尔②、德弗里斯以及柯茨(P. Coates)③等人均不认可布兰顿对塞拉斯的上述解读。在对"看上去的逻辑"④进行解读时,布兰顿认为"某物看上去如何"已涉及对环境的理解,当特定的条件被给出,某人就会有做出"看上去"的陈述的倾向。"看上去"的陈述为有差异的反应提供了证据,因此,"看上去"的陈述是一种隐在的判断。布兰顿并不把"看上去"的观察报告视为关于自然对象特征的报告,麦克道威尔、德弗里斯和柯茨等人正是在这一点上认为布兰顿对塞拉斯的解读犯了错误,他们认为,塞拉斯的确认为(f)"看上去"的陈述对自然对象的特征做出了报告。

布兰顿并不同意(f)。按照麦克道威尔的说法,布兰顿对塞拉斯的解读有些"任性"(反常,perverse)。⑤ 实际上,布兰顿对塞拉斯哲学的解读和取舍十分符合他自己的哲学旨趣,把"看上去"的陈述理解为不包含关于

---

① See Robert Brandom, "Reply to John McDowell's 'Brandom on Observation'", in *Reading Brandom: On Making It Explicit*, Weiss, B. & Jeremy W., eds., London and New York: Routledge, 2010, p. 320. Also see Robert Brandom, *Tales of the Mighty Dead: Historical Essays in the Metaphysics of Intentionality*, Cambridge: Harvard University Press, 2002, pp. 348-368.
② See John McDowell, "Brandom on Observation", in *Reading Brandom: On Making It Explicit*, Weiss, B. & Jeremy W., eds., London and New York: Routledge, 2010, pp. 129-144.
③ See Willem DeVries and Paul Coates, "Brandom's Two-ply Error", in *Empiricism, Perceptual Knowledge, Normativity and Realism: Essays on Wilfrid Sellars*, Willem DeVries, ed., Oxford: Oxford University Press, pp. 131-146.
④ 参见第二章第二节和第三章第一节内容。
⑤ John McDowell, "Brandom on Observation", in *Reading Brandom: On Making It Explicit*, Weiss, B. & Jeremy W., eds., London and New York: Routledge, 2010, p. 130.

自然对象的报告，而仅把它理解为隐在的判断，和我在本节第一小节中说明的布兰顿哲学的理性主义特征一致。然而，我认为，在关于观察的知识的说明上，不仅布兰顿对塞拉斯的解读有待商榷，他自认为从塞拉斯哲学那里继承的观点，即关于观察的双层次说明，也可能存在一些问题。试分析如下两个表达式①：

13. 蛋奶酥爆炸的原因是烤箱的门在错误的时间打开。
14. 约翰瘫在沙发上的原因是他经过一天忙碌的工作而感到精疲力竭。

上述两个表达式都包含着一个推论：

13.1 烤箱的门在错误的时间打开，因此，蛋奶酥爆炸了。
14.1 约翰经过一天忙碌的工作而感到精疲力竭，因此，他瘫在沙发上。

斯托特（R. Stout）指出，(13.1)中蕴含着自然的法则，而(14.1)中则蕴含着规范。② 前者是关于物理事件的说明，而后者则是对精神事件的说明。如果按照布兰顿对观察所做的双层次说明来理解，蕴藏在可靠倾向（命题态度）中的自然法则必然是在道义实践中做出推论所依据的规范，这便意味着布兰顿对如下结论做出了承诺：**(g)自然法则与规范是连续的，并且自然法则的范围等同于规范；然而，自然法则和规范之间存在着明显**

---

① Rowland Stout, "Being Subject to the Rule To Do What the Rules Tell You To Do", in *Reading Brandom: On Making It Explicit*, Weiss, B. & Jeremy W. eds., London and New York: Routledge, 2010, p.145.
② 斯托特的批判与我接下来想要表述的观点不同，斯托特在语言的入口（即信念）方面谈论法则，在语言的出口方面（即行动）谈论规范。(See Rowland Stout, "Being Subject to the Rule to Do What the Rules Tell You To Do", in *Reading Brandom: On Making It Explicit*, Weiss, B. & Jeremy W. eds., London and New York: Routledge, 2010, pp. 144 – 156.)

的差异。关于(g)的前半部分表述的观点,布兰顿可能会回应说,命题态度虽然蕴含着概念,但我们直接从事的不是关于命题态度的研究,我们的探究从判断开始,命题态度和内容会在推论的过程中被清晰化,所涉及的规范也是在概念空间内被表述的规范,如果有关于命题态度和内容的自然法则,我们也是以推论的方式对之做出阐明。在此意义上,规范和自然法则是一体两面的。然而,如若我们此时结合(f)的话,那么,观察报告的确表述了关于对象的性质,关于观察的自然法则可能不仅仅是规范性的,很可能存在关于自然对象的法则,这就通向了(g)的后半部分观点。于是,此时布兰顿需要对(f)式的反驳做出正面的,不仅仅是关于塞拉斯哲学阐述上的解释。

布兰顿在对麦克道威尔的回复中提到,他的确承认观察的概念有着推论的用法和非推论的用法,但是,"对于塞拉斯而言,使得某物具有**概念上内容**的是它能够在推论中起到恰当的作用。在此意义上,没有概念是非推论的,所有的概念都能在给出和索取理由的实践中充当前提"①。布兰顿所强调的内容依旧是"概念上的内容",而非经验内容。布兰顿接着指出:"我们生活借以开始的概念是纯粹理论的,但它们有着观察上的用法。理论的和观察的两者之间的区别是方法论上的,而非是本体论上的。"②因而,自然法则(如果存在的话)与规范的范围是同一的,它们表述上的差别只涉及对同一种概念的两种不同用法的表述。

然而,在我看来,布兰顿的回复不是直接的,他依旧运用自己驾轻就熟的"理性思维"来说明"为什么可观察的都是规范的",而未就"为什么可观察的不可能是自然的"这一问题做出直接的说明。这两种说明的确是等值的,但是布兰顿预先设定了自己的理性主义立场而破坏了等值性。或许通过布兰顿对经验主义的批评的讨论,我们不应该希冀布兰顿会直接讨论我

---

① Robert Brandom,"Reply to John McDowell's 'Brandom on Observation'", in *Reading Brandom: On Making It Explicit*, Weiss, B. & Jeremy W., eds., London and New York: Routledge, 2010, pp. 320 - 321. 引文强调部分为我所加。
② Ibid., p. 321.

们为何不能描述自然对象,但是,布兰顿的确需要做出更为直接的正面回应。布兰顿的确时常指出,从判断出发只是为了我们更好地谈论和理解**表征或直观**(布兰顿没有使用内涵模糊的"对象"或"感性杂多"这类词,这是一个值得关注的细节,因为表征[representation,再现]或直观,在康德的意义上已然渗透了概念形式,根据布兰顿对康德的解读①,我们有理由认为,他也是在相同于康德的意义上使用这两个概念的),我们并未因此使得表征成为一个不可理解的概念。换个说法,我们首先具有关于经验对象的概念,而后以推论的方式阐明经验对象的性质,这种做法并未放弃对表征的探究。② 再换个说法,布兰顿认为我们有着实践—语汇的充分性(PV-Sufficiency),即我们在实践中的实质推理能够慢慢变得有意义,这个过程中的第一步是理性生物能对周遭的环境进行有差异的反应,例如,在红色的对象出现时说出"这是红色";但说出的这个表达式是一个维特根斯坦式的语言游戏,我们已经可以"以言行事","红色"在这个游戏中经由用法而获至意义;实践—语汇的充分性保证了我们有了"实践能力"(practices-or-abilities),例如,用"红色"这个概念指红色的对象;于是,另一方面,我们还有着语汇—实践的充分性(VP-Sufficiency),即在"给出和索取理由"的这个语言游戏的中心"城区"中,能够"说出"我们能够"做"的东西。③ 或许在布兰顿看来,这已经足以说明使用概念的推论活动已经能够保证对内容的关涉性(about-ness/of-ness)。但是,即便实践能力能够使我们对世界中的对象做出归因,即便实质语用和语义的形式表达是两个同一的过程,但是布兰顿根本地是以语义推论的方式来"表达"这些内容的,始终让人难以理解的是,尽管内容有着实践上的起源,但是布兰顿根本地是将这些内容作

---

① See Robert Brandom, *Reason in Philosophy: Animating Ideas*, Cambridge: Harvard University Press, 2009, p. 38.
② See Robert Brandom, "Reply to 'Michael Kremer's Representation or Inference: Must We Choose? Should We?'", in *Reading Brandom: On Making It Explicit*, Weiss, B. & Jeremy W., eds., London and New York: Routledge, 2010, p. 347.
③ See Robert Brandom, *Between Saying & Doing: Towards an Analytic Pragmatism*, Oxford: Oxford University Press, 2008, pp. 9 - 11.

为隐在地可作为推论一个环节的有意义的"符号"(symbol，而非 signal)，在此意义上的对象是为具有智识能力(sapience)的理性生物所独具的，而不是人类与具有感性能力的(sentience)的动物所共有的。无论如何，布兰顿所谓的内容不大可能等同于物理对象（或许这也是布兰顿本人的观点？）。

小结：谈论自然空间的逻辑表达主义方式

布兰顿承认经验世界或自然空间存在，但他对世界的谈论并不是从人与动物共有的感觉能力开始，而是从人所独有的智识能力开始，这就意味着布兰顿从概念空间之内出发来谈论自然空间中的对象，这也解释了他为何会颠倒解释的顺序。但随着解释顺序的颠倒，布兰顿不再认为概念是对对象的直接表征，他通过替换的方式谈论单称词项的内容，通过推论的方式谈论断言、次语句表达式和替换框架的内容。如果我们把谈论内容的这种方式理解为一种逻辑表达主义，即推理活动是对实践活动的表达，那么，只有在推理活动中被证明是合理的断言，其对应在实践活动中信念才是合理的。于是，信念的内容也理所应当地在经验世界中存在。

在布兰顿那里，推论的实践实际上也是一种社会实践，给出断言的人会受到道义计分者的监督。在我看来，布兰顿在此方面提出的一个重要洞识在于，认可别人所做出的断言的计分者只是从别人那里继承了承诺和资格，而他本人不负有为该断言做出证成的使命，即他无需使得该断言与自己的信念体系一致。正如我在上文中已经指出的那样，这就意味着持有不同信念体系的人可以谈论相同的对象。

戴维森的解释的语义因果理论不适用于从物的表达式，布兰顿在弥补戴维森理论的不足的同时，也为我们提供了一种谈论世界的新的方式。有趣的是，布兰顿把哲学看作"一种自身反思的事业，理解

第五章 语义和社会进路：布兰顿结合形式语义学与实质语用学的尝试

(understanding)不仅是哲学探究的目标，也是它的主题"①。戴维森同样把阐释(interpretation)作为自己的一项重要工作。布兰顿本人曾多次把自己的哲学事业和哈贝马斯的阐释学联系在一起②，而戴维森则把自己的哲学与伽达默尔的哲学相比较。③ 但在我看来，两人虽然有着共同的解释学取向，但他们却有着不同的解释学起点。布兰顿虽然承认人们总是出于某种理由而行动，并且他讨论意向状态的内容，但他的讨论方式是推论主义式的，他的起点是判断而非是与世界直接相关的意向状态。相比之下，戴维森则从关于经验世界中的对象的意向状态直接出发，"信念"在戴维森哲学中有着更为重要的位置。从本章第五节中，我们认识到布兰顿需要就一些关于经验世界的直接谈论给出更为直接的说明，在此意义上，戴维森的研究或许能够补充布兰顿研究上的不足。我下一章中将回到对戴维森哲学的探究，从他的三角测量模型中挖掘出谈论经验世界的另一种方式。

---

① [美]布兰顿：《理由、表达与哲学事业》，韩东晖译，《世界哲学》2005 年第 6 期，第 17 页。
② 陈亚军：《匹兹堡问学录——围绕〈使之清晰〉与布兰顿的对话》，周靖整理，复旦大学出版社 2017 年版，第 38—39 页。
③ See Donald Davidson, "Gadamer and Plato's Philebus", in *Truth, Language and History*, Oxford: Oxford University Press, 2005, pp. 261 – 276.

第六章
解释学进路：戴维森三角测量模型对自然客观性的证成

戴维森虽为奎因的学生，但他与奎因有着一些实质的分歧。在和另一个文化共同体的成员进行交流时，他们都认为参与交流的人应该从可观察的行为出发。奎因认为我们应该寻求恰当的"翻译手册"，我们依据这种手册可以可靠地将另一种语言中的句子翻译为我们的语言中的句子。根据奎因的观点，我们按照实用主义的标准来选择手册，即选择那些可以使得翻译更接近于我们所使用的语言的句子，我们在交流中因此也能获得更大程度上的成功。戴维森则关注以真为基础的"意义理论"，他认为"意义理论告诉我们陌生语言中句子的意义……实际上，意义理论是真理条件的理论：我们解释一个句子的意义是通过描述这个句子在什么条件下为真而实现的；我们解释词的意义也是通过解释这些词构成真的条件的特性。因此，彻底解释翻译问题在戴维森这里就变成了彻底解释的问题"①。戴维森以真之语义学为基础，提出理解一个行为就是去解释该行为成真的条件。我们已经在第四章中领会了戴维森哲学的这一特质。

然而，我认为戴维森的彻底解释理论的"解释"特征并不全然体现在给出行为或表达式的成真条件之上，其中，"彻底"一词的意义也尤为值得关注。"彻底"不仅指不存在翻译手册，还在于回到最简单的理性状态之中，即从生物的理性的意向状态出发，去揣度彼此行为中隐在的规范性的模式。因此，戴维森的"彻底—解释"理论不仅解释了田野语言学家（field linguist）如何理解另一文化共同体内成员的表达式，它还更进一步

---

① 孙冠臣：《奎因彻底翻译的不确定性论题》，《世界哲学》2006 年第 1 期，第 70—71 页。

第六章 解释学进路：戴维森三角测量模型对自然客观性的证成

地解释了理性生物如何理解彼此。过于强调戴维森以真之语义学为基础的哲学特征，或许会使人忽视戴维森哲学的这一特质。

从彻底解释的角度去探究行为，戴维森为我们提供了更为直接的谈论世界的方式。戴维森的相关思想主要体现在他的三角测量模型（Triangulation）[①]之中。三角测量模型在戴维森后期哲学（1973年以后）[②]中占据着重要且关键的位置。魏赫根（C. Verheggen）认为，三角测量模型的基本目标是"建立语言和思想之间作为本质的社会特征。它也是戴维森自己版本的实在论和语义外在论的基础，并且，也是他反基础主义和反怀疑论的基础"[③]。正如在上一章结尾处所指出的那样，戴维森的三角测量模型从意向状态开始，如果戴维森能够由此三角测量出世界中的对象，那么，戴维森谈论对象的方式将会比他的解释的语义因果理论以及布兰顿的推论主义的方式更为直接。

我将在第一节中简要介绍三角测量模型的基本思想。在第二节中讨论奎因和戴维森在"原因"概念上的分歧，奎因把近端对象（例如神经刺激）作为解释的原因，这就意味着神经刺激依旧能够起到证成信念的作用，戴维森把远端对象作为解释的原因，远端对象指的是通过解释参与交流的两个人的意向状态而三角测量出的世界中的对象。尽管参与交流的双方各自都可能认为他们是依据相同的原因而对对方的行动做出解释，但仍可能

---

① Triangulation 一词不仅难以翻译，就其本身而言，三角测量是不是一个理论，也颇具争议。本书把该词翻译为"三角测量模型"的理由是：首先，我认为三角测量并不是一个理论，戴维森并未对三角测量做出过专门论述；其次，戴维森用三角测量说明与解释其他许多具体问题，三角测量更接近于一个模型，该模型中，包含诸多其他观点以及这些观点的共性。从而，三角测量直接提供的并不是论述，而是对其他理论的说明和解释。

② 弗洛斯达尔（Dagfinn Føllestal）认为，以戴维森哲学与奎因哲学之间的关系为参照，1973年是戴维森哲学前后期分野的时间点，其理由是，戴维森在1973年之前还谈论使得解释得以可能的"最大化的一致"（maximize agreement），而 1973 年以后则渐渐发展出三角测量模型，该模型中体现的思想离奎因的思想越来越远，具体请见文中论述。See Dagfinn Føllestal, "Triangulation", in *The Philosophy of Davidson*, L. E. Hahn, ed., The Library of Living Philosophers, 1999, p. 724; "Foreword", in *Dialogues with Davidson: Acting, Interpreting and Understanding*, J. Malpas, ed., Cambridge: MIT Press, 2011, p. x.

③ Verheggen, C., "Triangulating with Davidson", *The Philosophical Quarterly*, 57. 226, 2007, p. 96.

出现这样的情况,即他们实际所持有的远端对象并不一致。第三节需要讨论的问题便是如何保证内容的客观性和同一性。三角测量面临着许多争议,我在第四节中对这些争议做了概括性的探讨,以加深对三角测量模型的理解。

我把三角测量理解为一种模型,而非一种理论,在这个模型内我们可以融贯地理解戴维森的诸多理论。对于本书的主题来说,三角测量模型提供了一种直接谈论世界的方式。

第一节 三角测量模型的基本思想

戴维森阐述他的三角测量模型思想的文章主要有:"Rational Animals"(1982)、"The First Person Authority"(1984)、"Knowing One's Own Mind"(1987)、"Epistemology Externalized"(1990)、"Three Varieties of Knowledge"(1991)、"The Second Person"(1992)、"The Third Person"(1992)、"The Social Aspect of Language"(1994)、"The Emergence of Thought"(1997)等。戴维森平均每两三年就会写一篇体现三角测量思想的文章。如今,这些文章大部分已被收录于由牛津大学出版社出版的《主体性、交互主体性、客观性》(*Subjective,Intersubjective Objective*)[1]一书中。

在我看来,三角测量模型有三个重要方面。首先,无语言的生物能参与三角关系的构建,只要这些生物是理性的生物即可,参与交流的理性生物可以通过彼此的意向状态推测出谈论的对象,在这一点上,戴维森的思想和布兰顿的思想有着明显的不同;其次,在更强的意义上,戴维森也在有着充分发展的语言的主体间的社会交流中构建三角关系,主体间的

---

[1] Donald Davidson, *Subjective, Intersubjective, Objective*, Oxford: Oxford University Press, 2001.

社会交流形成三角测量模型中的基线,这一基线是思想具有客观性的基础[1];最后,(不可通约为关于自身心灵知识的)关于他心的知识在三角测量模型中具有重要的地位,戴维森在知识论中引入了关于他心的知识,把传统知识论中的心灵—世界这对二元关系转置为主体—他心—世界的三元关系。

如图6-1所示,首先,有了生物A和生物B,以及它们的意向性状态(∠A和∠B),它们就能基于彼此间在交流中形成的基线AB三角测量(triangulating)出世界中对象C的位置;理性生物无需获得关于C的基本的语义解释,便能够解释彼此的言语表达(utterance)。因此,戴维森无需以对象C为基础来为A、B的观念提供证成,C与A、B的关系(AC,BC)只是因果关系,而非是提供证据与辨明的关系。由此,戴维森的三角测量模型可以有效地抵制所予神话式的基础主义。

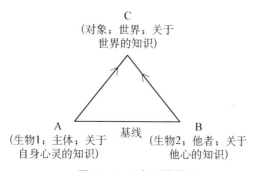

图6-1 三角测量模型

其次,理性生物如果能够具有充分发展的语言的话,A、B就是在概念空间中使用概念进行交流的两个主体,基线AB便是一条浸染了语言的社

---

[1] 魏赫根认为,戴维森那里存在着两种三角测量,第一种对应于我所说的第一个方面,即前概念的理性生物间的三角测量;第二种对应于我所说的第二个方面,即有着充分发展的语言的主体间的三角测量。我认为,与其说存在两种三角测量,不如说这两种测量是同一个三角测量模型的两个方面,它们用来说明不同方向上的问题。第一个方面说明的是,世界的因果作用;第二个方面说明的是,思想的客观性。两方面结合起来,可以推导出本书要解释的问题:世界的客观性。See Claucline Verheggen, "Triangulation", in *A Companion to Davison*, E. Lepore & K. Ludwig, eds., Cambridge: Wiley-Blackwell, 2013, p.457.

会之线。戴维森认为,理性生物使用概念的交流不仅可以说明思想的客观性,还可以有效地防止怀疑论。戴维森在这里用一种整体论思想来为其结论提供证成,认为每一个信念本质上(veridically)是真的,我们不可能大量地犯错,并且,我们的信念是关于世界的信念。

上述两点结合起来便可以为世界的客观性提供证明,因为我们可以谈论的是世界中的对象,世界中的对象便是我们的思想内容;而我们的思想是客观的;因而世界中的对象是客观的。"主体—他心—世界"这一三脚架支撑起的知识图景为从这一三段论推理中得出的结论提供了进一步的支持。三角测量模型中,A、B是不可互相还原的两个角,关于自身心灵的知识和关于他心的知识二者缺一不可。

他心为何如此重要?此外,主体如何知道他者的意向状态,信念为何本质上是真的,思想为何具有客观性,具体如何抵制怀疑论和基础主义等,这些问题都是我们在为三角测量模型填充细节时应该予以回应的问题。当然,限于本章主旨,这些问题将会被合理地安排在证明世界客观性之路的两旁。

第二节 知识的内容是世界中的远端对象

我们在第一章到第二章中认识到,"世界"已陷入窘境,罗蒂甚至认为,世界已经失落,我们只需语言。① 然而,麦克道威尔对这种状况感到焦虑,他认为有必要保留对世界的谈论,以保证概念不至凌空自旋。② 戴维森的立场更接近麦氏的观点,他仍然保留对经验世界的谈论,他认为经验世界中的对象是知识的内容,我们可以三角测量出这一对象,并且,同样依据三

---

① See Richard Rorty, "The Word Well Lost", in *Consequences of Pragmatism*, Minneapolis: University of Minnesota Press, pp. 3 – 18.
② [美]麦克道威尔:《心灵与世界》,刘叶涛译,中国人民大学出版 2006 年版,第 6—20 页。

角测量模型,我们可以保证我们所谈论的对象是同一的。① 本节首先讨论知识内容的问题。

一、原因的不确定性

解释者如何能够理解某个说话者的言语表达(utterance)呢？是什么赋予言语表达以意义呢？指称论者认为,语词的意义在于其指称的对象,我们需先在语词和对象之间建立基本的语义联系；如果要理解说话者所使用的语词的意义的话,我们就需要将其言语表达还原至经验层面,在经验中寻找和语词、语句对应的对象、事件。正如我们已经看到的那样,隐含于这一观点中的还原主义与基础主义早已受到来自奎因、塞拉斯以及罗蒂等人的批判。

戴维森在这一问题上的观点有些微妙,他认为,意义的确与对象有关,但意义不以对象为基础。因为,思想和话语的意义诚然依据导致它们的原因,但是,戴维森认为原因的概念存在两种模糊性,即距离(distance)的不确定性和宽度(width)的不确定性。② 前者指的是,与我们的概念、知识发生直接联系的是发生在皮肤之上的近端的(proximal)因果刺激,还是系连于世界中的对象和事件之上的远端的(distal)因果刺激；后者指的是,导致信念的全部原因中,哪些内容(对象)和知识有关。两者的区别是,前者试图在世界一方确定知识内容的来源；后者则在概念空间内试图在主体间的语言交流中确定导致知识的内容。故而,意义不仅来源于对象,也来源于主体间的交流,对象不是意义的唯一基础。世界和使用语言交流中的人刚好是因果刺激的两端,我们要确定原因,就需同时能够解决这两端上的不

---

① 我认为,戴维森和麦克道威尔之间的思想有着诸多的相同与共通之处,而非像麦氏所认为的那样有着诸多差异。具体的讨论请参见周靖:《趋同还是存异：麦克道威尔与戴维森的思想对话》,《自然辩证法研究》2015 年第 1 期,第 16—21 页。
② Donald Davidson, "The Second Person", in *Subjective*, *Intersubjective*, *Objective*, Oxford: Oxford University Press, 2001, p. 107.

确定性。我们先讨论距离的不确定性问题,即我们到底应该持"近端理论",还是"远端理论"。

二、对奎因"近端理论"的批判

戴维森在对奎因的近端理论进行批判的基础上提出了自己的远端理论。戴维森指出,奎因在批判了经验主义的两个教条之后,仍保留着经验主义的第三个教条,即内容与图式的二分。奎因对分析命题与综合命题的二分、还原论这两个教条做出批判,认为我们不能在经验内容为零的分析命题和以经验内容为基础的综合命题之间做出明确的划分,"分析陈述和综合陈述之间的分界线一直没有画出来。认为有这样一条分界线可画,这是经验论者的一个非经验的教条,一个形而上学的教条"①;认为任何一个陈述必然可以还原至一个经验事实则是另外一个教条,奎因批判了一种"彻底的还原论",这种还原论试图把陈述翻译为直接经验的陈述,把感觉材料视作为意义的基础。相比之下,奎因以整个科学作为经验意义的单位,把经验当成科学的边界条件,"整个科学是一个力场,它的边界条件就是经验"②。戴维森恰是在这里对奎因感到不满,因为,奎因认为,"仍旧有两种经验主义原则是不容置疑的……一个是,无论存在什么样的证据,科学的证据是感觉的证据。另一个是,所有对于此意义的教诲都最终必须依赖于感觉证据"③,"我们关于外在世界信息的唯一来源是,光束以及分子对我们感官表面的作用"④,故而"奎因所说之因果关系,起于感官可以接收到的刺激,止于人体的感觉接收器在刺激下发生的状态变化"⑤,并且这些因果关系可以起到为知识提供证成的作用。

---

① [美]奎因:《从逻辑的观点看》,陈启伟等译,中国人民出版社 2007 年版,第 33 页。
② 同上书,第 37 页。
③ W. V. O. Quine, *Ontological Relativity*, New York: Columbia University Press, 1969, p. 75.
④ W. V. O. Quine, "The Nature of Nature Language", in *Mind and Language*, S. Guttenplan, ed., Oxford: Oxford University Press, 1975, p. 68.
⑤ 叶闯:《理解的条件——戴维森的解释理论》,商务印书馆 2006 年版,第 304 页。

第六章 解释学进路：戴维森三角测量模型对自然客观性的证成

戴维森在如下两点上指责奎因：第一，在拒斥经验主义的两个教条之后，他未能摆脱经验主义的第三个教条；第二，奎因无法合理地保留既作为知识内容又具有证成作用的近端刺激。我们很容易明白戴维森第二点批判的理由，如果感觉可以作为科学的证据，那么，我们或者承认感觉自身就可以作为知识的基础——而这样做我们会陷入所予神话的陷阱；或者承认存在可以合理地组织经验、赋予经验以形式的范畴、程序或原则——而这却会面临戴维森所批判的第三个教条的问题。这使得我们回到第一点问题。戴维森写道：

> 如果人们想要这样认为的话，我们可以坚持认为一些语句都具有经验内容。而经验内容本身又是根据事实、世界、经验、感觉、感官刺激之全体等诸如此类的事物来解释的。意义使得我们得以谈论范畴、语言的组织结构等等；但是，正如我们已看到的那样，人们可能在摒弃意义和分析这两个概念而同时又保留语言体现一种概念图式这一看法。因此，取代分析与综合的二元论，我们便得到概念图式和经验内容的二元论。①

概念图式指的是，"组织经验的方式；它们是对感觉材料赋予形式的范畴体系；它们是个人、文化或时代据以检测所发生事件的观测点"②。虽然奎因摒弃了以经验内容和先验逻辑结构解释语句的做法，但他却把知识或信念整体当作一种人造的组织结构，把整个科学当作一个概念图式，它们沿着自身的边缘与经验紧密接触，并能够根据过去的经验预测未来经验。③ 于是，在奎因那里，仍然存在着以科学为图式，以感觉刺激为内容的二分。

---

① ［美］戴维森：《意义、真理与方法——戴维森文选》，牟博编译，商务印书馆2008年版，第262—263页。
② 同上书，第254页。
③ 同上书，第264—265页。

然而，近端因果刺激为什么不能只"因果地"作为知识的内容呢？我们可以在否定近端因果刺激的证成角色的同时，保留其因果刺激的作用——正如戴维森将会对他的远端对象所做的那样。实际上，我们也无法对此做出辩护。奎因用观察句描述感觉接收器所接受的近端的因果刺激，观察句指的是"当某种语言的所有说话者被给定相同的当下刺激时，都会做出相同判断的语句"①，因果刺激的意义就是观察句的意义，并且这种观察句是在"主体间的经验通道中"获得的。戴维森指出这里存在"循环论证"和"自相矛盾"两个危险：

> 循环论证的意思是，因为引入观察句的主要目标在于具体说明一个可以接受的互相翻译的条件，而适用于共同体的互相翻译的"某一说话者属于一个被给予的共同体的本质是什么"的可行定义也适用于他。自相矛盾的意思是，因为如果对话的流利性是一个独立的标准，它可能不会导致相同于对彻底翻译的说明的结果。（说话者之间可能存在着流利的对话，但对这些对话者而言，相同的互相翻译并不可行。）②

戴维森的意思是，如果观察句是在主体间获得的，那么，翻译者便是以由共同体做出的定义作为他翻译说话者言语表达的依据，而共同体引入观察句的目的却是为了给出定义，即借此给出翻译的可行定义；这里便存在一个循环。实际上，奎因所谓的"主体间"性只蕴含着这样的观点：人们把相似的刺激模式当作证据。奎因并未用社会维度的力量来约束这些模式。翻译的不确定性一旦失去社会维度的规约力量，知识的对象就只能由刺激模式单方确定，很可能出现如下自相矛盾的情形：人们把错误的相似模式

---

① W. V. O. Quine, "Epistemology Naturalized", *Epistemology: An Anthology*, E. Sosa & J. Kim, eds., Blackwell Publishing, 2000, p. 298.
② Donald Davidson, "Meaning, Truth and Evidence", in *Truth, Language and History*, Oxford: Oxford University Press, 2005, p. 51.

当作证据,然而在交流中,人们可以顺利地进行对话,却没有发现他们所犯下的错误:彻底翻译看似已经完成,而实质上已谬以千里。故而,戴维森认为,作为知识内容的不可能是近端因果刺激。

三、对远端对象的三角测量

既然知识的内容不是近端刺激,那么,便只能是远端的对象了。我们可以从戴维森对奎因的批判中推测出,戴维森不会接受对象的证成作用,那么,对象与知识之间只有因果联系。剩下的问题便只有,戴维森如何三角测量出这一对象?

戴维森指出,只要能获得交流者的意向状态,我们就能够依据交流者之间形成的基线,三角测量出交流者所谈论的对象。如第一节中"三角测量模型"图示所示,只要有了 AB 这条基线,以及∠A 和∠B 这两个意向状态之角,我们就可以知道世界中对象 C 的位置,突显的(salient)对象 C 就是原因。第一人称(the first person)当然能够知道自己的意向状态,那么,他是如何知道他者的意向状态呢? 戴维森的回答是:"对对象和事件不同的反应而建立起来的倾向对于正确地解释一个人的思想和言语至关重要。若不如此,我们便不能够发现别人的思想和话语所意味的东西。"[①]实际上,参与交流的理性生物不必然说同样的语言,也不必然具有发展完全的语言,只要理性生物能够对相同的对象和事件具有固定的倾向,第一人便能够通过观察推测出他者的意向状态。

但是,理性生物为何对相同的对象具有相同的倾向呢? 更深层的问题是,为什么理性生物通过观察就能做出推测? 如果两个理性生物具有不同的概念体系,对于相同的对象,倾向相同便不能保证意义相同。戴维森的回答很简单,原因是"因为我们被构造的方式(**进化论与此相关**),我们发现

[①] Donald Davidson, "Knowing One's Own Mind", in *Subjective, Objective, Intersubjective*, Oxford: Oxford University Press, 2001, p. 25.

这些反应很自然并且很容易被归类"①,以及我们在对彼此的理解中"运用了想象力,诉诸了关于世界的一般知识以及对人类兴趣和态度的觉察"②。因此,理性生物不可能具有完全不同的概念图式,尽管他们的概念体系可能会有所差异——在严格的意义上说,理性生物实际上或许并没有健全的概念体系,他们具有的只是相似的倾向,但理性生物具有的相似的理性结构已然足以使他们能够理解彼此的言语表达。尽管解释可能犯错,但错误可以在进一步的主体间的交流中得到纠正,在解决原因概念的宽度的不确定性中得到限制。

我们目前得到的结论是,知识的内容是世界中的远端对象。世界中的对象只与知识有因果关系,而不能为知识提供证成。对还原主义的拒斥使得我们无法把知识还原到具体的经验对象之上,因而,从经验一方,我们无法把一个具体的对象确定为知识的原因——尽管理性生物间的三角测量可以测出世界中的对象,但是奎因所揭示的翻译的不确定性予以我们警示,我们需要采取进一步的工作来确认人们所谈论的对象是同一的。

第三节 内容的客观性与同一性

戴维森所做的进一步工作主要是解决原因的宽度的不确定性问题。语言因素进入了三角测量模型,人际间的语言交流形成一道社会基线,为信念提供客观的内容。而我们的知识是诸真信念的集合,从而这条基线也为知识提供了客观内容。由于我们是在交流中确定知识的内容的,那么,在一个成功交流情境下,我们所谈论的对象必然是同一个对象。戴维森论述知识内容的客观性的推理步骤可以用如下两个三段论表述:

---

① Donald Davidson, "Epistemology Externalized", in *Subjective, Objective, Intersubjective*, Oxford: Oxford University Press, 2001, p. 202. 引文加粗部分为笔者所加。
② Donald Davidson, "The Social Aspect of Language", in *Truth, Language and History*, Oxford: Oxford University Press, 2005, p. 110.

信念的三段论：

命题1. 拥有一个信念，必须拥有一个信念的概念；
命题2. 拥有一个信念的概念，必须拥有一种语言；
命题3. 因此，拥有一个信念必须拥有一种语言。

交流的三段论：

命题4. 具有相似理性的生物交流必然依据语言；
命题5. 语言为我们的思想提供客观内容；
命题6. 因此，相似性的生物交流必然拥有客观内容。

可以看出，两个三段论的中项都是语言，语言起到了关键的作用。我们可以从戴维森的论述中抽出如下一条思路：首先论述信念的语言性，然后说明语言的客观性，最终得出信念内容具有客观性的结论。实际上，当知识内容的客观性得到说明时，内容的同一性也便得到了说明，我们会在具体论述中明白这一点。

一、信念的语言性

戴维森指出，当我们具有一个信念时，我们同时也具有关于信念的概念，概念是语言空间内的居民，从而我们只有在拥有一种语言时，我们才能真正具有信念，因此，信念是语言性的。戴维森用"惊奇"（surprise）这一例子对此做了说明。

设想我们相信自己口袋里有一枚硬币，当我们掏空口袋却没有发现任何硬币的时候，我们会感到惊奇，"惊奇涉及更深的一步。我起初相信我口袋里有一枚硬币是不够的，在掏空口袋之后，我不再会持有这一信念。惊奇需要我们意识到，我曾经所信与我将会所信之间的对比。然而，这一觉识（awareness）就是关于一个信念的信念"①。戴维森想要说明的是，持有

---

① Donald Davidson,"Rational Animals", in *Subjective*, *Objective*, *Intersubjective*, Oxford: Oxford University Press, 2001, p.104.

信念的某个人必然具有"认为自己所持的信念是正确的"这一信念,即信念的概念(命题1),否则的话,信念持有者便无法真正拥有一个信念,没有语言,他便无法使他具有的信念清晰化,甚至无法知道自己具有信念。根据戴维森,信念的概念是思想的充要条件[1],思想是语言的充分条件[2],因此,语言是信念的概念的必要不充分条件(命题2)。所以,拥有一个信念必须拥有一种语言(命题3)。

二、语言的客观性

语言在什么意义上是客观的呢?戴维森认为,语言实际上是在具体的对话中趋同的进行的理论(the passing theory that converges)[3]。"大多数语言学家和哲学家"都认为存在叫做"语言"的一种东西,它是交流的基础。戴维森则从解释的角度,认为存在两种理论,即"在先的理论"和"进行的理论"。"对于听者而言,在先的理论表述的是,他如何事先准备好去解释说话者的言语表达;而进行的理论表述的是,他**实际上**如何解释言语表达。"[4]戴维森指出,在实际交流中,对话者调整自己在先的理论而获得进行的理论;为使交流成功,对话者持有的进行的理论必然会逐渐趋向一致。这种趋向一致的进行的理论就是交流者实际拥有的语言。因而,事先并不存在语言这种东西,语言因此也是变动不定的,它没有一个本质。因此,戴维森所谓的语言的客观性绝不是指语言是柏拉图理念式的存在。

实际上,戴维森所谈论的语言的客观性等同于世界的客观性。传统的

---

[1] Donald Davidson, "Rational Animals", in *Subjective, Objective, Intersubjective*, Oxford: Oxford University Press, 2001, p. 104.
[2] Donald Davidson, "Thought and Talk", in *Inquires into Truth and Interpretation*, Oxford: Oxford University Press, 1984, p. 156.
[3] Donald Davidson, "A Nice Derangement of Epitaphs", in *Truth, Language and History*, Oxford: Oxford University Press, 2005, pp. 89 – 107.
[4] Ibid., p. 101.

语言观认为,语言是个在心灵与世界之间的纱幕,语言折射或反映实在。我们想要获得关于世界的知识,我们就必须用心灵的橡皮擦擦掉语言之镜上的污点。戴维森的观点与此不同,他认为,"在拥有眼睛、耳朵和拥有语言之间有一种可靠的相似:这三者都是我们用于直接与环境交往的器官。它们不是中介物、屏幕媒介或窗户"①,"我们不是通过(through)我们的眼睛,而是用(with)它们看"②。在我看来,戴维森的这一隐喻至少具有三层意思:第一,语言不是我们认知世界的中介;第二,语言和我们的感觉器官类似,当脑部受损时,我们可能丧失视力或行动功能,我们也可能丧失语言功能;第三,语言是命题知觉的器官,知觉事物的能力是和语言一起发展起来的,语言直接与世界打交道,在这过程中形成并丰富化。故而,语言中的东西与我们耳目之所闻、所见具有一样的客观性(命题5)。

三、信念内容的客观性

语言是拥有信念的必要条件,似乎语言的客观性便足以能说明信念的客观性。但是,这样的说明太过单薄,我们仍能提出如下的怀疑论问题:语言是概念性的,既然语言就等同于世界,我们便可以只在语言内部谈论信念;失去了经验法庭的约制,我们的信念便可能是脱离世界的主观臆想,我们的大部分信念可能都是错的。我们必须在此防范这种怀疑论,为信念内容的客观性提供进一步的论述。

那么,信念为什么本质上是真的,我们大部分的信念为什么不可能是错的?戴维森主要给出了如下三点理由:

首先,紧接着上文,信念是关于主体间的客观世界的信念。对话者之间的交流"依据每一交流者具有并且正确地思维他者也具有的关于共享的

---

① [美]戴维森:《意义、真理与方法——戴维森文选》,牟博编译,商务印书馆2008年版,第321页。
② 同上书,第320页。

世界概念以及主体间的世界。但这一主体间的世界概念是一个客观的世界概念,每一交流者都能获得关于这一世界的信念"[1]。信念是语言的,语言是客观的,从而信念也是客观的。

其次,错误的信念是可修正的。我们获得信念时并不拒绝犯错的可能,我们的信念可能是假的,但犯错的可能为我们提供了一个真之概念。戴维森强调解释和犯错的可能在产生真之概念的过程中的作用,"一个人不可能具有一个信念,除非他明白犯错的可能;这就需要抓住真与错误之间的对比——真信念和假信念。但这一对比只能在解释的语境中发生,这便强迫我们产生客观的、公共的真之概念"[2]。交流有效的语境中,解释者无论赞同还是否定说话者的信念,他的判断必须依据于同说话者相同的对象和真之概念;交流无效或失败的语境中,解释者犯了错,当解释者明白自己犯错时,他同时也一定抓住了一个真之概念,否则,他便无以意识到他犯了错误。这从逻辑上推测出真之概念保障我们可以发现错误的信念,并予以修正。

最后,也最为根本地,信念的非孤立性既保证了信念本质上是真的,也保证了我们不可能大量地犯错。我们不可能孤立地获得一个信念,在拥有一个信念时,我们同时必然具有许多其他信念。因为,当我们知道"雪是白的"时,我们必然知道雪不是黑的,知道白不是黑,知道雪不是雨。我们只有在一个信念之网内才能获得与定位一个信念。不仅如此,支撑某一具体信念的其他信念也为该信念提供证成。戴维森指出:"一切信念都在下述这种涵义上被辨明:它们为众多的其他信念所支持(否则的话,它们便不会是它们实际上所是的信念了),并且,它们具有据以推定其真实性的根据。……没有什么孤立的信念,不存在这样的信念,它没有据以对之做出

---

[1] Donald Davidson, "Rational Animals", in *Subjective, Objective, Intersubjective*, Oxford: Oxford University Press, 2001, p. 105.
[2] Donald Davidson, "Thought and Talk", in *Inquires into Truth and Interpretation*, Oxford: Oxford University Press, 1984, p. 170.

推定的根据。"[①]因果刺激不能为信念提供证成的作用,证成一个信念的只能是其他信念。正是这一种特征把"信念本质上是真的"与"我们不可能大量犯错"两个命题紧密联系在一起。如果我们所持有的一个自认为是真的之信念乃是假的,那么,我们可能付出的代价是,我们据以推测该信念为假的其他诸信念为真。反过来说,我们信念整体的真值决定了单个信念的真值。我们很难大量地犯错。

我们亦不可能大量犯错。戴维森认为,既然我们运用语言和世界进行无中介的接触,我们用语言打开的就是世界本身,我们关于世界的大部分信念是错误的这一思想既不可能,也无意义,因为:尽管信念是可错的,尽管我们当初获得错误信念的最初依据也可能是错的,但我们进一步发现信念的错误性以及判断依据的错误性乃是依据进一步的、更大范围内的信念整体的正确性;犯错的可能恰恰是对我们关于世界的大部分信念是真的这一事实的佐证;此外,如果我们是真诚地对待世界的人,怀疑自己是否是"缸中之脑"便毫无必要,也毫无意义。

四、信念内容的同一性

依据上述论证,我们已足以能说解决原因概念的宽度的不确定性问题。在因果刺激的一端,远端对象是知识的原因;在因果刺激的交流中的人的一端,如果解释者未能把说话者意指的对象做出正确的归因,以致把因果链系连到其他对象上的话,解释者就会犯错。但解释者所犯的错误是可以修正的,他可以通过修正他的进行的理论,使之趋向说话者的进行的理论,从而形成一种两人均认可的语言,在新形成的语言中,解释者和说话者成功交流。他进而可以对说话者意指的对象做出正确的归因,从而使得所谈论的信念的内容能够同一。于是,原因概念的宽度的不确定性问题便

[①] Donald Davidson, "A Coherence Theory of Truth and Knowledge · Afterthoughts", in *Subjective*, *Intersubjective*, *Objective*, Oxford: Oxford University Press, 2001, p. 153.

得到解决。

第四节 关于三角测量模型的争议

至此,我已经完成本章的主要工作:对世界客观性的证明。我们已经看到,三角测量模型能够保证交流者所谈论的是世界中的对象,并且这种对象具有客观性。但是三角测量模型本身是值得信赖的么?实际上,三角测量模型招致了很多非议,最后,我们不妨借助这些反对意见来加深对三角测量模型的理解。我需要事先进行说明的是,我并不打算介入关于三角测量模型的具体争议之中,给出几种反对意见的主要目的在于为理解戴维森的思想提供一些更为丰富的视角和面向,故而,我并不是要考察这些意见是否合理,我仅关注于运用它们来进一步解释三角测量模型。这允许我可能在理解这些反对意见上犯或多或少的错误。

我认为,主要有五种典型的反对意见:(1)三角测量模型是奎因《本体论的相对性》一书中相关理论的翻版(弗洛斯达尔[1]);(2)无需社会环境,我们就能确定思想话语的内容和意义(达马吉[2]);(3)孤独的个人就能确定内容的客观性(蒙特米尼[3]);(4)思考与交流并不需要世界的"客观性"这一概念(葛吕尔和帕金[4]);(5)三角测量模型中存在一个三角循环(拉瑟伦和马文[5])。

---

[1] See Dagfinn Føllestal, "Triangulation", in *The Philosophy of Davidson*, L. E. Hahn, ed., The Library of Living Philosophers, 1999, p. 724.
[2] See Talmage, Catherine J. L., "Meaning and Triangulation", *Linguistics and Philosophy*, 20.2, 1997, p. 144.
[3] See Montminy, Martin, "Triangulation, Objectivity and the Ambiguity Problem (Triangulación, Objetividad y el Problema de la Ambigüedad)", *Crítica: Revista Hispanoamericana de Filosofía*, 2003, pp. 38-39.
[4] See Glüer, Kathrin, and Peter Pagin, "Meaning Theory and Autistic Speakers", *Mind and Language*, 18.1, 2003, pp. 23-51.
[5] See Lasonen, Maria, and Tomá, Marvan, "Davidson's Triangulation: Content-Endowing Causes and Circularity", *International Journal of Philosophical Studies*, 12.2, 2004, p. 86.

第六章 解释学进路：戴维森三角测量模型对自然客观性的证成

一、三角测量模型是奎因理论的翻版吗？

弗洛斯达尔认为奎因那里早已有三角测量模型的理由是，奎因在解释杜威哲学时曾经写道："学习者不仅仅是在语音上通过听另外一个说话者说话来学习语词；他也必须能看到对象；除此之外，为能抓住语词和对象之间的相关性，他必须认为说话者也看到了对象……我们每一个人，如同他学习语言一样，是他的邻人的行为的学生；相反地，在他的努力在被赞成或者被纠正的情况下，他是他的邻人学习的对象。"①奎因的这段话似乎暗含着三角测量模型。

作为奎因的学生，戴维森直言不讳地承认自己受到了奎因的影响，但他提请弗洛斯达尔注意他与奎因的三点不同②，其中与本章相关的两点是：第一，戴维森持有远端理论；第二，戴维森用彻底解释取代彻底翻译。戴维森在别处提及他的彻底解释的方法与奎因彻底翻译的方法之间的基本差别，"这种差别在于对支配解释的原因所做出的选择的性质。奎因使解释依赖于感觉刺激的范型，而我（指戴维森——笔者注）则使之依赖于语句按照解释所论述的那些外部事件和外部对象"③。奎因用"宽容原则"来缓和翻译的不确定带来的麻烦，戴维森起初用"最大化的一致"（maximize agreement）来使得解释尽可能地成功，但他后来恰恰是运用三角测量模型取代了"最大化的一致"的说明。我认为，我们可以说三角测量模型是奎因相关思想的进一步发展而非翻版。

---

① W. V. O. Quine, "Ontological Relativity", in *Ontological Relativity and Other Essays*, New York: Columbia University Press, 1969, p. 28.
② Donald Davidson, "Reply to Dagfinn Føllestal", in *The Philosophy of Davidson*, L. E. Hahn, ed., The Library of Living Philosophers, 1999, p. 729.
③ [美]戴维森：《意义、真理与方法——戴维森文选》，牟博编译，商务印书馆2008年版，第355页。

二、社会环境是必要的吗?

达马吉抓住了戴维森表述的细微之处进行发难。戴维森认为,在交流中,我们每个人应该提供给别人的是一些"可以被理解为语言"的东西①,这些东西不必就是语言。达马吉质疑道:"如果作为一门语言的使用者的关键之处仅仅是给出可被解释的言语,那么,不需要社会环境,某人就可能有意义地说话。"②我认为,达马吉的指责并不合理,因为她忽略了意义得以确定的社会维度。只有在社会中才会有真与假的对比,言语才会有意义,才能构成测量出远端对象的基线,对象才能够具有客观性。即使在理性生物的层面,具有相似理性结构的生物也会形成一个社会。达马吉忽视的是,只要存在两个有效的对话者,社会环境就会形成。真正的问题是,第二人称是必要的吗?一个孤独的个人是否就足以保证内容的客观性?这便是蒙特米尼提出的诘难。

三、孤独的个人能确定内容的客观性吗?

蒙特米尼实际上认识到了孤独的个人不能保证意义和内容的客观性的两个原因:第一,如若要能在正确和错误的倾向之间做出区分,我们就需要一个做出判断的基础;第二,我们需要确定内容是远端对象,还是近端刺激。③ 我们只能在社会环境中谈论客观性。但蒙特米尼指出,我们有如下三点理由认为孤独的生物也具有"犯错"的意识,从而能够把握客观的真

---

① Donald Davidson, "The Second Person", in *Subjective*, *Intersubjective*, *Objective*, Oxford: Oxford University Press, 2001, p. 99.
② Talmage, Catherine JL. "Meaning and Triangulation", *Linguistics and Philosophy*, 20. 2, 1997, p. 139.
③ Montminy, Martin. "Triangulation, Objectivity and the Ambiguity Problem (Triangulación, objetividad y el problema de la ambigüedad)", *Crítica: Revista Hispanoamericana de Filosofía*, 2003, p. 28.

之概念,"首先,孤独的生物可以把它当下的反应和过去的反应相对照……第二种可行的方法是,孤独的生物可以检测它当下的反应是否与它目前所承认的一般原理(generalization)相符合……第三,孤独的生物可以把它的实际的反应同在相同的情境下,但通过不同方面的观察得到的反应相比较"[①]。

我认为,蒙特米尼的三个理由都很牵强。第一个理由中,为什么过去的反应可以作为当下反应正确与否的依据?如果这两种反应不一致,可能两种反应中一种是错误的,或者两者都是错误的,我们如何确定哪一个反应是错误的呢?再者,判断过去的反应正确与否的依据只能是进一步的"过去的反应",这是一个无穷倒退。第二个理由中,一般原理是如何获得的?既然它不是从主体间获得的,那么,它是一种先天概念,还是在时间中漫游的孤独之人的因果刺激的累积?无论如何,蒙特米尼需要对这一神秘的一般原理做出更多的说明。最后一个理由中,我们如何从不同方面对反应进行观察?因为我们只有在认知了一个反应之后,才能在不同方面之间对它做出区分。做出区分就涉及到概念判断。那么,蒙特米尼实际上预设了孤独的个人已经具有使用概念做出判断的能力了,从而他的论证是一种循环论证。所以,蒙特米尼并未提出任何令人信服的理由让我们相信,三角测量模型中"他者"是不必要的。

四、经验世界的客观性是必要的吗?

葛吕尔(K. Glüer)和帕金(P. Pagin)的意见与罗蒂对戴维森的不满相似,用罗蒂的话说:"我们的绝大多数观念一定是正确的这一事实,就保证了我们认为自己现在谈论的绝大多数事物是存在的。"[②]戴维森为何苦心孤诣地经营自己的三角测量模型呢?我认为,有如下三点理由:首先,三

[①] Montminy, Martin. "Triangulation, Objectivity and the Ambiguity Problem (Triangulación, objetividad y el problema de la ambigüedad)", *Crítica: Revista Hispanoamericana de Filosofía*, 2003, pp. 38–39.

[②] [美]罗蒂:《罗蒂文选》,孙伟平等编译,社会科学文献出版社2007年版,第112页。

角测量模型能够有效地抵制基础主义和还原论,该模型说明了远端对象并不是知识的基础;其次,三角测量模型提供了一种语义外在论,远端对象虽然不是知识的基础,但是它是可以被谈论的,我们可以通过语言交流进一步确定它在世界中的位置,从而意义也得以确定;最后,该模型还可以有效地抵制怀疑论,正因为世界是客观的,我们的绝大多数观念才不会是凭空臆想出的。这或许就是戴维森始终不愿放弃世界与概念之间的因果联系的原因。

五、三角循环是一个恶的循环吗?

拉瑟伦(M. Lasonen)和马文(T. Marvan)指出,戴维森三角测量模型中存在一个三角循环:只有知道了说话者所意味的对象才能对之做出解释;只有能对说话者做出解释,才能确定说话者意味的对象;解释者既不能把说话者还原为自己心灵的成分,也不能把他归约为世界中的对象,对话者具有在认识论和本体论上相同的地位。因而,我们可以从三角测量模型中的任意两端推测出剩下的一端(AB→C,AC→B,BC→A),从而形成一种循环(A↔C↔B)。

拉瑟伦和马文认为我们必须克服这种循环,在这一循环之外找到一种解释的基础。实际上,戴维森本人并不避讳这一循环。国内学者王静认为:"这一循环的根本原因在于语言意义与信念的相互依存和纠缠关系,在论证策略上有时为了某一当下的目的设定另一个为前提或背景,反之又以另一个为前提或背景,因而会造成这种论证上的循环感。但是,我们应该看到,这种循环并不是原地踏步,而是每一轮循环都深化了语言意义与信念之间的关系。"① 因而,三角循环是一个善的循环,它不会损害戴维森的论证。

我认为,王静只回答了问题的一个方面,我们还应回答,为什么不需要

---

① 王静:《戴维森纲领与知识论重建》,科学出版社 2013 年版,第 105 页。

第六章 解释学进路：戴维森三角测量模型对自然客观性的证成

超出这一循环。拉瑟伦和马文的质疑其实可以在戴维森理论内部被消解，这两人所谓的超越于测量模型之外的"基础"实际上已根植于解释者和说话者之中。戴维森指出，我们自出生始，便置身于文化与传统之中，浸染于规范之内；解释者和说话者处于相同或相似的学习语境里，学习语词与事物的联系方式，学习如何说话。这使得我们不必超出这一循环就能任意且牢固地连接起三角测量模型中的两端作为基础。当然，更为根本的基础是，主体间联结起的社会基线。

小结：自然空间的客观存在

戴维森的哲学特征之一在于，他的思想呈现出体系性，往往牵一发而动全身。其中的关键原因，在我看来，一方面是因为戴维森对"语言和世界、说话者的意向和语言的意义、语言和心灵、语言和身体、心灵和世界，以及心灵和他心等等之间的关系"[1]等问题持之以恒的关注；另一方面，较之于奎因，他坚决抵制经验的证成作用；较之于罗蒂，他又不愿放弃知识与经验世界之间的因果关系，他积极为经验世界的客观性提供说明，保证信念是"言之有物"的，而非凭空臆想；较之于布兰顿，戴维森则又从人所具有的意向状态出发，而不仅是端坐在概念空间之内讨论存在的对象。我们可以从他的三角测量模型看出他的这一思想特色。

第二章中，戴维森对经验主义第三个教条的批判予以经验世界以致命一击，相比之下，本章中所讨论的戴维森则做出了挽留经验世界的姿态。当然，当经验的证成作用被抛弃时，我们将无法再次从经验出发。毋宁说戴维森三角测量模型的起点是解释，并且社会基线起到了重要的作用，对象的客观性是解释得以可能和成功的依据。布兰顿也持有这种思想，认为

---

[1] Marcia Cavell, "Introduction", in *Truth, Language and History*, Oxford: Clarendon Press, 2005, p. xii.

内容存在是推论的前提和基础。罗蒂对此颇感不满，他认为既然我们已经无法直接谈论经验世界，既然我们均是在概念的逻辑空间内摆脱不了语言的枷锁，那我们索性不如放弃经验世界，把重心安置在语言之内。戴维森和布兰顿从概念的逻辑空间一方谈论世界概念可能尚不足以引起罗蒂极大的不满，接下来的第三部分的研究将直接从自然出发，探寻一条从自然到概念的连续的道路，或许，罗蒂会对这样的探究思路更感愤愤不平。

　　总结来说，第四章中，戴维森的解释的语义因果理论让我们认识到，尽管我们能够合理地承认自然空间存在，但是我们仅能对之做出本体论的承诺；第五章中，布兰顿结合起形式语义学和实质语用学的哲学事业也似乎仅能让我们止步于语义内容——尽管布兰顿本人认为，这足以证明我们谈及的是对象本身；第六章中，戴维森的三角测量模型也对经验世界的客观性做出了承诺，并且通过主体间交流形成的社会基线，我们可以测量出处在自然空间中的远端对象，"测量"在此意义上近似于布兰顿所说的"谈及"，这种"纸上谈兵"的方式仍旧只能在逻辑上或会话中说明，而不能现实直接地将自然空间立的内容披露给我们。第一部分的讨论或许已经让我们明白，戴维森和布兰顿不可能会试图直接向我们披露自然的特征，承继对经验主义进行批判的传统，他们均否认因果刺激能够起到证成知识的作用。这样一来，自然空间至多只能在作为知识的来源，限制认知，以及作为交流的前提和基础等意义上得到语义和语用上的辨明。在此意义上，自然空间和逻辑空间的勾连是松散的，第三部分的探究或许会让我们能够将二者更为紧密地勾连在一起。

第三部分
世界的丰富

本部分的讨论将探究的起点安置在自然空间之内。从自然空间出发，勾连两种空间就是去揭示规范的自然起源，揭示自然中如何生发出意义乃至价值，揭示如何从最初的对自然环境的反应或其他某种起点逐步过渡至概念空间。本部分的探究从自然空间一方着手，试图论述概念空间和自然空间之间的勾连，在此意义上，丰富"世界"概念的内涵。本部分的探究与上一部分的探究关键的不同之处在于，自然的探究避免以人已具有的概念和规范为起点，而以自然本身为起点。以自然为起点意味着首先消除人和动物之间的界限，将人作为动物的一个种类，人所具有的概念和规范因此不应被事先设定，它们的出现本身就是一种"何以可能"的问题。

然而，经过前两个部分的探究，我们认识到以自然为起点的探究需要防范还原论等错误，避免把因果刺激当作知识的基础和起点。这要求我们从自然中发现规范性的或有模式的东西，并就这些模式如何育生概念性的规范做出说明。沿着这一思路，我们将认识到，从自然空间一方进行探究的合理起点是某种能够蕴生规范的反应模式，而行为是这些模式可以附着于其上，并可以为我们所观察的基本单位。

第七章的讨论以意识问题为中心，我试图说明关于意识研究的两种方向，一种是向上的规范研究，另一种是向下的自然研究。我认为，我们应该试图融贯地谈论这两种研究，以保证自然空间和概念空间之间的连续性。具体地说，德雷斯基认为意识直接体现在生物应对自然环境的活动中，因此意识是外在世界中的一阶之物。麻醉学上的意识研究则表明，意识形成于脑内神经元的联结过程中，因此意识是脑内过程的结果。关于意识的高阶理论则认为，拥有意识必须拥有关于意识的概念。德雷斯基的研究是向下触及自然空间的，麻醉学的研究也是向下触及具体的脑内状态的，而意识的高阶理论则向上溯及概念。我认为，应该融合这三种关于意识的研究。

第八章对米丽肯"生物语义学"的讨论中，我也注重讨论两个空间之间的勾连。"正当功能"是米丽肯哲学中一个核心概念，它是生物在应对自然的历史中获得的具有稳定性的功能，它系连起了语言的人工装置和语言的自然装置，由于正当功能是在自然的进化史中形成的，米丽肯的做法导致了语言的自然化。

第九章讨论了杜威的语言哲学。杜威的语言哲学强调语言和经验密不可分，语言生成于自然之中；他同时也强调社会因素在语言形成过程中所起到的重要作用。杜威的语言观既强调自然性，又强调社会性，他的思想为弥合当代哲学中自然主义和推论主义的分裂提供了一条有益的思路，并就自然空间和概念空间之间勾连给出了细节上的说明。

第七章
脑内与脑外世界的融合：基于德雷斯基和麻醉学研究对意识的分析*

如果经验世界中空无内容，或者经验世界即便具有内容，但经验世界本身却是不可谈论的领域，我们还会具有意识么？在谈论意识时，马尔康姆（N. Malcolm）提议我们首先对该词进行语法的考察，他区分了意识的及物用法和不及物用法。① 意识的及物用法中，意识总是指向某物，意识具有经验内容，这种用法中，意识一词可以与觉识（awareness）互换，具有关于某物的意识就是觉识到某物；而意识的不及物用法则指意识的获得或意识状态，这种用法中，"意识"和"无意识"是相对的概念，例如某人忽然意识到什么，因此由一种无意识的状态变成有意识的状态。这种用法不要求意识具有内容，因此不可以与"觉识"互换地使用。多数研究都在及物的意义上谈论意识，失去及物意义上的意识意味着失去内容。然而，意识的内容是什么乃是一个具有争议性的问题。

"意识能够意识到什么？"这个问题问及的不仅是意识的对象形式，它还问及自然被呈现给我们或作用于我们的方式，前一方面涉及我们以何种方式接收的信息，而后一方面涉及自然发出了怎样的信息。沿着这两个方面研究意识形成了研究意识的两个方向，一是在脑中、机体内部或概念空间等人们借以接受和处理信息的一方研究意识，这类研究在人机体内部的一方展开，可以被视为关于意识的向"内"的探究，亦主要是关于脑的向内

---

* 本章主要内容发表于《自然辩证法研究》2018年第1期，标题为"融合意识研究的上行和下行路径"。

① D. M. Armstrong and & Norman Malcolm, *Consciousness and Causality：A Debate on the Nature of Mind*, Oxford：Basil Blackwell Publisher, 1984, p. 3.

的探究；另一类研究则以外在的自然为语境，把人视为自然中的生物，探究意识的自然起源，因为我们需要考量因果刺激、行为等从外而来或在外在的情境中发生的事件，这种关于意识的探究是外在于脑的向"外"的探究。本章旨在对这两种探究方式进行说明，并试图指出对意识的研究应该兼顾两个方向。

第一节以德雷斯基对意识的分析为切入点，德雷斯基的重要洞识在于，认为可以在不知道对象或者事实为何的情况下具有意识，这便意味着关于某物的意识不必知道某物是什么。德雷斯基的这一观点典型地体现在他对关于意识的"高阶思想"（HOT）的批判之中。HOT理论是关于意识的二阶理论，这种理论认为我们需要意识到意识，或者说意识到内容是什么才能够具有意识。"内容是什么"的表述已经涉及对内容的判断，其形式可能是关于内容的信念或知识，或者内容只是由原初的刺激变为概念化的对象，不管在何种意义上，HOT理论接近于理性主义者的立场，我们可以把它视为向内的探究的形式之一。德雷斯基认为意识体现在应对自然的直接行为之中，行为必须能够使得生物获得生物学上的价值，当某一生物能够采取某一行为时，它就是有意识的。德雷斯基对意识做了功能主义的描述，由于他在应对自然的情境中解释意识，他的解释方式是一种关于意识的向外的解释。

第二节以麻醉学中的意识分析为例，讨论了一种典型的向内的解释策略。神经学的研究往往把对意识的解释还原至脑中神经元的活动或模式，哲学家们往往指责这种解释是一种还原论的解释方式，有些哲学家也认为，描述脑部的活动并未对行动、信念、思想、意向等提供任何解释。我指出，如果把神经学关于意识的科学现象的描述当作一种关于精神状态的解释的话，的确有重重风险；但是，如若神经学不做相关的解释，便会导致副现象论的问题；我们权宜的做法是找寻到一种恰当的解释方式。我认为，德雷斯基关于意识的功能主义的描述恰恰能够帮助神经学的研究找到一种合宜的解释方式，如果认为在神经元战争中神经元被整合并在机体中促

第七章 脑内与脑外世界的融合：基于德雷斯基和麻醉学研究对意识的分析

动相应的行为，且这些行为具有生物学上的价值，那么，关于意识的向内的研究和向外的研究就可以在"行为"这个沟通点上一致起来——当然，这里所说的"行为"不同于行为主义者的理解。我将在第三节中展开对这一思想的讨论。我在第八章后的补篇对神经实用主义进行了分析，其中将会涉及对该问题做出进一步讨论和补充。

一般认为，HOT 理论和德雷斯基的意识理论是关于意识两个方向上的不兼容的研究。我在第四节中也试图连贯起两种长久以来互相攻讦的理论。基于如下两个理由，它们可能和解：首先，它们可以通过"行为"这个沟通点互相补充；其次，虽然本主题的研究试图勾连自然空间和概念空间，试图消解两种空间之间的间隙，但是，如果把两种空间理解为对具有不同属性的对象的表述的话，HOT 理论在概念的空间中有着更好的适用性，而德雷斯基式的理论则在自然的空间中更为适用，注重两种理论的不同适用范围，要求我们采取一种实用主义的理论态度。这一理论态度也消解了心（意识的向内维度）—物（意识的向外维度）之间的本体论界限，本章的小结部分会对这一判断做出解释。

从向内和向外两个方向谈论意识，也相应地容纳了两个方向上的世界。连贯地讨论两个方向对意识的理解，同时暗示着两个方向上的空间之间的连续性。

第一节 对 HO 理论的批判与对意识的功能主义说明

关于意识的"高阶理论"（Higher-Order Theory，以下简称 HO）认为只有在意识到自己的意识时，精神状态才是意识性的。HO 有两种不同的表述形态，一种是 HOT 理论，该理论认为，只有在意识到（相信、知道）自己的经验时，生物才具有有意识的经验。这种理解把对经验的概念性的二阶理解作为把握意识的前提。罗森塔尔①是这种观点的代表人物,他在"精神实在"(mental reality)和"精神表象"(mental appearance)之间做出了区分,认为:"一切精神表象都是 HOT 的内容。一般情况下,这一内容反映了一阶状态的本性,但是主观表象可以在没有任何一阶状态的情况下发生。"②罗森塔尔式的观点较为温和,他认为 HOT 无需认识到对象具体"是什么",而只需知道它"像是什么";而有些 HOT 理论的支持者,例如维斯伯格(J. Weisberg),则认为 HOT 必须是关于对象"是什么"的意识。③ 然而,无论是较强的还是较温和的 HOT 理论的支持者,都认为意识可以在没有一阶表象的支持下发生。

HO 的另一种形态是关于意识的"高阶知觉"(Higher-Order Perception,以下简称 HOP)的说明,该观点认为,只有在我们具有了更高阶的知觉(例如经验)时,精神状态才是意识的。阿姆斯特朗(D. Armstrong)④以及莱肯(W. Lycan)⑤等人是这一观点的代表者。

HOT 和 HOP 的主要区别在于,HOT 理论要求我们在意识中已经对精神状态做出判断,此意义上的意识已经是一种思想。HOP 理论则没有这么高的要求,它仅仅要求意识已经体现为一种"内在的感觉"。HOP 理论的错误之处较容易发现,德雷斯基指出:"HOE(Higher-Order Experience 的简称,等同于 HOP——笔者注)理论似乎做出了错误的推理,因为这种观点认为精神表征是在脑袋中的,心灵是在那里的,因此,我

---

① See Rosenthal, David M., "Two Concepts of Consciousness", *Philosophical studies*, 49. 3, 1986, pp. 329 - 359. Also see Rosenthal, David M., *A Theory of Consciousness*, Zentrum für interdisziplinäre Forschung, 1990.
② Rosenthal, D. "A Theory of Consciousness", in *Nature of Consciousness: Philosophical Debates*, Ned Block, Owen Flanagan & Gliven Guzel dere eds., Cambridge: MIT Press, p. 411.
③ See Carruthers, P., "Higher-Order Theories of Consciousness", *The Stanford Encyclopedia of Philosophy* (Fall 2016 Edition), Edward N. Zalta ed., URL = ⟨http://plato.stanford.edu/archives/fall2016/entries/consciousness-higher/⟩.
④ See David Armstrong, *A Materialist Theory of the Mind*, Cambridge: Routledge, 2002.
⑤ See William Lycan, *Consciousness and Experience*, Cambridge: MIT Press, 1996.

第七章 脑内与脑外世界的融合:基于德雷斯基和麻醉学研究对意识的分析

们能够通过内省意识到我们在思想和经验什么。"①按照德雷斯基的理解,HOP 既犯了把心灵视为所予的错误,也犯了戴维森所谓经验主义的第三个教条的错误,即认为存在一个能够借以内省内容的心灵图式(这两个错误乃是同一个错误)。

德雷斯基讨论的重点在于对 HOT 理论的批判之上,他认识到 HOT 理论避免了 HOP 理论的错误,但是 HOT 存在两个显而易见的问题。第一个问题在于,"儿童成长研究表明,儿童到了大概三岁的时候才具有关于思想和经验的观念……他们也在这个时候才开始明白表征的概念"②。因此,我们很难明白在这个年龄的幼孩如何具有 HOT。HOT 理论的持有者也无法研究动物意识,这在后果上导致了动物以及三岁以前的幼孩和具有思想的人类之间存在分裂。

HOT 理论的第二个问题在于,它颠倒了获得意识的实际顺序。罗森塔尔认为,关于感觉细节差别的意识很快能超过我们概念的来源。也就是说,意识由于是思想性的,它会运用已经具备的概念能力将它的思想范围扩充地比它最初的自然来源的范围更大。然而,德雷斯基针锋相对地指出,意识到经验上的差异不可能在 HOT 中完成,这个顺序与意识实际发生的顺序是颠倒的。我们只有在世界中意识到经验上的差异,而后才能在思想中进一步区分这些差异。如果接受德雷斯基的解释顺序,概念上的创造只是关于自然的表达,我们从中可以理解为什么德雷斯基在精神事实和表征事实的关系上持有一种较强的观点:"(1)所有的精神事实都是表征的事实;(2)所有的表征事实都是关于信息的功能的事实。"③

要理解德雷斯基这一较强的观点,我们需要直接讨论他的意识观。德雷斯基认识到,石头是没有意识的,但我们有。视、听、嗅、味、触都是意识的形式或获得意识的通道,当我们能够视、听、嗅、味、触时,我们便有着关

---

① Fred Dretske, *Naturalizing the Mind*, Cambridge: MIT Press, 1997, pp. 108 – 109.
② Ibid., p. 110.
③ Ibid., p. xiii.

于"它"的意识,这里的"它"在最初的自然发生论的意义上指的是什么呢?德雷斯基回答到,我们"所意识到的是关于对象的东西,而非关于对象本身"[①]。试分析如下两种表达式:

(1) S 具有关于 x 的意识或意识到 p ⇒ S 是有意识的(S is conscious of x or that p ⇒ S is conscious)[②]

(2) S 具有关于 x 的意识或意识到 p ⇒ S 具有关于某物的意识状态(S is conscious of x or that p ⇒ S is in a conscious state of some sort)[③]

(1)和(2)是对意识的两种不同的理解,德雷斯基对"物的意识"(thing-consciousness)和"事实意识"(fact-conscious)做出了区分,认为前一类意识相应于(1),这类意识只是对意识状态的拥有,拥有这类意识的生物无需具有关于它们意识的意识、经验、信念或判断等二阶意识。(2)则寓示着另一种对意识的理解,即意识必须是关于某种事实的,不管事实的形式是什么,这意味着意识具有特定的内容。德雷斯基指出:"HOT 理论借助一些使用到概念的高阶思想,例如实体、高阶精神状态等而把经验视为意识的。而我的关注点在于……揭示关于经验的意识无需是关于事实的意识。"[④]

无概念的意识究竟如何可能?德雷斯基先提出了这样的问题:生物具有意识是什么意思呢?可能的解释之一是,生物意识到了对象或对象的显像;另一种可能的解释是生物因为意识到了一个 X(我们暂且不论 X 是什么)而采取某些行为,当生物能够采取这些行为时,它就具有关于 X 的意识。前一种是 HOT 理论的解释,即意识到对象"是"什么或"像"什么。

[①] See Fred Dretske, "What Good is Consciousness?", in *Perception, Knowledge and Belief: Selected Essays*, Cambridge: Cambridge University Press, 2000, p. 181.
[②] Fred Dretske, "Conscious Experience", in *Perception, Knowledge and Belief: Selected Essays*, Cambridge: Cambridge University Press, 2000, p. 121.
[③] Ibid., p. 122.
[④] Ibid., p. 133.

然而，如果采取后一种解释，我们便可以认为："当意识状态和生物的意识性的行为一致时，生物便无需意识到这一些意识状态本身以获得意识。使得它们成为有意识的生物并非是因为它意识到了行为，而是因为采取行为意味着生物具有意识。"①

采取行为，例如羚羊看见狮子便会逃跑，意味着生物能够获得生物学上的优势。德雷斯基指出，获得生物学上的优势是意识能够意识到 X 的原因。

> 如果动物不能够看、听、闻或者尝它们环境中的物体，它们如何发现食物和同类，避开猎捕者，建造巢穴，织网，避开障碍物，或者更为一般地，为了生存和繁衍而做的日常事务。如果让一个能够意识到其敌人（敌人在哪，它们正在做什么）的动物和另一个没有意识到这些情况的动物竞争的话，结果可想而知。具有意识的一方会举起胜利的旗帜。毋庸置疑，这也是动物具有意识的原因。如果把你的意识状态拿走了……你就是个植物了。②

生物意识到对象是蘑菇、狮子等对它而言并不会增加生物学上的优势，它只需意识到蘑菇是红色、狮子的出现意味着危险，在此意义上，它尚未具有关于对象的概念。

德雷斯基进一步运用汉弗莱（N. Humphrey）③对一只名为海伦的单身猴子的研究来反驳 HOT 理论。海伦最初通过手术被移除了视觉皮质，它最初几乎放弃了"看"东西，但它渐渐在一定程度上恢复了视觉能力，它可以绕过障碍物，甚至能够伸出手抓住飞过的苍蝇。它的空间感知能力渐

---

① Fred Dretske, "What Good is Consciousness?", in *Perception*, *Knowledge and Belief*: *Selected Essays*, Cambridge: Cambridge University Press, 2000, p. 183.
② Fred Dretske, *Naturalizing the Mind*, Cambridge: MIT Press, 1997, p. 118.
③ See Nicholas Humphrey, *A History of the Mind*: *Evolution and the Birth of Consciousness*, Springer Science & Business Media, 1999.

渐弥补了它失去的视觉能力。运用 HOT 的理论根本解释不了海伦现象，海伦非但不具有关于经验的二阶意识，它甚至不具有视觉上的输入。然而，汉弗莱的实验说明了海伦依旧具有对于周围对象的意识，它可能是通过其他感官，或者某种空间感知能力而具有意识状态，这种意识状态虽然不是关于周围环境中具体对象的，但是它能够有助于海伦生存下去。

德雷斯基对 HO 理论（包括 HOT 理论和 HOE 理论）的批判表明，我们无需实现具有关于意识的意识便能够具有意识，这就意味着有意识的生物无需是概念空间内的居民。德雷斯基对意识进行了功能主义的说明，认为意识的功能在于使得生物获得生物学上的价值，这种意义上的意识一定与生物所置身的周边环境紧密相关。

然而，由于这一阶段的意识内容尚无需是清晰的对象，如若我们想要说明知识的自然起源，我们还需要对"意识状态如何进一步产生概念化的意识，即思想"做出进一步的说明。我将在第八章第四节以及第九章中接着这一问题进行讨论，当前的要点是，我们认识到意识有着"向外"的维度，德雷斯基的意识理论拓展了我们对意识的理解，意识不仅仅是关于被概念所包括的对象的，更为根本或原初地，它体现着一种生物性的功能，即是说我们（生物）拥有意识意味着我们与外在世界有着直接的接触，世界并非一个可以被消除的存在，它是我们意识的起源和生成的基础。

第二节　麻醉状态下的意识分析

德雷斯基认为 HOP 理论是错误的，我们不能把意识还原为心灵或脑中的刺激，他对意识进行了向外的探究。然而，如若我们继续执意向内探究，或许会有其他的认识？当代临床医学对意识的研究向我们展示了诸多内在的细节，本节拟以麻醉状态下的意识分析为例，先给出关于意识研究的一些事实，而后在下一节中对这一事实作出反思。

关于麻醉，存在着一种叫做"麻醉觉醒"（anesthesia awareness）的异常

第七章　脑内与脑外世界的融合：基于德雷斯基和麻醉学研究对意识的分析

恐怖现象,大概每一千名接受全麻手术的人中有一两名会在失去身体控制能力以及语言表达能力的情况下却仍然保持着清醒的意识。他们可以清晰地听到医生的对话,感到手术刀切肤的疼痛,然而他们无可奈何,任人摆布。有着麻醉觉醒的人承受着巨大的生理疼痛,有时可能形成严重的心理上创伤。鉴于此,意识也成为麻醉学研究的重要对象。

麻醉觉醒现象给某些版本的功能主义①以当头棒喝,只有合理的行为而无意识的机器一般被称为"哲学僵尸",而麻醉觉醒现象提请我们注意存在有意识但无行为能力的人,这些人显然是具有智能的人(有人称这种情况下的人为"逆僵尸"[inverse zombie]。②)因此,判定机器是否具有人工智能,不能仅依据其行为是否具有合理性。一方面,逆僵尸的存在直接证伪了功能主义;另一方面,我们是从第三人称视角来判断行为的合理性的,当我们声称鲁比具有人工智能时,我们在做类比的分析,我们通过观察鲁比的行为而相信它的行为中蕴含着一套与我们类似的行为模式,但我们是在意识中"立义"鲁比这个对象,这里存在着一个隐蔽且不合法的跳跃:我们

---

① 功能主义主要是解释精神状态的一种理论取向,由于精神状态是不可观察的,人们便倾向于认为精神状态不取决于人们内部的心灵构造,我们应该通过它所起到的功能、作用以及研究它在一个系统中所占据的位置等方式来研究它。但功能主义有着诸多的版本,莱文(J. Levin)认为,主要存在三种功能主义的版本,即"机器状态的功能主义""心理功能主义"和"分析功能主义"。机器状态的功能主义认为,任何有着心灵的生物都可以被视为是图灵机(一种理想化的具有无穷运算功能的电脑),我们可以通过一组指令来操作这一机器,特定的输入会有相应的输出,于是,我们可以用研究相应的指令来代替对机器内部机制(在人这里,可以理解为精神状态或心灵)。心理功能主义则认为精神事件及其过程是那种借助我们对人类行为做出最好的解释而获得的实体,因而这种观点转向了对人们可观察的行为的研究。分析的功能主义则旨在通过对功能的分析来对内在的刺激、精神状态等做出翻译。(See Levin, J., "Functionalism", *The Stanford Encyclopedia of Philosophy* [Winter 2016 Edition], Edward N. Zalta ed., forthcoming URL = ⟨http://plato. stanford. edu/archives/win2016/entries/functionalism/⟩.)

上述版本的功能主义均把对内的研究转变为对外的研究,因此,可能面临着"哲学僵尸"的问题。然而,对内与对外的研究也可能是融贯且连续的,如若能够合理地联系起两个方向上的探究,我们或许可以发现一种可以避免哲学僵尸问题追问的功能主义,我将在下一节中揭示,德雷斯基版本的功能主义恰能够与关于意识的向内的描述融合。

② See LaRock, E., "Philosophical Implications of Awareness during General Anesthesia", in *Consciousness, Awareness, and Anesthesia*, George A. Mashoured., New York: Cambridge University Press, 2010, pp. 233 - 234.

在断定鲁比的行为具有类似于自己的合理性同时,也潜在地承认鲁比也有着我们所具有的意识——然而,鲁比却只是一个哲学僵尸!鲁比若具有人工智能,它必须具有自己的第一人称视角,即具有意识。它需要能够同时以第一、第三人称视角对行为做出命题态度的归因。① 麻醉觉醒现象的存在不仅揭示了某些版本的功能主义的错误,这一现象还敦促那些直接放弃谈论意识概念的人们②以某种方式情非得已地重操旧业。

虽然麻醉觉醒恐怖,但不幸者甚少,绝大部分人会在麻醉剂的作用下失去意识。意识是如何消失的呢?密歇根大学医学院的著名麻醉学教授马舒尔指出:"正如睡眠研究领域中的情况一样,麻醉学中的传统观点认为,在全麻情况下,大脑在某种程度上被'关闭'。而最近的研究数据以及对麻醉机能的表述表明,受抑制的并非是神经活动,而是对神经信息的综合功能受到了压制"③。马舒尔多年来强调的观点是,在全麻状态下,感觉神经仍然是活跃的,但感觉神经之间的联系却被割断了,而意识是对这些感觉神经刺激综合所产生的结果。"有越来越多关于麻醉状态下大脑功能的研究表明,对来自大脑多个不同部位的信息加以综合的能力是衡量意识的最佳指标。马舒尔指出,有些人甚至认为这种不同脑区之间的通讯交流

---

① 或者,在德雷斯基对意识的理解的意义上,其行为能够具有生物学上或其他方面的价值。引入人称的视角便对 HOT 理论做出了认可,在讨论人工智能的意义上,HOT 理论是可以接受的。
② 这些人中不仅包含功能主义者、行为主义者、物理还原主义者等试图用其他种类的语汇来描述意识的人,还包括那些因为意识概念难以把握或模糊不清,而倡导我们放弃或暂时悬置对意识的讨论的人。心理学上,巴斯(B. J. Baars)指出:"意识经验无疑是心理学中最为著名,最为令人困惑且最具争议的一个节点。"(See Baars, B. J., *A Cognitive Theory of Consciousness*, Cambridge: Cambridge University Press, 1988, p. xv.)哲学方面,埃利斯(R. Ellis)也谈及意识的形而上地位与其所起到的认识论作用之间牵牵绊绊的关系。(See Ellis, R., *An Ontology of Consciousness*, Springer Science + Business Media Dordrecht, 1986, pp. 1 - 2.)著名的认知心理学家米勒(G. Miller)则表示:"意识是被千万人自由谈论的一个字眼。基于使用它的修辞手法的不同,它可以是一种存在的状态、一种实质、一个过程、一个处所、一种附带的现象、物质显现出来的一个方面或仅仅是一种真实存在的现实。或许我们应该把这个词禁止使用 10 年或 20 年,直到我们能够发展出更为精确的词语来替代现今被'意识'一词所混淆了的几种用法。"(转自姬十三:《〈意识与脑科学〉书评:做一只蝙蝠是什么感觉》,http://book.sina.com.cn/news/new/2008-08-21/1524243214.shtml, 2015 年 8 月 3 日访问。)
③ Mashour, G. A. "Cognitive Unbinding in Sleep and Anesthesia." *Science*, *New Series*, 310, 2005, p. 1768.

就是意识本身。"①研究人员采用磁场刺激受试的大脑,同时使用脑电图(EEG)来跟踪脑电脉冲的路径。研究结果表明,这些刺激引起的反应在有意识和无意识的大脑中大相径庭。如果被试处于清醒状态,电脉冲信号可以传遍他的整个大脑,但是,如果被试处于无意识的状态,脉冲信号通常只在大脑局部短暂停留,稍纵即逝。

意识消失的状态下,感觉并未消失,只是我们失去对这些神经刺激进行整合的能力;而意识恰在神经刺激能产生关系时呈现。如图7-1所示②,该图中亮色部分表示从昏迷状态到清醒状态大脑中电脉冲信号的强度。意识消失时,大脑这座城镇内栖居的神经仍未消歇,尽管连接它们的道路、卧桥旁的照明灯已经熄灭,它们仍在幽暗中躁动;当路灯渐次打开,大脑逐渐灯火通明,神经元来来往往,意识便也逐渐恢复。

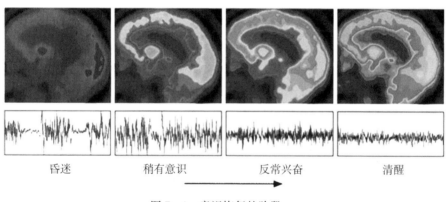

图 7-1 意识恢复的阶段

毫无疑问,意识与神经刺激有着千丝万缕的联系;然而,进一步的问题是,为什么神经刺激间失去联系就会伴随着意识消失? 意识是神经刺激之间产生关系的伴生现象,因为麻醉剂阻断了神经刺激间的关联从而抑制了意识? 抑或意识是一种综合神经刺激的能力,因为失去了这种能力而使得

---

① 佚名:《麻醉与意识》,URL:http://dwz.cn/6Li7Jz,2015年8月3日访问。
② See Gaidos, S., "Scientists Find Clues to How Anesthesia Numbs the Brain", *Science News*, 179,2011, p. 20.

神经刺激间的通路无法畅达？同样是马舒尔,他认为在意识清醒的大脑中,感觉区(例如,大脑后部的视觉皮层)与信息加工相关的高级区域(比如位于耳后侧的颞叶)之间存在脑部活动环路。马舒尔等人称其为"回返加工":信号从感觉区进入加工区,然后再返回感觉区。这让人联想到康德理论(马舒尔本人也多次提及康德[①])。从感觉区进入加工区的信号被把握为感性杂多,从加工区返回感觉区的信号已然是知性对象;感觉区提供材料,加工区提供形式。马舒尔甚至建议使用一台专门的检测仪来检测大脑内部的通讯能力,一旦发现通讯的模式和规则,康德所谓的知性范畴也将失去神秘感。

关于意识的研究应该从麻醉学中关于意识的研究中获得哪些启示？这一向内的研究说明了什么,它与德雷斯基式的向外的研究有着怎样的关系呢？

第三节 德雷斯基意识理论和神经学解释的融合

麻醉学中关于意识的研究似乎与德雷斯基的意识观相悖,它们各自展现了描述意识的不同方向:前者是向内对脑部的神经刺激做出描述,后者则向外从生物应对自然的过程来描述意识的生物学上的价值。然而,在探寻它们之间关系前,需要就关于意识的神经学解释面临着的一些显而易见的问题做一些说明。

第一个问题是,关于意识的神经学解释是不是把神经刺激当成一种所予？如若是,本书第二部分的研究将直接促使我们放弃这种解释方式;如若不是,神经学的研究在何种意义上是一种"解释"呢？查莫斯质疑道,"我们被告知脑部活动应该会产生经验。从神经科学的观点看,这种关联是一

[①] Mashour, G. A., "Cognitive Unbinding in Sleep and Anesthesia", *Science*, New Series, 310, 2005, p. 1768. Also see Mashour, G. A., "Fragmenting Consciousness", *Proceedings of the National Academy of Sciences of the United States of America*, 109, 2012, p. 19876.

第七章 脑内与脑外世界的融合:基于德雷斯基和麻醉学研究对意识的分析

个明显的事实。……然而,仍未回答的问题是,我们所讨论的精神属性为什么会伴随着有意识的(神经科学的——笔者注)经验。这些理论仅是通过设想精神属性和有意识的经验之间有着关联而树立权威,显而易见,他们并未就这里的关联是什么提供任何解释。"[1]即便大脑内部某一区域能够综合起信息,但从仪器上获得的仍然是关于刺激的物理描述。如果神经学的理论试图通过神经刺激或其他的脑部状态来描述认知时,它将犯还原主义的错误[2];但是,如果这种理论仅仅是认为意识的活动伴随着生理上的活动,如查莫斯所言,它尚未给出任何解释。因而,在伴随的意义上,神经学的"解释"并无问题。但是,"伴随"的立场将导致第二个问题。

第二个问题是副现象论的问题。副现象论认为,精神事件由脑部的物理事件导致,但精神事件对物理事件没有任何影响。如果持有"伴随"的立场而不对物理性的神经刺激和精神事件做出解释,那么,我们只能简单地认为精神事件的确有着物理上的起因,但至于它们之间的关系究竟是什么,精神事件对物理上的刺激会不会产生影响,我们均无法知晓。我们因而也会走向副现象论。

前两个问题似乎构成了一个窘境,即给出解释和不给出解释都会带来问题。我认为,问题二是不能容忍的,我们可以通过做出恰当的解释以避免问题一,从而避开问题二。解释的策略恰好就是运用德雷斯基的意识理论来解释神经学上的意识研究。

我们可以对神经刺激做出同样的功能主义说明,什么样的刺激被凸显或整合取决于它是否能够给我们带来生物学上的价值,而德雷斯基的理论和神经学的意识解释的连接点在于"行为"(acts)。按照波珀(K. Popper)

---

[1] Chalmers, D. J., *The Conscious Mind: In Search of A Fundamental Theory*, New York: Oxford University Press, 1996, p. 116.

[2] 关于脑的神经学研究中,还原至"什么"也是一个具有争议性的问题。依据层次,可以进行如下顺序的自上而下的还原:大脑、神经系统、神经元、分子和离子。除此之外,是否采取还原的策略也是一个问题。埃德尔曼(G. Edelman)即提出了"神经达尔文主义"的理论,认为意识和生物结构有关,意识是进化的结果,大脑也呈现出相应的进化特征。更为详细的讨论请参见杨足仪:《心灵哲学的脑科学维度:埃德尔曼的心灵哲学及其意义》,博士学位论文,华中师范大学马克思主义哲学系,2009年,第56—66页,以及本节下文相关讨论。

和埃克尔斯(J. Eccles)①的解释,只有在某一属性能够对机体的行为产生影响时,它才能被选择出来,因此,意识必须能够产生行为上的效果。布拉德雷(M. Bradley)②则从另一个方向解释道,我们具有关于事件的意识乃是因为我们的神经刺激已经就采取什么行为做出选择。布拉德雷认为神经学上的解释已经足够,而无需再诉诸进化论上关于行为的功能的探究。我则强调,两个方向的解释缺一不可。

一方面,似乎大脑本就是神经刺激的战场,那些胜出的神经元能够导致机体采取行为。神经科学家博尔(D. Bor)绘声绘色地为我们描绘了神经元之间的战争:"我们清醒的时候,大脑850亿个神经元处于半混乱的活动状态,每时每刻都在进行一种临时的自然选择。此时,注意在选择意识的内容。相互竞争的神经元同盟都希望自己的声音是最响亮的,从而被选中。那些具有强有力的声音的神经元能动员其他神经元支持'自己的想法',同时抑制持不同意见的神经元的活动,直到几百万个神经元一起用同一种声音表达一种强烈的想法,如在人群中寻找黑头发恋人的想法。每次产生一个新想法,这个想法都要经过拥挤的、充满尖叫声的神经元部落之间的激烈战斗,才能成为思想中占统治地位的一个派系。"③当神经元的活动在战争可能有胜利的一方出现时,意识才可能产生。意识产生的阶段,一些神经元的活动被强调和突显出来,它们与当前任务相关的特性结合,传递信息,导致行为。

另一方面,采取行为说明我们已经具有意识状态。博尔也提醒我们,意识并不是产生自某一特定类型或过程的活动之中,"产生的结果是:当我们发现黄蜂时,不只是看到黄色或黑色的条纹,或黄蜂的一对翅膀,也不只是听到黄蜂发出的嗡嗡声。相反,意识是各种处理过程相互合作产生的

---

① See Popper, K. & Eccles, J., *The Self and Its Brain*, New York: Springer-Verlag, 1977.
② See Bradley, M., "The Causal Efficacy of Qualia", *The Journal of Consciousness Studies*, 18, 2011, pp. 32–44.
③ Daniel Bor, *The Ravenous Brain: How the New Science of Consciousness Explains Our Insatiable Search for Meaning*, New York: Basic Books, 2012. (iBooks.) Retrieved from: https://www.amazon.com/Ravenous-Brain-Consciousness-Explains-Insatiable/dp/046502047X.

第七章 脑内与脑外世界的融合:基于德雷斯基和麻醉学研究对意识的分析

结果。我们马上会知道一只黄蜂飞过来了,我们的视觉与听觉感受到的黄蜂是一个整体。我们看到黄蜂,马上会想应该躲到哪里,或者该用什么办法将它赶到窗外。那个时候,我们的意识里除了黄蜂,几乎没有其他东西"[1]。

因此,获得意识的过程是神经元竞争以及胜出的神经元被整合的过程,这个过程亦是采取能够获得生物学上的价值的行为的过程。这一理解通过"行为"这一连接点,融贯地汇合了神经学的意识解释和德雷斯基的意识理论,它们具有的共同依据是对意识的功能性的追求,它们的区别在于表现方式上的不同。然而,这种融贯的理论还可能招致第四个问题。

第四个问题是,将德雷斯基式的关于意识的向外的探究与神经科学关于意识的向内探究融合起来,是否犯了功能主义的错误,即借助于对外在可观察的行为的描述来取代脑内发生的事件?我认为,融贯的理论不是一种简单的功能主义的理论,这是因为,一方面,我们并未取消关于脑内事件的描述,或者将脑内的事件还原为功能性的表述,在此意义上,我们持有的是一种"最低限度的物理主义";另一方面,我们在此采取的是德雷斯基式的功能主义,这种版本的功能主义虽然强调意识的功能,但功能的本身还具有一个"目的",即获得生物学上的价值,这种功能主义常被称为"目的论的语义学"(telelogical semantics),"目的"而非功能是更为根本的,它是向外和向内两个方向探究得以汇合的基础。

融贯的理论容纳了"神经的解释"和"生物的解释",并隐晦地对如下断言做出了承诺,即神经上的刺激最终体现在生物的行为上而可被把握和理解。本尼特(M. Bennett)、哈克(P. Hacker)[2]和诺艾(A. Noë)等人认识到把次人称的实体(subpersonal entity),例如人脑,作为研究的起点会问题重重。诺艾认为,如果把人脑作为一种孤立的因素来加以研究的话,我们很难研究清楚

---

[1] Daniel Bor, *The Ravenous Brain*: *How the New Science of Consciousness Explains Our Insatiable Search for Meaning*, New York: Basic Books, 2012. (iBooks.) Retrieved from: https://www.amazon.com/Ravenous-Brain-Consciousness-Explains-Insatiable/dp/046502047X.

[2] See Max R. Bennett, and Peter Michael Stephan Hacker, *Philosophical Foundations of Neuroscience*, Blackwell Publishing, 2003.

脑中到底在发生什么,我们也无法摆脱类似于"缸中之脑"的怀疑论上的忧虑,也无法说明意识和世界之间的关系,更加无法说明脑中运作的变化与其周遭环境之间的关系。诺艾指出:"意识并不是发生在我们脑内之中的事情,而是我们再与周遭的世界积极、动态的互动过程中切实做的事情。"①

埃德尔曼于1977年提出的"神经达尔文主义"主要有三个原则:

> 第一,大脑神经通道的发育导致大量微观生理的变化,这是不断的选择过程的产物。……第二,当形成的生理通道由于动物的行为和经历接收到信号时,又会发生一系列额外和重复的选择事件。……这条原则(指第三个原则——笔者注)被称为折返的过程。折返是持续不断的信号从一个大脑区域传到另一个区域,然后又通过大量并行信道(轴突)传递回来,这些信道在高级大脑中普遍存在。折返信道随着思维活动而不断改变。②

埃德尔曼认为上述三个原则导致了这样的结论:大脑无疑正是选择系统。他强调脑是被"嵌入"身体之中,而身体则被"嵌入"特定的环境之中③,因此,大脑内部的构造受到外部自然环境的影响,脑内的事件也是外部的自然选择的结果。埃德尔曼以此方式实现了脑的分析的外化。

我认为,我们的确不应把人脑作为孤立的因素看待,而应该在它与周遭世界积极的互动过程中认知它;然而,与此同时,我们也可以在"最低限度的物理主义"的意义上来谈论人脑。对意识向内和向外两个方向研究的融合使得我们与世界有了更为丰富的接触渠道。不过,我在本节中的讨论显得简单和仓促,我将在第八章后的补篇中借助对新兴的"神经实用主义"的讨论来进一步补充和发展本节中的思想。

---

① Alva Noë, *Action in Perception*, Cambridge: MIT press, 2004, p. 24.
② [美]埃德尔曼:《第二自然:意识之谜》,唐璐译,湖南科学技术出版社2010年版,第16页。
③ 同上书,第13—14页。

第四节　德雷斯基意识理论和 HOT 理论的融合

德雷斯基的意识理论和神经学的意识理论似乎对 HOT 理论均构成了直接的批评。伯奇指出，具备关于思想、信念、意欲的 HOT 的能力意味着生物能够对自己的信念和推理模式做出反思和修正，并能够预测和操控他人的思想和行为，实际上，这已经说明，我们具有 HOT 预设了我们是理性的能动者。[1] 而德雷斯基并未预设生物具有能够做出推理的理性，他至多预设生物具有生存和繁衍的欲望，其行为具有合理性。

实际上，HOT 理论有着诸多支持者。塞拉斯对自然的逻辑空间与理由的逻辑空间的二分似乎已被广为接受，自然的逻辑空间中的事物受到因果作用，然而我们并不能从这些因果刺激里直接抽生出诸如因果律等规则来，我们只能在理由的逻辑空间中，对某一信念、命题做出推论式的解释。哲学研究的重心在于合理地解释世界，我们无法超出已有的历史与文化背景，已有的语言，已经置身于其中的社会来依靠某种超越的上帝之眼审视连接在因果刺激另外一端的幽暗世界。当我们无从确认，却仍笃信世界存在，便难免盲目。HOT 理论恰恰符合了这些认识论上的基本直觉，认为无需一阶的对象存在，我们便能够获得意识。查莫斯坚持认为，"还原的解释不可能是说明意识的标准方法"[2]。丘奇兰德的取消的物理主义（eliminative materialism）更为激进，这种观点认为，心理状态与物理状态之间并非一一对应，我们也不需要也不能把常识心理学框架还原为神经科学，诸如理由、动机、意欲等意识现象皆为虚构，有必要被消除掉。[3]

---

[1] Burge, T., "Our Entitlement to Self-knowledge", *Proceedings of the Aristotelian Society*, 96, 1996, pp. 91 – 116.

[2] Chalmers, D. J., *The Conscious Mind*, New York: Oxford University Press, p. xv.

[3] See Churchland, P. M., "Eliminative Materialism and the Propositional Attitudes", *Journal of Philosophy*, 78, 1981, pp. 67 – 90.

/"世 界"的 失 落 与 重 拾/

我们的确有理由接受 HOT 理论,例如某甲正在煮菜,但此时他需要出门扔垃圾,他原本计划着下楼扔完垃圾立即回来,这样他便能够及时回来关闭煤气;然而,他在扔垃圾时碰上了熟人,饶有兴致地聊了一会以致忘记了他正在煮菜;当他忽然想起这一事实时,他意识到菜已经被烤糊了。这里涉及的"意识"很难说有什么生物学上的价值,我们也难以发现与"烤糊的菜"相关的一阶刺激。当某人意识到自己喜悦或失落时,德雷斯基的意识理论似乎并不适用。

塞尔认为,意识问题是当今生物科学中最为重要的问题,"无论 20 年前的情况如何,许多严肃的研究人员如今正在试图处理这个问题。……就我所知,解决意识问题的竞赛已经开始了"①。塞尔首先承认意识是一种生物现象,但他反对把意识取消式地还原为神经刺激,即否认把意识直接等同为神经刺激的做法。他认为意识诚然具有神经生物学上的原因,但意识根本地是我们的主观经验,它同时会受到来自神经刺激之外的限制,我们需要对意识本身做出解释。丹尼特则从道金斯那里借用了"弥母"(meme,指文化基因)这一概念,认为存在着我们难以逃避的文化基因,我们在受到达尔文进化论意义上的自然环境影响的同时,也接受着文化环境的影响,"我们作为我们而存在,我们作为思想者而存在,而不是只作为有机体而存在,这不能不依赖这些弥母"②。福多(J. Fodor)则提出一种"标

---

① Searle, J. R., "Consciousness", *Annual Review of Neuroscience*, 23, 2000, pp. 557 – 578.
② [美]丹尼特:《意识的解释》,苏德超、李涤非等译,北京理工大学出版社 2008 年版,第 236—237 页。
　　丹尼特认为人的意识与动物的意识、意向性、自由等,只有程度上的差别,而无实质的差别。生物体的意向性均是在进化过程中产生的,意向以及意向性在此意义上都是派生的(derived)。进一步地,他还认为机器也具有意向性。丹尼特解释到,我们对于生命世界具有三种立场,即物理立场、设计立场和意向立场。在最初的阶段,生物在物理立场中根据物理规律以及它所置身的物理系统的状态来决定其行为;而后,当这些行为产生一定的"模式"时,生物可以进入设计立场;在设计立场中,只有在特定的系统下,特定的条件得以满足时,某些行为才会发生。但是,当系统和条件无限复杂,超出设计的限度时,我们就需要意向立场了,该立场根据信念和意欲来预测行为,持有一个信念意味着获得一个意向系统,理性能动者能够依据信念系统和某一具体的信念来决定采取怎样的行为。在设计立场上,机器也具有意向性;并且,这一意向性体现在它需要实现的"被设计"的功能之中。这三个立场也连贯地体现了我们受自然影响的阶段,在生存这一目标之下,生物起初无意识地与环境处于物理的关系之中,(转下页)

第七章 脑内与脑外世界的融合:基于德雷斯基和麻醉学研究对意识的分析

准的功能主义"的思想,他认为,个体化的过程都可以因果地进行,一个特定的心理状态在心理的网络中占据一个节点;而在另一维度上,相应的信念也在信念的网络中占据一个节点,信念与心理状态是意义对应的,这样我们便可以从对信念的演绎中推出心理状态来。①

(接上页)而后,其行为产生一定的模式以帮助其更好地生存,这一模式因为有着生物学上的"功能";随着进化的进一步深入,理性能动者获得了意向性立场,在此立场上,能动者能够积极地适应并改造环境。生物(包括机器)可能在前两种立场上具有意识或意向性,而第三个立场上的意向性可能对理性能动者有着更高的要求,丹尼特强调,这三个立场例示了意识和意向性的不同程度,这三个立场本身并无一条清晰的界限可划。参见[美]丹尼特:《心灵种种——对意识的探索》,罗军译,上海科学技术出版社2012年版,第27—39页。另请参见宋尚炜:《丹尼特的自然主义心智理论研究》,博士学位论文,山西大学哲学社会学院,2007年。

我认为,丹尼特"意识的进化"理论也尤为值得关注。丹尼特把意识的进化分为"特定基因型选择""表型可塑性选择"以及"文化基因选择"三个阶段。在第一个阶段,自然进化的"目的"尚未形成,生物的行为因此还不具有"理由",因此,生物在自然中从事单纯的复制(reproduction)行为。在第二阶段,生物承担了更大的进化压力,它们需要对自己物种的性质和行为进行重新设计,试图突破先天的表型特征,于是,产生了新的行为模式以及一些新的生理特征。丹尼特在这个阶段的论述中尤为强调了巴德文效应(The Baldwin Effect),即某一物种在应对新的环境状况或为了获得更好的生存上的优势,必须学会一项新的生存技能并能够学习生存技能的能力。巴德文效应提醒我们,学习能力使得生物超出了先天设计的束缚,生物习得的新技能不仅能够有助于其生存,还能加快其进化的速度。(当然,用丹尼特本人的话说,生物是波普式的造物,这类造物对环境做出反应前,它们已经对采取怎样的行为进行了预判,这说明生物的生理基础中已经积攒了一些"智慧"。参见[美]丹尼特:《心灵种种——对意识的探索》,罗军译,上海科学技术出版社2012年版,第84—85页。)在意识进化的第三个阶段,生物会积极主动地思考"下一步该怎么做"的问题。在人或类人的生物中,繁衍的不仅是基因,还有文化基因(meme,弥母)。弥母是文化传播的基本单位,包括音乐、服装款式、哲学理论等形式。巴德文效应能够容纳关于弥母的解释,弥母的生成和消亡也取决于它能否适应文化环境。我们作为思想者而存在,因此不能忽略弥母,而只注重生物学上的因素。See Dennett, D. C., *Freedom Evolves*, UK: Penguin Books., 2004. 故而,关于意识的解释中,我们需要关注到外在于神经刺激的因素所起到的作用。

① See Jerry Fodor, "Guide to Mental Representation", in *Theories of Mind*, Cambridge: MIT Press, 1990. 福多认为心理状态的语义关系与心理状态的因果关系之间的关系是平行对应的,但是在如何获得关于心理状态的语义解释,以及如何保证这两种关系之间的对应性的问题上,福多既反对从进化论的视角解释意义的发生(See Fodor, J. "Against Darwinism", *Mind & Language* 23, 1 (2008): 1-24.),也反对实用主义式的解释的或推论的策略。(例如他反对从"知道如何"中推出"知道什么"的思想,反对以在一个推论中起到怎样的推论作用的方式来理解一个语词的概念的做法。参见戴潘:《福多"概念"理论研究》,博士学位论文,复旦大学科学技术哲学系,2010年,第80、86页。)在此意义上,福多的思想迥然于戴维森、罗蒂、布兰顿,以及米丽肯等人。福多的基本思路是,认为人具有先天性的"心语"(mentalese),我们尚未进行表征的学习之前就具有这种语言,它是心理状态的基本机制;在语言的学习中,外在的刺激触发了心语,我们由此获得心理状态与相应对象之间的固定联系。心语为我们提供了关于世界的基本语汇,而后我们运用"组成原则"扩充和丰富自己的语汇。福多受乔姆斯基"普遍语法"思想的影响,提出了具有先天性特征的心语;福多的这一思想特征为新实用主义者以及进化论的信奉者所不容。

塞尔(J. Searle)、丹尼特和福多似乎都支持 HOT 理论,然而,当我们置身荒野,设想自己是未开化的动物,此度再来谈论意识,获得 HOT 的确没有太多生物学上的价值,因此德雷斯基的理论更为适用。在最低限度的理性的意义上,意识以及行为应该具有生物学上的价值。实际上,我认为关于意识的 HOT 理论和德雷斯基的意识理论并不矛盾,两种理论反映了生物在具有不同程度上的理性的意识形式,它们有着各自的适用范围。更为关键的问题是,两种理论是如何具体地融贯起来的,这要求我们去揭示两者之间的连续性,揭示如何从关于自然空间的意识进入关于概念空间的意识,或者说,揭示关于概念空间的意识和关于自然空间的意识有着怎样的关系。这些探究将构成本书余下章节的研究主题。

小结:深入自然空间之中

本章或许更加直接地向我们呈现了自然空间与概念空间之间密不可分的关系。德雷斯基的意识理论要求意识有着生物学上的价值,这从侧面反映了作为环境的外在世界的不可或缺性。麻醉学上的意识研究则表明,我们至少在近端,在脑部,有一个物理基础,我们在脑中的基地接受着来自外界的刺激。这两种关于意识的研究分别体现了与世界接触的向内和向外两个方向,融贯地谈论这两个方面拓宽了我们与自然空间联系的通道。

就意识问题本身而言,认为意识在脑部有一个物理基础,但是关于意识的探究不能以将它还原为物理事物的方式进行,根本地,意识是作为脑内和脑外因素协作的结果而出现的。这一断言支持了麦金(C. McGinn)的部分观点,即意识虽然产生于待定的物理系统(例如某种大脑性质 P),但我们对 P 的认知是无能为力的[1];本质上,意识作为我们的精神状态 M,它与 P 隶属于两类范畴,虽然 M 能够运作于 P,但这并不必然表明 M 必须或

---

[1] 参见[英]麦金:《意识问题》,吴扬义译,商务印书馆 2015 年版,第 5—32 页。

第七章 脑内与脑外世界的融合：基于德雷斯基和麻醉学研究对意识的分析

能够出现于关于 P 的科学理论之中，从而用科学理论来解释 M。因此，在 P 一方，我们无法确认与具体的 M 对应的具体的 P 是什么，实际上这也是对还原论事业的一种拒斥；在 M 一方，它虽然保持着对 P 的关涉性，但并未放弃自身构造能力上的开放性，故而心灵有着一定程度上的独立性，本书第二部分的研究支持这一结论——以语义或语用的方式对经验世界中的对象做出应答，这种方式对心灵的自由予以重要的宽容态度。然而，麦金进一步指出，意识有着隐在的结构，我们的认知能力无法认知它，因而意识处在神秘的领域之中。① 我不赞成麦金的这一观点，认为意识存在一个不可认知的结构无异于在幽暗的场景中设置一个不可认知的对象，犹如同样浮在幽暗的场景中的物自体一般，我们所需做的仅是不要预设它们。如果认为心身之间不存在本体论上的间隙，它们之间只有认识论上的裂缝；心身的物理联接并不比身体中的任何因果联接更具有内在的神秘性，那么，作为一种结果出现的意识，根本上没有一个实体，我们应该同时放弃任何关于意识的形而上学观点。这一观点也是本章所支持的结论。意识在本章中体现为功能性、脑内与脑外的协作的结果，它具有自然的历史性，它是后验性的，它的本质是变动的，因而抵制任何形而上的先验性的或神秘性的禁锢。

德雷斯基的意识理论和 HOT 理论的融合也体现着心身之间本体论界限的消除，这两类理论代表在自然空间和概念空间两个范围内关于意识研究的典型理论，融贯地谈论两种理论意味着消除两种空间的界限，心灵

---

① 参见同上书，第 111—152 页。另请参见[英]麦金：《神秘的火焰》，刘海明译，商务印书馆 2015 年版。麦金主要在《神秘的火焰》一书中阐明了关于意识的神秘主义观点。然而，我认为这一观点是不可接受的。例如"饿"，它同意识一样有着物理基础，但我们现有的认知能够解释"饿"的物理原因么？如果说，我们通过提供神经科学上的相关解释来说明意识，这不足以说明意识的本质的话；那么，我们通过提供关于饿的任何物理描述同样也不足以说明饿的本质。"饿"只是饥肠辘辘的一个结果，"意识"也只是与之相关的过程的结果，对于两者来说，均不存在任何的神秘因素。麦金脑中的神秘主义很可能是因为他预设了形而上学的意识，正如他在解释意识的隐秘结构时，用那种消除了日常语言缺陷的形式的语言的结构作为类比，然而，在我们对形式的语言的合法性做批判的同时，麦金为什么还要认为存在更为根本的意识结构呢？这一点至少对我来说，是难以理解和接受的。

可被自然化,自然也可被概念化。我接下来会以"心灵的自然化"和"自然的概念化"为线索,试图进一步地更为细节地勾连自然空间和概念空间。下一章中,我将以对米丽肯的生物语义学的探究为契机,探寻将心灵和语言自然化以及将自然概念化的具体过程。

第八章
语义在自然空间中的基础：米丽肯的生物语义学

第二章中，经过对经验主义第三个教条的批判，戴维森指出并不存在概念图式这一观念，语言因此也失去了"本质"。依据戴维森的观点，罗蒂认为，"语言是偶然的"。语言的偶然性意味着我们需要在"真理存在那里"和"世界存在那里"之间做出划分，"'世界存在那里'、'世界不是我们所创造'，是说依一般常识，空间和时间中的大部分东西，都是人类心灵状态以外的原因所造成的结果。'真理不存在那里'，只是说如果没有语句，就没有真理；语句是人类语言的元素；而人类语言是人类所创造的东西"①。世界存在那里，但关于世界的描述不是，语言不能独立于人的心灵而存在，真理只是语言的性质。在罗蒂看来，认为真理和世界一样存在在那里的观点是我们需要抛弃的旧时代的一个遗物。罗蒂最终导致了世界的语言化。

同戴维森和罗蒂一样，米丽肯也批评认为语言有着某种内在的装置的观点，以及认为语言的约定用法是普遍的或先验的观点。② 然而，米丽肯却走向了与罗蒂截然相反的方向，她试图把语言自然化，认为语言有一个自然的语义基础。在米丽肯看来，语言分为人工的装置和自然的装置，这两者犹如锤子的功能及锤子本身的关系，人工的语言（即我们日常使用的语言）只是对功能的表达，而锤子本身需要具有功能，"功能"成为两种语言装置的共同项，前者消费这一功能，而后者则制造这一功能。米丽肯制造

---

① [美]罗蒂：《偶然、反讽与团结》，徐文瑞译，商务印书馆2003年版，第13页。
② See Ruth Millikan, *Language: A Biological Model*, Oxford: Oxford University Press, 2005, p. 1, pp. 24 – 25.

了自己的术语,即"正当功能"(proper function)①,正当功能同时包含语言的人工因素和自然因素,故而,它应该既体现出自然装置的内容性和人工装置的规范性。本章第一节将会探讨正当功能的内涵及其规范的属性。

"正当功能"系连起了语言的人工装置和自然装置,米丽肯认为人工的语言和自然之间存在一种映射关系,语句的真和意义取决于关于正当功能的规范的解释,而表征则是相应于实现正当功能的自然项。一方面,由于正当功能是在自然的进化史中形成的,米丽肯的做法导致了语言的自然化;另一方面,语句的真取决于关于正当功能的解释,后者同样因为自然上的历史性而具有稳定性,它成为语句的真之依据,米丽肯提供了一种不同于戴维森版本的"真之语义学"。我将在第二节中就上述方面进行讨论。

第三节则讨论表征问题。旧有的观点认为表征是一个存在在经验世界中的事物,它是一种客观的,具有本质的存在。然而,由于米丽肯认为正当功能以及关于它的规范解释是处于变化之中的,因此同样的表达式可能被连接到略有差别的正当功能的不同内容之上。这一事实导致了表征的去本质化,表征具体是什么依赖于某一具体时刻的稳定正当功能以及关于它的规范解释。

米丽肯强调在自然的历史中获得正当功能,正当功能因此不是关于刺激的因果描述,她需要说明最初哪些因果刺激被生物注意到,并逐步成为正当功能的内容以致最终摆脱因果性,获得规范性。我认为,德雷斯基的信息流理论为米丽肯思想提供了补充,信息流是因果性的,但德雷斯基的理论中同样存在不融贯的地方,米丽肯的思想可以反过来用于补充德雷斯基的思想。然而,尽管米丽肯给出了各类功能与语言层次的不同意义之间的映射关系,我认为两人理论综合后的结果仍然不能提供如何从自然过渡到语言,即从自然空间进入概念空间的问题以令人满意的回答。我认为,

---

① "proper"一词不大容易翻译,该词既意指"真正的,严格意义上的",也指"符合于一定目的、环境或行为标准的恰当性"。米丽肯同时强调功能是每一或某一类生物"自己的"(own),身体器官和本能性的行为都有自己的功能,将"proper"译为"正当",既说明行为可以合理地为某一主体所拥有,又说明行为符合于规范。

第八章 语义在自然空间中的基础：米丽肯的生物语义学

杜威为我们提供了更为直接的描述，这使得我们进入本书最后一章内容的研究。

不过，经过本章的讨论，我们会发现米丽肯的思想为我们提供了连贯地描述自然世界和语言世界的可行思路，其关于正当功能的讨论既揭示了语言与自然的互动过程，也揭示了语言的自然起源。此外，她不仅说明了自然空间和概念空间之间的连续性，她关于功能的生产者和消费者的理论也说明了自然空间和概念空间之间存在互动性。

第一节 正当功能及其规范性

米丽肯对功能的强调使得她持有功能主义立场，但她的版本的功能主义将进化、生存、繁衍等生物学上的目的纳入"功能"的内涵之中，因而形成了一种特殊版本的功能主义。心脏的功能是泵血，但人造的心脏也可以泵血，然而人造心脏不是生物性的东西。某物的构造、功能以及倾向等并不能使得它成为生物范畴的一员，米丽肯强调，某物具有她所谓的"正当功能"与它的现实功能无直接关系，而与它在自然中的历史有关。[①] 如果某一生物 A 具有正当功能 F，那么它的祖先在过去一定做出了有益于生存的事情，例如心脏被用来泵血，自然选择或设计了心脏的功能，这种选择也在它祖先的同类中传递开来，于是通过历史的链条一代一代传承至 A。"选择"和"设计"的隐喻说明，正当功能不基于生物主观的愿望、期待或某种先天的设定，正当功能是在自然演化的过程中渐渐形成并被稳定和继承下来的功能。

一类生物的成员之间有许多相似之处，某种意义上它们在彼此"复制"（reproduction），米丽肯区分了"一阶复制形成的家族"（First-Order

---

① Ruth Millikan, *Language, Thought, and Other Biological Categories: New Foundations for Realism*, Cambridge: MIT Press, 1984, p.17.

Reproductively Established Families)和"高阶复制形成的家族"(Higher-Order Reproductively Established Families),考虑到米丽肯受到维特根斯坦的影响,"家族"一词应该取自维式的用法,意指具有相似属性的一类对象的非严格集合。一阶的家族成员能够复制彼此的特性或模式,例如"握手"行为,它意指友好的问候,家族的某一成员不可能在复制"握手"时来用它表示另外的意思。

值得强调的是,米丽肯对复制的要求并不严格,例如某甲的行为模式是用"dog"指"狗",而某乙则用"hund"来指狗。米丽肯指出,一阶的复制在某种意义上遵守"约定",并且具有任意性。① 高阶的复制与一阶的复制略有差异,根据米丽肯的定义:(1)对于由同一复制形成的家族成员所产生的任何一系列相似之物来说,当它是该家族直接的正当功能时,它是由高阶复制形成的家族根据规范的(Normal)② 解释进行复制的。同时,(2)任何由相同的装置生产出的相似物,当它是该装置的正当功能之一,并使得后来之物与先前之物相似时,高阶复制形成的家族便根据规范的解释来生产它们。③

高阶复制形成的家族比一阶复制形成的家族多出了根据"规范的解释"复制的属性,米丽肯所谓的"规范的"是什么意思呢?米丽肯解释到,规范的解释是对一个特殊的复制形成的家族怎样历史地实现一个特殊的正当功能的解释,它还解释了这些功能实现的正常条件。④ 由此理解,高阶复制形成的家族因为根据规范的解释做出复制,其成员的复制行为更具稳

---

① Ruth Millikan, *Language, Thought, and Other Biological Categories: New Foundations for Realism*, Cambridge: MIT Press, 1984, pp. 23–24.
② "Normal"严格意义上来说不能译为"规范的",米丽肯把 Normal 理解为"准规范的",但 Normal explanation 又不受统计学上概率的侵扰,它具有稳定性的特征。在下文中我们会发现,米丽肯把规范的解释视为一种生产表征,判断语句意义的标准,她的确在"规范"的意义上理解 Normal,故而,我将 Normal 译为"规范的",我们只需主义这里所谓的"规范"的独特意义。See Millikan, Ruth Garrett, "Biosemantics", *The Journal of Philosophy*, 86.6, 1989, p. 284.
③ Ruth Millikan, *Language, Thought, and Other Biological Categories: New Foundations for Realism*, Cambridge: MIT Press, 1984, p. 24.
④ Ibid., p. 33.

第八章 语义在自然空间中的基础：米丽肯的生物语义学

定性，在此意义上，我们可以理解为什么米丽肯会认为高阶的复制起初是基于一阶复制的，例如蜜蜂通过舞蹈指引花粉方向的行为，起初该行为是约定且偶然的，而后通过其成员经过反复的学习和试错而形成一种规范的解释，当某一成员跳特定的舞蹈时，根据规范的解释，家族的另一成员会飞向特定的方向。然而，高阶的复制有时候是不精确的，例如蜜蜂可能忘记了一个细微的动作，但是其家族的成员依旧能够飞向特定的方向。米丽肯于是在(1)和(2)的基础上，为高阶复制形成的家族的"复制"给出了一个宽松其要求的条件：(3)如果任何事物 x，(3.1) x 由一个装置产生，该装置的正当功能是生产高阶复制形成的家族 R 的成员，并且(3.2) x 在某些方面和 R 的规范成员相似因为(3.3) x 也是根据生产 R 的成员的规范的解释而不严格生产出的东西，那么，x 也是 R 的一员。① 条件(3)放松了规范解释的严格性，R 家族的成员之间，不必严格相同。

规范的解释对于生物来说至关重要，它是进化的结果，功能本身便源自进化史，或者源自于一些其他的选择史；某种事物的功能就是解释事物为什么是其所是，规范的解释规定了在正常的情况下会采取哪些行为，这些行为都具有生物学上的价值。

上述提及的正当功能都是"直接的正当功能"（directional proper function），米丽肯指出还有另外一种正当功能，即"关系性的正当功能"（relational proper function）。② "关系"指的是功能的装置和它要适应的东西之间的关系，它涉及行为的环境和条件，正是因为正当功能与环境之间有着一些关系，它是受限的，它会因为环境的刺激而发生变化，规范的解释因此也可以被修改。

本节主要解释正当功能在自然装置一方的内涵，然而，正当的解释如何被固定下来而具有语言意义上的规范性（即如何从 Normal 过渡到 Normative），以及它如何同时涵括语言的自然装置和人工装置，这些问题

---

① Ruth Millikan, *Language, Thought, and Other Biological Categories: New Foundations for Realism*, Cambridge: MIT Press, 1984, p. 25.
② Ibid., pp. 39–40.

促使我们转向对米丽肯生物语义学的讨论。

第二节　自然化的真之语义学

布兰顿式的探究对象的方式是在人工语言内部谈论表征,由于这种方法施之于语言的内在性,所获得的相应表征被称为"内表征",米丽肯则试图运用正当功能来理解内表征和外表征(此处,外表征指非语言性的对象的呈现〔appearance〕),并消除内、外表征之间的界限。米丽肯指出:"如果人是自然的生物和进化的产物,那么就有理由认为,人的认知能力也是进化的产物。如果我们能够相信或认知某物,这必然是因为这一能力,以及我们能够运用这一能力的器官和组织,我们在历史中运用这一能力以帮助我们繁衍。认知必然是人类一直在做的事情……认知必然也是人类在是世界中一直做的事情,这使得人类能够适应世界,相比之下,如果不认知以致无知的话,会在客观上有着生存上的劣势。"①人在运用语言来认知世界时,必然包含着对于世界本身的认识;另一方面,认知是人类和自然打交道的一种方式,人类运用语言意味着他在表述或报告发生在世界中的事情。这一理解带来的进一步观点是,内表征和外表征具有相同的缘起,它们本是同一类表征。

米丽肯把正当功能作为连接语言的人工装置和自然装置的共同项,从上一节关于正当功能的描述中,我们得知正当功能不是关于因果刺激的表述,也不是关于因果链的表述,它是历史性的描述。如果把正当功能作为语言表达式的依据,那么,米丽肯避开了还原论的证成方式。

米丽肯试图同时谈论内表征和外表征,这要求她能够以一种融贯的方式谈论这两种表征,米丽肯持有的立场是符合论,她认为符合论并没有过

---

① Ruth Millikan, *Language, Thought, and Other Biological Categories: New Foundations for Realism*, Cambridge: MIT Press, 1984, p.7.

时,"任何融贯的真理符合论一定在某种程度上是我们关于世界的全部理论"①。由于正当功能的非因果性,"符合是真之本质,当然也是'真'之意义的应有之义。一个语句为真,意味着它以某种方式符合于世界。请考虑'p是真的'这一语句。p并不符合于那些能够证成'p是真的'的因果起源,因此,'p是真的'和证成以及关于该语句的因果条件没有关系。一般来说,似乎也有理由认为,在许多情况中,意义也和证成的或因果的起源没有关系"②。故而,米丽肯以一种非还原的方式谈论符合论。

我们应该如何理解这种非还原的符合论呢?受弗雷格和维特根斯坦影响,米丽肯提出,自然和语言之间存在映射关系,语言应该映射世界。③然而,更为具体且重要的问题是,映射的依据是什么?映射到世界中的什么对象?为什么语言"应该"映射世界?另外,语言中的语句具有映射功能的意义是什么?

我们已经知道,米丽肯在符合论的意义上谈论规则,映射是对符合的表述,语句的真于是与映射规则密不可分。由于语句和世界间的映射关系不是因果关系,映射的对象因此不是给出刺激的对象或物自体,米丽肯指出:"一个陈述句的意义就是映射功能,根据这个映射功能或者根据一个规范解释的功能,它不得不映射世界中的正当功能。"④故而,正当功能和关于它规范的解释是映射功能的重要依据,我们正是通过规范的解释来决定一个语句表述的内容,即正当功能。

映射的内容不是提供因果刺激的对象,这意味着诸如信念之类的意向性的表达式的内容也不是系连在因果链另一端的对象,于是,米丽肯也反对传统的关于"意向性"的观点,这一观点认为意向是在人脑中的,意向总是关于某物的意向,在某种程度上,意向性和意识有着暧昧不分的关系,意

---

① Ruth Millikan, *Language, Thought, and Other Biological Categories: New Foundations for Realism*, Cambridge: MIT Press, p. 87.
② Ibid., p. 9.
③ Ibid.
④ Ibid., p. 102.

向性指向内容,意识则是关于内容的意识。① 相应的意识观则是关于意识的 HOT 理论。但是米丽肯则认为意向性是建基于外在的自然关系之上的规范的和正当的关系,意向性的依据是规范的解释。米丽肯从皮尔士那里借来"像标"(icon)②一词,提出"意向像标"这一概念,认为意向像标展示了语句最为突出的特点,它是"为了实现它们的正当功能而'应该'映射世界的机制;也就是说,当正当功能实现时,它们就是那样正常地映射世界的"③。故而,对映射对象的把握以及语言为何能映射世界的原因均在于正当功能以及规范的解释。在此意义上,表征就是"意向图像的映射值"④。

具体地,如果我们聚焦语言的入口处,自然装置与语言装置有着这样的映射关系:标记(token)标注了一类稳定的功能;将一些标记归类为某一具体类型(type)的过程则标注了对可复制的确定的家族成员的指向;而如此获得的类型则是词典意义的入口,但这种类型是最小化的类型(least

---

① 但是,就意识和意向性的关系问题——例如,"意识"和"意向性"可分还是不可分,哪一方是在先的?——存在着诸多争议。米丽肯批判的应该是"意识"和"意向性"不可分的观点,这种观点典型地体现在布伦塔诺(F. Brentano)如下表述中,"每种心理现象都包含把自己自身之内的某种东西作为对象,尽管方式各不相同。在表象中,总有某种东西被表象了……意向的这种内在存在性是心理现象独有的特征。因此,我们可以给这种心理现象下定义,即心理现象是使那种在自身中以意向的方式涉及的对象的现象。"(转引自[美]达米特:《分析哲学的起源》,王路译,上海译文出版社 2005 年版,第 29—30 页。)布伦塔诺第一次对心理现象和物理现象做出了区分,但他认为二者是不可分的,意识总是关于某物的意识。发展布伦塔诺思想的欧陆现象学传统通过对意识的内省分析来谈论对象(意识总是包含自己的客观内容),我们可以将此理解为一种关于意识的"向内"研究。(See Harris, David, "Noesis", Accessed December 16, 2016. http://www.arasite.org/noesis.html.)相比之下,米丽肯借助于对意识的生物学分析,借助于在自然中发展出的正当功能和关于它的规范的解释来分析"意识"概念,寓示了一种不同的"外在"的探究方式。有趣的是,这两种方向不同的探究方式都试图保证对象的客观性。
② icon 一词取自皮尔士,人们只能在一个系统内使用它。因此,生物在进化过程中习得的对周边环境的有模式的反应并不彼此孤立,相反,这些反应构成一个系统,这一系统的结构只受周边自然信息(local natural information)的影响。该系统内的像标针对于一个类型事件,而非具体事件,如同眼睛被设计成看到眼前的事物,而非眼前的某物一样。当生物的行为符合像标时,生物就是有意向性的(intentional),它们便可能会采取行动。当它们的意欲在行动中一步步被实现时,规则被满足。以像标为内容的系统也同时适用于动物和人类的语义系统。
③ Ruth Millikan, *Language, Thought, and Other Biological Categories: New Foundations for Realism*, Cambridge: MIT Press, 1984, pp. 95 - 96.
④ Ibid., p. 96.

第八章 语义在自然空间中的基础:米丽肯的生物语义学

types),它具有的意义不同于弗雷格式的成熟意义(sinn),它只是对应于自然世界中使得标记的功能得以稳定化的那一独立过程。米丽肯的意思实际上并不难以理解。举例来说,当一阶复制的家族内的某个成员初始用"hund"来指向狗时,初时"hund"只是一个标记,它有着指向狗的功能;当越来越多的家族成员均这么做,以致让这一指向功能渐渐变得稳定时,稳定化的功能便附着上了"意义"。但在这种情况中,动物对红色有毒蘑菇做出的有差异的反应与用"hund"来对狗做出反应,具有同等层次上的意义。这种意义是最低限度上的意义,它不同于与弗雷格式的意义。[①] 我们也可以由此上认为,语言有着自然的语义基础。

更进一步地说,语句的映射功能及其意义也在于正当功能之中。正是因为有了正当功能,语句和世界之间的关系才是真的,以映射的真之关系为基础,我们才有理由认为语句是有意义的,并进而对之做出解释。由此,我们也可以将米丽肯的生物语义学理解为一种真之语义学,真在意义之先,意义以真为依据。不过,显而易见,米丽肯的真之语义学与戴维森的形式化的真之语义学有着显著的不同,前者的真之依据在于在进化的自然史中形成的正当功能,而后者的依据则在于逻辑的形式。

[①] Ruth Millikan, *Language, Thought, and Other Biological Categories: New Foundations for Realism*, Cambridge: MIT Press, 1984, 72-74. 米丽肯也认为,在大多数时候交流的成功不取决于参与交流的人能否在主体间的交往活动中指向共同的对象——我们在本书第二部分中看到,能够以相同的客观对象为原因是解释和交流成功的前提,这是戴维森与布兰顿所共享的思想——其原因在于,正当功能已经提供了一个规则或模式,依据这个规则和模式我们在许多时候是自动地对相同的对象做出了反应。在此方面,我们可以做出许多解读。与当前的讨论相关的是:(1)米丽肯所谓的意义根本地附着在正当功能之上,而戴维森和布兰顿所谈及的意义则附着在对"真"或交往行为之上,后者是米丽肯所理解的弗雷格式的,因而,她所谓的意义与弗雷格式的意义截然不同;(2)我们也可以进一步地发现米丽肯与布兰顿的不同之处,相关地,例如对"意向性"这一概念的解释中,米丽肯强调在自然史中形成的正当功能的首要性,认为意向性类似于"符号",它直接反映自然装置和语言装置的直接相关性;布兰顿则认为意向性本质上蕴含着推论关系,其根由在于,他以语句或次语句表达式为基本单位,而后进行推理的探究活动。故而,在下文中,我们将会看到,两人对表征概念也有着不同的理解。See Ruth Millikan, *Language, Thought, and Other Biological Categories: New Foundations for Realism*, Cambridge: MIT Press, 1984, pp. 85-94; Robert Brandom, *Between Saying & Doing: Towards an Analytic Pragmatism*, Oxford: Oxford University Press, 2008, pp. 187-189.

第三节 无本质的表征

然而,米丽肯关于表征的谈论面临着三个问题。第一个问题是"错误表征"(misrepresentation)问题,错误表征就是当 X 为假时意指 X,或者应当意指 X 却指向其他。第一节中我们提到规范的解释并不是先天的解释,它会因环境的影响而变化,另外,复制亦不具有严格性,家族的成员也处于变动之中,这就给错误表征以可乘之机。除此之外,福多提出了"表征的不确定性"的问题,即内表征是由某种因果叙事决定的,它作为外表征是经过对它的规范的解释来确定的,但规范的解释似乎确定的是一类对象,而非某一具体对象,我们在确定具体的表征时,可能面临不确定性问题。[1]第三个问题是"表征的同一性"问题。丹尼特和福多质疑到,米丽肯消除了内、外表征之间的界限,但是,难道动物的表征与人类的表征是同一的么?[2]

米丽肯对上述三个问题进行了逐一回答,在我看来,米丽肯在回答中给出了关于表征的一种新的理解。在回答第一个问题时,米丽肯再度强调正当功能的规范性,规范的条件,即正当功能发挥其功能的条件并不是统计上的条件,也就是说,正当功能的发挥不是概率性的问题,由于其历史性,它具有某种"必然性",这就意味着探寻表征时必然依据规范的解释,必然追寻到发挥正当功能的表征之上。的确,规范的解释处在变化之中,但其变化不是一蹴而就或时刻在进行着的;另一方面,未实现正当功能而做出错误的表征意味着犯错的生物要付出代价,它需要及时调整以回到正确的表征上来。此外,我认为,错误表征恰恰是正当功能的应有之义,因为正

---

[1] See Jerry Fodor, "Banish Discontent", in *Language, Mind and Logic*, Jeremy Butterfield, ed., New York: Cambridge University Press, 1986, pp. 1 – 23.

[2] See Jerry Fodor, "Why Paramecia Don't Have Mental Representations", in *Midwest Studies in Philosophy*, P. French, T. Ueh-ling Jr., and H. Wettstein, eds., Minneapolis: Minnesota UP, 1986, pp. 3 – 23.

当功能是在符合于进化这一生物性的目的中形成的,当错误表征能够带来生物学上的价值时,经过一定时期的历史过程,错误表征会变成正确的表征,相应的规范的解释也会被做出调整。错误表征正是我们修改规范的条件和解释的缘由。米丽肯对表征的理解放弃了表征具有一个本质的观点,认为表征本身就处于变动之中。

在回答第二个问题时,米丽肯认识到表征的不确定性与它和它所在的系统间的关系有关,内表征的确不是一个自然符号,它是我们需要对之对出解释的符号,它必须体现出它与其所在的系统之间的关系(因为,在某种意义上,对某一符号的解释就是去解释该符号为何能够充当它所在的系统的一员)。米丽肯认为,正当功能是由历史决定的,功能是被选出的一些框架(或系统),我们根据功能来解释符号。米丽肯再度强调规范的解释的规范性和非概率性,以提醒人们认识到规范的解释本身就是做出解释所依据的系统。如果我们根据规范的解释所做出的对表征的归因仍然具有不确定性的话,那么,我们对表征所有形式的归因都将具有不确定性。①

米丽肯对前两个问题的回应都强调了规范的解释的非概率性。规范的解释,在某种意义上,因此是我们做出成功的解释不得不诉诸的东西。然而,我认为,米丽肯如若也能同时强调规范的解释得以稳定化的过程(这是她本人的观点),会更好地支持她的回应。米丽肯曾经指出,某一语言形式的功能的稳定化和一个语言社群对该功能有着标准化的反应是一枚硬币的两面,"使得功能稳定化"和"使得功能标准化"的过程也是已经有了语言装置的说话者和听者合作和交流的过程。② 规范的解释不仅是由自然的进化史所确定的,当它被表达为语言的人工装置时,它也经过了人际间的交流的确定过程。于是,表征的不确定性和错误表征问题是人和动物所共同面临的认识问题。这一补充也能够回应第三个问题。

---

① See Millikan, Ruth Garrett, "Biosemantics", *The Journal of Philosophy*, 86. 6, 1989, pp. 283-284.
② Ruth Millikan, *Language, Thought, and Other Biological Categories: New Foundations for Realism*, Cambridge: MIT Press, 1984, p. 3.

内表征和外表征之间界限的消除同时意味着人在自然的空间和概念的空间中着相同的获得表征的机制，人之眼睛对于屏幕上色斑的反应与对青草颜色的反应并不会涉及两套反应机制。功能的生产（producer）和消费（consumer）在表征的形成过程中有着十分重要的位置，生产和消费的动态互动慢慢给出了功能得以正当运作的条件，使得功能得以稳定化，从而获得最低层次的意义。

然而，在人与动物对世界的反应上，米丽肯认识到，人类的确有一些独特的表征，例如自我表征、储存表征、陈述表征、祈使表征、推理、确认活动、否定以及命题内容等。问题是，这些人所具有的独特的表征会以怎样的方式影响到我们对表征的理解呢？

米丽肯指出，在上一节中我们所谈论到的"意向性"的意义上，表征是人与动物共有的现象；然而，当我们人类谈论表征时，尤其在内表征的意义上理解表征时，表征成为语言的使用者所独有的现象。当我们声称表征为人与动物所共有时，我们在强调正当功能的实现；当我们在声称表征为人所独有时，我们在强调需要依据理性的辨识、推理等活动来给出表征语义上的功能。

但是，我认为，米丽肯对人所独有的表征的承认使得她的理论稍显不融贯，或者说，她做出了不恰当的让步。在回应前两个问题时，我们得到了表征的不确定性，其不确定性源自生物和其环境之间的互动关系，环境之于动物来说，可能意指自然环境，而之于人类来说，可能意指自然环境和文化环境等，动物与人因此处于不同的历史进程之中，相应形成的正当功能也是不同的。我认为，米丽肯更为恰当的做法应该是，不应该直接承认人所独有的表征功能，而应该强调人与动物在正当的功能以及相应的规范的解释上的不同，因为不仅是人与动物之间，不同的物种之间的自然环境也是不同，生物也因此有着本质上不同的表征。在这种意义上，我们可以说每一物种的生物都具有其独特的表征。或许，我的这种解释策略会使得米丽肯的理论更为融贯一些。但是，就人类的表征来说，米丽肯的洞见在于，她认为，所有的表征都包含"映射规则"（mapping rules），这些规则反映了一阶复制形成的家族在施行正当功能时所指向的对象和由此而形成的稳定功能所指向的意义之间的关系，不那么严格地说，也是自然装置和语言装置之间的关系。① 故而，表征并未将自然环境中的因素与语言中的因素分离开来，人所独具的表征——虽然它们本质上与生物表征不同，其主要原因在于，用麦克道威尔的话说，人类所置身的环境不仅包括第一自然，还包括第二自然，即教化——在生成机制上与其他表征是相同的。这一解释也使得我们更有理由认为，概念空间和自然空间是一起为我们所拥有的，我们在享有这些空间的同时，无需忧虑如何将动物带到概念空间之内，或将我们自身限制在单一的自然空间之内。米丽肯对表征的理解取消了两类空间之间的划界，也消除了相关的一些哲学焦虑。

第四节 知识的形成：正当功能和信息流的融合

依据规范的解释，我们似乎便能获得知识，然而，需要追问的是，如何获得最初的规范性的知识，例如最初是如何获得关于"红"的知识的？诚然，米丽肯会回答到，不存在一个独特的事件，这个事件标志着人类自那以后便具有关于"红"的知识，知识的内容是正当功能，因此关于"红"的知识也在历史中形成。但是，我们应该注意到，在一阶复制形成的家族中，生物（我们的祖先）对红色的事物做出了可靠的有差异的反应，而后在二阶复制形成的家族中，米丽肯则认为一部分复制是通过规范的解释来形成的，解释的规范性源自历史性，我正是就这一"历史性"的细节发问，我们需要知道最初的源自对象的因果刺激如何被生物接收到并逐渐被固定下来的。这一疑问会促使我们再度探究因果性。德雷斯基提出的从对象到知识的

---

① See Ryder, D., Kingsbury, J., and Williford, K., "Introduction", In Ryder, Dan, Justine Kingsbury, and Kenneth Williford, eds., *Millikan and her Critics*, Vol. 15. Oxford: John Wiley & Sons, 2012, p. 4.

信息流是因果性的,信息流依赖于相应的因果过程。① 这一节中我将试图说明,德雷斯基的信息流理论能够很好地补充米丽肯的理论,并且,米丽肯的思想也可以反过来补充德雷斯基思想上的不足。

德雷斯基对知识的定义是,(a)"K 知道 s 是 F = K 的信念是 s 是 F 由's 是 F'这一信息导致(或因果地获得)"②。信息的构成条件是:首先,存在一个事件(或是结构性的,或是事态,或者是一个信号);其次,还存在另外的事件;再次,前一事件和后一事件有关,即两个事件或多个事件之间存在依赖关系。对事件之间的关系的认知实际上构成了我们的信念状态。德雷斯基认为人们知道信息和信念状态之间的关系已经充分地说明了信息的语义条件③;从信息的一端说,如果一个信息具有语义功能,它的信号

---

① See Fred Dretske, *Knowledge and the Flow of Information*, Cambridge: MIT Press, 1981, pp. 26 - 39, pp. 85 - 86. 在信息与因果性的关系上,德雷斯基认为信息所携带的解释内容要比因果关系要多,例如,关于"C 导致 E"这一因果事件,传统的因果理论认为,C 是导致 E 发生的事件,而信息理论则揭示了其他可能的信息,例如 C2, C3 等,可能构成理解 C 的背景,即 C 只有和 C2 和 C3 等其他事件处于一定的关系中时,才能导致 E 的发生。这样一来,E 的原因可能不只是 C,我们还需要知道 C 与 C2 和 C3 之间的信息,才能充分地解释 E 为何发生。我认为,德雷斯基这里的思想与本书第四章戴维森的相关思想殊途同归,戴维森也认为充当原因的并不是一个孤立的事件 C,而是具有可以导致 E 发生这一属性的事件集。或许,认为德雷斯基因此也采取了戴维森式的解释策略会有点武断,甚或不为德雷斯基本人所承认,但这应该是一个有趣的理解。无论如何,请注意我此处的表述是"信息流依赖于相应的因果过程",而非是"信息流依赖于相应的因果事件",这两种表述是有区别的,后者限制了信息流传递信息的丰富程度,因为它只把信息限制在相应的具体事件的发生之上。
② Fred Dretske, *Knowledge and the Flow of Information*, Cambridge: MIT Press, 1981, p. 86.
③ 我注意到,德雷斯基对携带信息的"信号"的理解与皮尔士对"指号"的理解相似。粗略地说,指号包括自身,与其关联物,以及关于指号与其他指号之间的关系的解释(关于它们之间语义关系的认知)。而皮尔士把指号视为具有三项关系的系统,这一系统包含对象本身、与对象意义相关的关联物,以及解释项。前两者类似于能指和所指,皮尔士的重要贡献在于加进了"解释项"。符号现象分为三个级别,符号是第一性的(firstness),对象是第二性的(secondness),解释项是第三性的(thirdness)。其中,解释项是解释者(对符号进行解释的主体,即人)对符号加以认知、解释、感知、反应的过程和结果。
　　皮尔士和德雷斯基的不同之处在于,在皮尔士那里,解释项是广义的,它可以是一种思想观念、一种情绪,或者是一种行动。解释项对应于解释者的思维、心理、意识等层面。解释项既反映出了解释要受客观语境的限制,同时也体现了主体一定的自由。皮尔士引入人的主观因素和客观语境,使得对符号系统成为一个开放的系统。由于该系统的开放性,实用主义的"实践"特征能够以不同的方式被融入进来。相比之下,德雷斯基更加注重对信号之间解释关系的语义探究,注重信息实现的生物学上的功能,而未能从实用主义的角度发展信息理论。

必须携带有正确的信息。因而,信息内容对于这种关于知识的信息理论而言至关重要。德雷斯基对信息的定义是,(b)"一个信号 r 携带着's 是 F'这样的信息 = 给定了 r(以及其他信息 k)时,s 是 F 的条件的概率为 1,但是给定信息 k,概率则小于 1"①。这一定义实际上说明了,我们只要具有关于某一信念的正确信息,我们就可以获得关于该信念的知识,在此意义上,对于"我相信天在下雨"这一信念来说,一旦我们接收到了关于它的信息,我们就具有了"天在下雨"的知识。

然而,知识往往被视为关于客观对象的认知,这要求德雷斯基把信息理解为具有客观价值之物,它反映着关于世界的客观性质。德雷斯基认识到必须要保证知觉的客观性②,但是德雷斯基对客观性的理解并不是形而上的,即认为存在在那里的,作为知识来源的存在。德雷斯基指出,(c)"S 给出的关于对象(相对于属性 G)的属性 B 的初始表征 = S 对 G 的表征取决于 B 和 G 之间的关系,而非是相反的顺序"③。要理解这一表达式,我们需要借助第七章中关于德雷斯基意识理论的理解。德雷斯基认为意识直接存在于生物采取的行为之中,并且反对 HOT 理论,后者把我们具有的观念作为获得关于对象的意识的前提。如果我们在当初获得对 B 的初始表征时,依据的是 B 和 G 之间的关系的话,我们便走向了 HOT 理论。德雷斯基认为 B 和 G 之间的关系本就是 B 携带的信息,这些信息通过生物学上的目的的选择而具有生物学上的功能,它们是意识的内容,并被内藏在生物所采取的行为之中。

葛耶斯维克(O. Gjelsvik)指出,信息内蕴含着关于对象之间的关系这一特征十分重要,然而,也正是这一特征为德雷斯基制造了难题。④ 这些信息嵌套(nesting-information)内的信息内容是不确定的,葛耶斯维克解

---

① Fred Dretske, *Knowledge and the Flow of Information*, Cambridge: MIT Press, 1981, p. 65.
② Ibid., p. 153.
③ Ibid., p. 160
④ See Olav. Gjelsvik, "Dretske on Knowledge and Content", *Synthese*, 86. 3, 1991, pp. 426 - 431.

释道,如果"s 是 F"时,"s 是 G"的概率为 1;那么携带着"s 是 F"这一信息的信号也会携带着"s 是 G"这一信息。"嵌套"可以有两类,一类是分析的,另一类是规则的(nomic)。例如,"s 是三角形""分析地被嵌套在 s 是多边形"之中。如果"s 是 F"与"s 是 G"之间存在规则性的关系的话,那么,所有关于 F 的属性也是关于 G 的属性,并且其中存在着因果律,因为如果"s 是 F"的概率为 1 的话,那么,"s 是 G"的概率也为 1。由于这种嵌套关系,很难说某一信号的内容之于这一信号是唯一的,例如,从"s 是 G"的信息中也能获得关于 F 的内容。信息的嵌套性给德雷斯基带来了一个问题,由于他认为我们不是推论地获得信息并因而获得信息的内容的,于是,每一条信息内仅蕴含着相应的特定内容。例如,"s 是蓝色"的信息只告诉我们 s 是蓝色的,"s 是大海"的信息只告诉我们 s 是大海,"s 是蓝色的大海"的信息只告诉我们 s 是蓝色的大海。由于初始获得信息之间没有推论的关系,从中获得的知识之间因而也是非推论的,这一反思的后果是,知识在表面上看依旧充满推论的关系,然而,它只是由无数的信息碎片所带来的集合,实际上,知识内部的元素是分散、孤立的。

知识的碎片化或许是德雷斯基没有看到的一个后果,虽然这确实是一个稍微极端化的可能后果。如何把信息有机地联系起来,并使得信息本身便包含有关于关系的描述,这个问题至关重要。我认为,米丽肯的正当功能思想在一定程度上能够帮助德雷斯基避免上述问题。

米丽肯和德雷斯基两人都持有目的论的语义学立场[①],但是德雷斯基的信息流是因果性的,而米丽肯所谓的正当功能则是历史性。如果历史性地研究信息流的话,并由此形成正当功能以及关于信息的规范的解释,信号就可以避免携带孤立的信息的命运,因为在规范的解释中,功能的消费者也具有选择、调整和修改信息及其内容的权利。这样或许会迫使德雷斯基对 HOT 理论持有一定的包容态度,因为,正当功能具有"规范性"。

---

① See Millikan, R. "Compare and Contrast Dretske, Fodor, and Millikan on Teleosemantics", *Philosophical Topics*, 18. 2, 1990, p. 129.

第八章 语义在自然空间中的基础：米丽肯的生物语义学

信息流理论也为正当功能提供了最初的来源和可以具体分析的因素，这在一定程度上丰富了米丽肯的思想。然而，我们仍渴望知道从刺激到信号，一直到符号这一过程中到底具体发生了什么。米丽肯和德雷斯基的解释似乎不能满足人们获得答案的渴望。我认为，古典实用主义者杜威的研究弥补了这一方面的不足，古典实用主义者杜威揭示了从自然到社会的连贯发展线索（参见第九章），我们将在下一章中讨论他的相关思想。

小结：连贯的自然空间和概念空间

本章中，米丽肯的理论第一次为我们描绘了自然空间和概念空间的勾连性，正当功能作为连接语言的自然装置和人工装置，使得我们不仅在未抛弃世界的意义上使用公共语言，我们也认识了公共语言的自然起源。

正当功能和关于它的规范的解释的非概率性为语句的意义提供了一种非先验的基础，它们的变动性则体现出生物与环境之间的互动关系。生物既是正当功能的生产者，它们也因为消费了生产出的正当功能而受益，于是，生物既作为生产者也作为消费者，在生产和消费的过程中，正当功能的内涵（以及相应的表征的内涵）始终处于变动之中。人类，作为一种具有智识能力的存在者，他同时在概念空间和自然空间中生产和消费正当功能，人类的生产和消费行为因而也体现着概念空间和自然空间之间的互动。某种意义上，我们因此同时获有两种空间，两种空间对我们人类来说是密不可分的一体，它们作为我们存在论的背景而为我们非反思地经历着。

德雷斯基和米丽肯都为我们提供了从自然空间走向概念空间的具体思路，我们发现，米丽肯的正当功能为行为提供了历史性的自然依据，而德雷斯基的信息流理论则为行为提供了当下性的自然依据，两者思想的有益结合能够更好地说明两种空间的勾连。下一章中，我将借助对杜威发生学的语言观的讨论，对两种空间的勾连过程做更为具体的讨论。

补 篇
脑的外化和实用主义[*]

在第七章第三节中,我试图通过"行为"这一概念将神经学关于意识的解释和德雷斯基的意识理论结合起来,而结合两种理论的依据则在于对意识的功能性的追求,即获得生物学上的价值。我认识到当时的讨论略显仓促和不足,在经过前两章关于实用主义研究的讨论之后,本篇拟通过对近来出现的"神经实用主义"的讨论来弥补当时论述上的缺陷。

同样在第七章第三节中,我们认识到,长久以来神经科学关于脑内状态的描述常被认为存在"哲学"上的问题。究其原因,大抵有二:其一是还原论问题,经过第一部分的研究,我们发现还原论或基础主义似乎已经陷入绝境,而神经科学关于脑内状态的描述似乎是在提供另一种形式的感觉刺激,试图以之为新的经验基础;其二,神经科学仅提供关于事实的描述,而哲学要求的则是"解释",这里实际上进一步暗含着自然空间和概念空间,科学空间和价值空间两类空间的分裂,神经科学的研究成果至多只是关于自然事实的报告,而其中为何蕴含或从中如何发展出价值领域则是一个需要进一步深究的问题。

尽管存在上述问题,结合起神经科学与哲学的探究从未停止。埃德尔曼曾指出奎因的"自然化的认识论"已经过时,奎因认为经验刺激仅能在一个概念系统的外部边缘作用于内部,埃德尔曼不满于奎因仅停留于皮肤和感官层面,他指出奎因受限于当时科学发展的情况,而如今我们获得的关于脑的更为丰富的知识已经能使得我们能够"考虑范围更广泛的交互——

---

[*] 本章主要内容已发表于《自然辩证法通讯》2018年第7期,文章标题为"脑的外传:神经实用主义的解释进路"。

大脑、身体和环境之间的互动"①。这一"范围更广泛"的思量不仅扩充了关于脑的神经科学研究的思路,亦有助于重新思考相关的哲学论题,我们也可借机探究神经科学和哲学结合的可能性。

本篇拟借助对新近发展出的"神经实用主义"思想的介绍和讨论来探究神经科学和哲学相结合的一种具体的进路,并借此说明证成自然空间和概念空间之间不可分性、互动性的另一种思路。该思路的主要捍卫者舒克和绍伊莫希区分了"实用主义神经哲学"(pragmatist neurophilosophy)和"神经实用主义"(Neuropragmatism)两个概念,前者尤指基于认知科学和脑科学的相关研究而为实用主义的核心论题做出辩护,后者则指科学的证据不仅被用来证成实用主义观点,它自身是神经哲学中一个独立的论域。② 故而,神经实用主义与已有的将认知科学和脑科学的相关研究运用于哲学的研究不同,它不仅尤为关注于运用科学的证据证成实用主义的观点,它还有着自己独特的论题,这些论题使之成为一个独立的研究方向,它因此也能为实用主义带来实质的发展。

本篇第一节将探究神经科学和实用主义可能结合的原因;第二节将讨论神经实用主义的主要论题;第三节将主要讨论神经实用主义给实用主义带来了怎样的发展;第四节则会简要讨论神经实用主义的研究现状和一些不足之处。作为一种新兴理论,神经实用主义存在两方面不足:其一,未能紧密结合起神经科学和实用主义;其二,未能建立起自己的理论内核。我认为,要克服上述两点不足,神经实用主义应该把"神经实用主义是一种关于自然、人文、科学的综合理论"这一论题视为核心论题,以此实现自然的世界观和文化的世界观、自然空间和概念空间,以及新、老实用主义之间的融合。这一论题亦是本书的主题之一。

在小结部分,我不将就已有的讨论做出总结,也将就神经实用主义的下

---

① [美]埃德尔曼:《第二自然:意识之谜》,唐璐译,湖南科学技术出版社 2010 年版,第 2 页。
② John Shook and Tibor Solymosi, "Introduction", in *Pragmatist Neurophilosophy: American Philosophy and the Brain*, John Shook and Tibor Solymosi, eds., New York and London: Bloomsbury Academic, 2014, p. 3.

一步发展问题给出意见。我认为应该将"活动"作为自然空间、概念空间以及脑内状态的交叉点,这一结论是对第七章第三节中获得的结论——行为是连接起脑内状态和脑外的实现生物性价值的活动的中介——的进一步发展。

一、神经科学和实用主义的汇通

或许谈论"神经实用主义"并不会令人感到十分奇怪,因为古典实用主义者往往借助生理学或生物学上的知识来进行哲学上的讨论,例如詹姆斯和杜威早期都曾出版过心理学上的著作,而当时(尤其是二十世纪六十年代到九十年代间)心理学的研究和生理学关于机体的研究密不可分。[①] 杜威哲学亦受到达尔文进化论的影响。[②] 古典实用主义可以被视为美国最早的一批认知科学家。[③] 这些事实说明实用主义与神经科学自始便有着密切关系。

在神经科学的研究上,一些学者也认识到脑内的皮层结构、功能、区域间的连接情况等与主体应对环境的活动有着密切关系。例如,埃德尔曼认为大脑是被嵌在人体中的,而人体是被嵌入自然中的,脑内的情况无可避免地与人体应对自然的活动密切相关,并因此同样受制于达尔文进化论。[④] 诺伊[⑤]、本尼特和哈克[⑥]等人认为,我们应该把人(person)而非人脑这样的亚人(sub-person)作为研究的基本单位,这便意味着人的行动及其脑内的活动都是次一级的,它们均只是人之有联系的两个面向。如此一来,

---

[①] 参见[美]詹姆斯:《心理学原理》,唐钺译,商务印书馆1963年版。杜威早期也写作了诸多心理学上的作或文章。
[②] See John Dewey, "The influence of Darwin on philosophy", *Diacronia*, 2016.3,2016, A48.
[③] See John Shook and Tibor Solymosi, "Introduction", in *Pragmatist Neurophilosophy: American Philosophy and the Brain*, John Shook and Tibor Solymosi eds., New York and London: Bloomsbury Academic, 2014, p. 1.
[④] 参见[美]埃德尔曼:《第二自然:意识之谜》,唐璐译,湖南科学技术出版社2010年版,第6页。
[⑤] See Alva Noë, *Action in Perception*, Cambridge: MIT Press, 2004, p. 24.
[⑥] See Max R. Bennett, and Peter Michael Stephan Hacker, *Philosophical Foundations of Neuroscience*, Blackwell Publishing, 2003.

脑内状态与外在于脑的活动脉脉相通,通过行动来理解脑内状态使得我们有可能引入实用主义的相关观点来做出解释。此外,迪昂还提出"神经元文化"的理论,认为我们的文化活动可以投射到相关的神经网络之上。[1] 故而,脑内的状态不仅与在自然中的活动有关,还与文化活动密不可分。神经科学和实用主义之间的关系或许要比我们原先认为的要亲近许多。

约翰逊(M. Johnson)总结了实用主义和神经科学共有的五个主题,这些主题能够帮助我们具体地理解实用主义和神经科学何以可能汇通。[2] 第一个主题是,两者均把机体-环境间的相互作用理解为活动的内容。杜威曾经指出:

> 最首要和重要的思想是生命在环境中延续;不仅是在环境中,而且还因为环境,借助与环境的互动而延续生命。没有生物仅栖居在皮层之下;生物的皮下组织表现的是它与它之外的身体架构的关系,对它来说,为了生存,它必须通过适应、防卫以及征服等方式来调整自身……生物的生涯和命运与其同环境间的交互作用密切相关。[3]

故而,皮下组织(包括脑内的神经状态)受制于机体适应环境的活动。这一主题直接导向了第二个主题,即经验的连续性。"连续性"体现在对"情境"概念的理解,机体应对自然的活动涉及诸多具体的情形,因此任何判断都不是在孤立的情况下做出的,我们必须在一个整体的语境下做出判断,这一整体的语境即我们所谓的情境。根据第一个主题,皮下组织的形成和表

---

[1] 参见[法]迪昂:《脑的阅读:破解人类阅读之谜》,周加仙译,中信出版社 2011 年版。
[2] See Mark Johnson, "Keeping the Pragmatism in Neuropragmtism", in *Neuroscience, Neurophilosophy and Pragmatism: Brains at Work with the World*, John Shook and Tibor Solymosi eds., Basingstoke, United Kingdom: Palgrave Macmillan, 2014. pp. 39–47.
[3] John Dewey, Art as Experience, in *The Later Works*, Vol. 10, Jo Boydston ed., Carbondale: Southern Illinois University Press, 1987, p. 13. Cf. Mark Johnson, "Keeping the Pragmatism in Neuropragmtism", in *Neuroscience, Neurophilosophy and Pragmatism: Brains at Work with the World*, John Shook and Tibor Solymosi eds., Basingstoke, United Kingdom: Palgrave Macmillan, 2014, pp. 39–40.

现亦和环境有关,而人之环境包括自然环境和文化环境,人类的皮下组织(尤其是脑内的神经状态)因而受到内涵更为丰富的环境,即情境的影响。因为生物的皮下组织均受制于情境,并且做出判断也需要考虑情境,这些认识从侧面说明了低阶经验和高阶经验(例如动物经验和人的经验,感觉经验和文化经验)之间的连续性。

第三个主题是,两者均反对二元论。由于经验是连续的,脑内状态、应对环境的活动以及在特定情境下做出的判断之间也是连续的,故不存在对象和概念、本质和表象等笛卡尔式的二元论;关于对象的概念是在历史活动中慢慢形成的,概念和对象之间始终处于互动的关系之中,因此两者之间并不存在本体上的二元对立;表象也不具有一个超然不变的本质,本质只是活动中一种稳定的状态,但这并不意味着本质是不可变的,故而也不存在本质和表象之间静态的二元对立。神经科学实际上是以接受进化论的方式来反对二元论,一方面,进化论促使我们认识到不存在二元论所设立的种种概念上的分裂;另一方面,进化论也应该使人们认识到我们目前所"钟爱"的二元论也是出于选择的结果,它们亦服务于进化的目的,二元论在人之文化或自然的发展中曾起到特定的作用;如今放弃二元论也是进化的结果,是服务于我们当下一些理论上或其他目的的结果。进化论于是不单指生物进化论,它还被应用为神经进化论、文化进化论等形式,而其中的依据则在于经验的连续性。经验的连续性暗示着断言和皮下组织一样,需要考虑它需要"适应"的情境,因而断言和皮下组织的具体表现形式一样体现着它与情境间的密切关系。情境包含自然环境和文化环境,脑内状态和断言受制于两种环境意味着自然的因素和文化因素势必处于复杂的互动状态之中——这一认识导向了余下的两个主题,而进化论亦在这一互动中获得更为广泛的运用场景。事实上,进化论早已被运用或发展为社会达尔文主义、进化心理学、神经达尔文主义,以及借助遗传学和分子生物学的一些发展而架构起的现代达尔文主义等新形态。

第四和第五个主题是,两者均强调理(reason)与情(emotion)的交互性,强调对还原论的"多层次"解释。"情"主要指需求和欲望,这是生物所共有的。神经科学研究发现,脑部内情感的反应模式相应于推理的方式,反之,推理的方式也影响到脑内情感的反应模式。神经科学在通过描述脑内的相关反应模式来对推理做出解释时,它所做的并不是以将推理翻译为科学语言或还原为脑内刺激的方式进行,而是把推理还原为相应的神经刺激模式,但这只是还原论式的解释的一个层次;我们同时需要认识到,之所以能做出这样的神经学的解释乃是因为脑内的神经模式亦受到外在于脑的环境(包括推理)的影响,这一步对脑内的神经模式做出了另一层次的还原的解释。还原的解释实际上是一个动态的循环的多层解释模式。因而,脑内的神经元模式(例如情感模式)和脑外的"理"是相互影响、相互还原的。

总结来说,我认为神经科学和实用主义可能结合的关键要点在于,基于生物的机体和神经系统的目的在于维持生命,认知离不开身体语境,而认知也和生物的生存目的以及环境密不可分等关键认识,借助生物应对环境的活动来解释脑内的神经模式和形成的相应概念和判断;由于脑内神经模式和我们概念性的认知有着相同的源头,遵循着相同的进化逻辑,因而不同层次的经验以及经验和概念之间都是连续的。进一步地,我们可以推测神经实用主义也有可能连贯起自然空间和概念空间,连贯起神经科学带来的科学世界观和实用主义带来的人文世界观。神经科学和实用主义的结合不仅可能,而且寓意深远。

二、神经实用主义的主要论题

舒克和绍伊莫希认为,绍伊莫希新近首提"神经实用主义"这一术语,"神经哲学实用主义或神经实用主义是以科学的方式来处理认知、知识、心身关系、能动性、社会化以及从这些基本问题中衍生出的进一步问题"[①]。

---

① John Shook and Tibor Solymosi, "Neuropragmatism and the Reconstruction of Scientific and Humanistic Worldviews", in *Neuroscience, Neurophilosophy and Pragmatism: Brains at Work with the World*, John Shook and Tibor Solymosi eds., Basingstoke, United Kingdom: Palgrave Macmillan, 2014, p. 6, p. 3.

因此,神经实用主义需要借助神经科学方面的发展来促使我们重新以实用主义的方式思考问题。

舒克和绍伊莫希总结出了神经实用主义的十二个论题,前三个论题基于生物学和人类学的知识,这三个论题也是我在上一节中提及的神经科学和实用主义之所以能结合的前提,即:(1)生物的机体和神经系统的目的在于维持生命,(2)认知离不开身体语境,(3)人类认知起初也与其生存的目的和环境密不可分。①

前三个论题是在生物学和人类学这一更为广泛的范围内为神经科学和实用主义寻得的结合依据,第四到第七个论题则直接出自行为科学和脑科学的相关研究:(4)认知系统是动态地适应机体—环境间的反应的;(5)脑的内部连接也会随着环境的变化而变化,以便能够更好地采取行动;(6)复杂的认知过程体现着脑能够高效应对环境的变化,获得较好的效果;(7)人类智力有着出于某一目标而合作的特征,此中的目标是社会性的,脑内的机制也应该服务于达成这一社会性的目标。② 在我看来,这四个论题可以从前三个论题中直接导出。因为(1)和(2)而有(4)、(5)和(6);因为人所栖居的环境不仅包含自然环境,也包括人文环境,所以从(3)中可以得出(7)。尤为需要注意的是我已多次强调的一个要点,即自然环境和人文环境之间也存在着连续性。脑部的神经元连接模式既是适应自然环境的结果,也服务于社会性的目标;人之智力成分中的合作特征既源自应对环境的要求,亦导向了社会性;团结与协作从自然中来,体现在脑中,为人文勾画了底蕴。于是,神经实用主义可以获得一种关于自然、人文、科学的综合理论图景。我认为,这是神经实用主义一个甚为关键的论题。

余下的五个论题涉及神经实用主义如何帮助我们再度以实用主义的

---

① John Shook and Tibor Solymosi, "Neuropragmatism and the Reconstruction of Scientific and Humanistic Worldviews", in *Neuroscience, Neurophilosophy and Pragmatism: Brains at Work with the World*, John Shook and Tibor Solymosi eds., Basingstoke, United Kingdom: Palgrave Macmillan, 2014, pp. 6-7.
② Ibid., p. 7.

方式思考一些哲学问题,例如:(8)反笛卡尔式的二元论,笛卡尔式的二元论在心与物之间设定了静态的、严格的分立,而实际上关于表象的知识是在具体的情境下动态地获得的;(9)人类复杂的认知模式是从低层的认知过程中发展和组合而来的;(10)理性和想象力等都出于社会性的创造,它们并非是一成不变的;(11)知识是在实验中解决问题的结果,知识的认识论标准是实践;(12)原先被视为先验或必然的真理仅是一些认知习惯,我们如此习惯它们以致它们在脑中根深蒂固,我们无意识地使用它们,对它们依赖颇深。① 这五个论题反映了实用主义对传统认识论的批评,对自然与社会之间连续性的强调,以及真理观等。神经实用主义不仅能够启示我们重新思考实用主义的论题,它还在诸如意识问题,脑和心灵的关系等重要问题上予以我们思考的新思路,这当然需要我们做出更多的研究。

三、神经实用主义对实用主义的意义

神经实用主义的提出对于实用主义哲学研究来说具有重要的意义,它不仅为实用主义的一些论题提供了的新的证据,某种程度上,神经实用主义也促进了实用主义的进一步发展。

首先,神经实用主义启发人们重新关注古典实用主义中关于自然(经验)的研究,尤其是对经验和概念之间连续性的强调。这些甚为关键的方面是古典实用主义思想的核心洞见,却为新实用主义者所忽视或放弃。上文中已经提及了杜威对此思想的强调,古典实用主义的另一代表人物詹姆斯的彻底经验主义也强调了同样的思想,他指出,纯粹经验与概念不仅连续,且有着互动。② 新实用主义者,例如,罗蒂试图劝服我们放弃谈论经验

---

① John Shook and Tibor Solymosi, "Neuropragmatism and the Reconstruction of Scientific and Humanistic Worldviews", in *Neuroscience, Neurophilosophy and Pragmatism: Brains at Work with the World*, John Shook and Tibor Solymosi eds., Basingstoke, United Kingdom: Palgrave Macmillan, 2014, pp. 11 - 12.
② [美]詹姆斯:《多元的宇宙》,吴棠译,商务印书馆2012年版,第221页。

意义上的世界①，而布兰顿则从动物和人类之间的断裂之处开始研究哲学问题，否定我们能从自然的一方开始研究的可能性。对于他来说，哲学讨论的起点是意义可以附着于其上的最小单位，即语句和次语句表达式。②神经实用主义则启发我们重新思考经验和概念之间的关系。依据上一节中提到的前七个论题，我们有理由认为自然中存在着语义基础，仍有可能以一种连贯的方式谈论概念的自然起源。

其次，神经实用主义能够启发我们重新思考实用主义的一些论题，再度说明实用主义相关观念的正确性③，例如经验的连续性、反对二元论、实用主义真理论等论题。以实用主义真理论为例，詹姆斯指出，"真理主要是与我们的某一环节的经验引导到值得达到的其他环节的经验方式有密切关系。首先，从常识的层次说，一种思想状态的真理性，就是指这种有价值的引导作用"，"真观念就是我们能够吸收、能够生效、能够确认、能够证实的那些观念"。④ 因此，如若把实用主义作为脑神经科学的哲学基础不仅意味着我们需要在实践中理解脑内的运作模式；拥有经验关系的真，还意味着能够额外地引导行为的意义，这也便意味着，脑内的运作模式能够反过来服务于外化的行为模式。于是，如果神经科学的相关研究的确能够证明这一点，实用主义无疑能够于如今的科学发展中，吸纳一些有益于自己的最新资源。认知科学作为如今发展迅速、颇为盛行的学科，它无疑能为实用主义的发展提供最为先进的材料，并能使实用主义处于与时俱进的发展状态中。

最后，神经实用主义已有的一些论题为实用主义的发展指出一些具体

---

① See Richard Rorty, "World Well Lost", in *Consequences of Pragmatism*, Minneapolis: University of Minnesota Press, 1982.
② See Robert Brandom, *Articulating Reasons: An Introduction to Inferentialism*, Cambridge: Harvard University Press, 2001, p. 1.
③ See W. Teed Rockwell, "How Computational Neuroscience Revealed that the Pragmatists Were Right", in *Neuroscience, Neurophilosophy and Pragmatism: Brains at Work with the World*, John Shook and Tibor Solymosi eds., Basingstoke, United Kingdom: Palgrave Macmillan, 2014, pp. 57 - 70.
④ [美]詹姆斯：《实用主义》，李步楼译，商务印书馆 2014 年版，第 114、112 页。

方向,也为解决一些重要的哲学问题提供了新的思路;例如,神经实用主义是一种关于自然、人文、科学的综合理论,这一关键论题要求我们对经验的连续性、自然空间和概念空间的连续性等问题多加关注。上述论题中前三个论题保证了自然因素的作用,而论题(7)和(10)等说明了人文维度的重要性,论题(4)、(5)、(6)、(9)、(11)等论题则说明了自然与人文之间的连续性和互动性,并未科学的探究能够反映着这些特征。根本地,科学的探究是在一个人文的环境中将自然打开给我们的过程。笔者认为,这是神经实用主义应该视之为核心论题的一种重要论题,它能够将上文提及的"一束"论题很好地凝结起来。

四、神经实用主义的发展现状和不足之处

尽管神经实用主义有着诸多重要意义,但它的发展还处于初步阶段。神经实用主义的主要倡导者舒克和绍伊莫希于 2014 年编辑出版了两本文集,分别为《实用主义神经哲学:美国哲学和大脑》(*Pragmatist Neurophilosophy*)[①]、《神经科学、神经哲学和实用主义:与世界协作的大脑》(*Neuroscience, Neurophilosophy and Pragmatism: Brains at Work with the World*)[②]。前一本书分为三个部分,共收录 11 篇论文。第一部分介绍了已有的研究,主要是皮尔士、詹姆斯和杜威这三位古典实用主义者已有的神经科学方面的研究;第二部分讨论如何重构神经科学和哲学;第三部分则涉及一些具体问题。后一本书要比前一本更为综合,也更为细致,涉及的论题也更为广泛。该书分为四个部分,共收录 13 篇论文,它不仅讨论了前一本书中涉及的内容和主题,还涉及神经实用主义在教育、伦理等方面的具体运用。

上述两本文集的出版无疑为神经实用主义的发展,乃至实用主义的发

[①] John Shook and Tibor Solymosi eds., *Pragmatist Neurophilosophy: American Philosophy and the Brain*, New York and London: Bloomsbury Academic, 2014.
[②] Ibid.

展添砖加瓦。然而,神经实用主义毕竟处于它发展的初期阶段,两本书的出版尚不足三年,在学界内引起的反响也有限,神经实用主义目前无可避免地存在着一些问题。在我看来,它有三个甚为关键的不足。

首先,神经实用主义的特色在于试图将神经科学和实用主义结合起来,然而,当前已有的研究在"结合"上做的工作并不是太好,诸多讨论只满足于说明神经科学的一些研究可以用于解释和支持实用主义的思想,而实用主义也可以作为综合地理解神经科学研究的哲学视角,这些讨论未能充分讨论神经科学中为何蕴含实用主义的思想。简单地抛出一些神经科学上的事实,并用之建立起与实用主义的松散联系并不会使人心悦诚服地接受"神经实用主义"这一新名称。"神经实用主义"想要树立它独立的口碑,应该做一些更为细致和深入的工作来使得神经科学和实用主义更为紧密地联系在一起。基利(B. Keeley)在评论《实用主义神经哲学:美国哲学和大脑》一书时发现了同样的问题,他以该文集中汤普森(D. Thompson)《自我作为生存于实用且确定的世界中的进化机体》[1]一文为例,指出该文只能勉强算得上是"实用主义式"的"神经哲学";该文把现象学家梅洛-庞蒂视为实用主义一方的代表,而把动物行为学家冯·乌克维尔(J. von Uexküll)视为神经哲学一方的代表,以这两位哲学家为代表来讨论神经实用主义虽能开拓研究的视野,但未免太名不副实。[2]《神经科学、神经哲学和实用主义:与世界协作的大脑》一书的十三位作者中有十位是哲学家,有三位是神经科学家,他们似乎也未能勠力同心将神经科学和实用主义紧密联系起来。关于神经实用主义的下一本著作或许应该是一本研究专著而非文集。

其次,将科学与哲学结合起来的思路虽不多见,但也并不鲜见,神经实

---

[1] David Thompson, "The Self as an Evolved Organism that Lives in a Pragmatically Defined World", in *Pragmatist Neurophilosophy: American Philosophy and the Brain*, John Shook and Tibor Solymosi eds., New York and London: Bloomsbury Academic, 2014, pp. 203 – 222.

[2] Brian L. Keeley, Book Review: Pragmatist Neurophilosophy: American Philosophy and the Brain, Retrieved February 3, 2017, from http://ndpr.nd.edu/news/55129-pragmatist-neurophilosophy-american-philosophy-and-the-brain/

用主义在此方面很大程度上忽略了已有的研究背景,例如生物人类学家德肯(T. Deacon)基于皮尔士的符号学对语言和大脑的协同进化所做的研究。① 沿着协同进化的思路,拉姆斯登、威尔逊②以及丘奇兰德夫人③等人也做出了重要贡献。神经实用主义则鲜有提及这些理论资源,这或许也是其讨论在学理上有缺陷的重要原因。

最后,神经实用主义缺少一个关键论题,而笔者认为神经实用主义应该旨在提供一种关于自然、人文、科学的综合理论。就其自身而言,该论题能够很好地综合起现有的分散论题。该论题也能为解决实用主义面临的一些问题提供新思路。部分新实用主义者(例如布兰顿)忽视了经验的维度,忽视了经验和概念的连续性,而神经实用主义的这一论题恰恰能够填补新实用主义相关研究的不足。神经实用主义如能注意到它在此问题上的作用,它将具备更大的价值。

五、结论:自然、科学和人文的融合

尽管存在上述两个问题,神经实用主义作为一个新近被提出的理论,值得我们予以更多的期待。就本书而言,神经实用主义能够直接证成本书的论题。神经实用主义将脑内的状态外化为外在于脑的行动进行研究,脑的外化凿开了一道通往脑内神经元的小道,外在于脑的自然环境和人文环境的幽光得以照进颅内。脑的外化使得神经科学和实用主义能够结合,实用主义也因此获得了更多的支持性证据,理论资源,乃至发展方向。我认为,神经实用主义应该在"神经实用主义是一种关于自然、人文、科学的综合理论"这一论题上多做文章,以此实现自然的世界观和文化的世界观、自

---

① See Terrance Deacon, *The Symbolic Species*: *The Co-Evolution of Language and the Brain*, New York: WW Norton & Company, 1998.
② 参见[加]拉姆斯登、[美]威尔逊:《基因、心灵与文化:协同进化的过程》,刘利译,上海科技教育出版社2005年版。
③ See Patria Churchland, *Neurophilosophy*: *Toward a Unified Science of the Mind-brain*, Cambridge: MIT Press, 1989.

然空间和概念空间,以及新老实用主义之间的融合,这一关键论题能够直接证成本书的论题。

实际上,克服上一节中我指出的神经实用主义的两个问题也在于进一步地论证这一论题。应对情境的"活动"必然是一个关键的概念,它是脑内状态、经验、概念等具体研究方向的"交叉点",通过应对自然的活动:(a)脑内状态得以接受外在信息,并以此形成新的模式或对已有的模式做出调整,并进一步影响到采取怎样的行动;(b)一些概念得以生成并获得稳定的内涵,概念的内涵也会被修改或调整,并进一步影响到采取怎样的行动。随之,经由"活动"这一共同的源头,(c)脑内状态和概念也互相发生作用,神经元因此附着上文化的信息,大脑不是洛克式的"白板",在进行文化式的活动时,运用到的大脑已经存贮了一些文化信息和一些自然信息。(a)—(c)揭示了大脑-自然、自然-文化、大脑-文化,以及自然-大脑-文化之间动态的、交织的相互影响。

(a)—(c)应该是神经实用主义的核心论题,有了这三个要点,自然、科学、人文也能够得以融合,自然空间和概念空间之间便得以被勾连起来。

第九章
从自然空间到概念空间：杜威的语言发生论*

本章将具体探究杜威的语言哲学思想。杜威虽然并没有提出一个系统的语言理论，但一方面，杜威极其强调语言的重要性，正如他所言，"语言……有着尤其重要的地位，并且在复杂的文化环境形成过程中起着重要的作用"[①]；另一方面，我们可以从杜威的语言思想中读到戴维森三角测量理论以及布兰顿推论主义的一些痕迹；杜威的讨论又系连在自然主义的进路上，这又和德雷斯基、米丽肯、丹尼特等人的思想有了关联。杜威的语言观连贯地联系起了从经验到社会的过程，他的思想提供了一条弥合理性主义和自然主义、概念空间和自然空间的思路。结合当前的讨论主题，杜威的思想为我们描绘了从"做"的活动到"说"的言语行为的具体过程，在这一过程中，我们将不仅能够明了语言是如何产生的，我们还将会知道自然空间与语言、知识，乃至人类的社会活动之间不可割断的联系。

第一节中我将描述杜威所反对的语言观。杜威反对将语言视为逻辑的构造物，以及视语言为反映世界的一面镜子的观点。我们将会在第二节中看到，杜威认为语言从自然之中产生，语言深深扎根于应对自然的经验之中。这里所说的自然是人和动物共同栖居的、活生生的自然。起初，当人还未与其他动物分化时，生物都具有使用记号（sign）的能力，使用记号已经隐含着一些习性的有模式的倾向和推论规则。人与动物的不同之处在于，人能够使用符号（symbol）。使用符号意味着人类能够从事更为复杂

---

* 本章主要内容已发表于《自然辩证法研究》2006 年第 7 期，文章标题为"从自然到社会：论杜威的语言哲学"。

[①] John Dewey, *Logic：The Theory of Inquiry*, New York：Holt, Rinehart and Winston, 1938, p. 45.

的推论活动。从掌握记号到掌握符号是语言生成过程中的关键一环,我将在第三节中对此做出进一步的讨论。但在杜威看来,语言具体形成于人们朝着共同目标协力并作的社会过程之中,这将是我在第四节中讨论的内容。然而,尽管语言具体形成于社会过程之中,我们不应遗忘语言扎根于自然之中这一事实。杜威指出,推论本就是一项人类活动。人类作为生物的自然活动和作为社会性生物的语言活动之间不存在难填的沟壑,这两种活动之间本是连续一致的。我将在第五节中阐述杜威的这一思想。

通过对杜威语言思想的讨论,我们发现杜威十分强调世界与知识、概念空间和自然空间之间的连续关系。在杜威那里,概念直接从经验世界中生发出来。杜威也曾经表示,如若让他重命名《经验与自然》这本书的标题,他将会将之改名为《经验与文化》,经验与自然本就是同一种事实的两种表达,此时,经验、自然和文化可以被理解为同一种对象的三种不同表达。按照这些理解,世界与知识当然也处于不可分的关系之中。

第一节 非逻辑和非中介的语言

同许多同时代的语言学家相比,杜威认为语言不是一个逻辑的系统,在他看来,语言的产生归因于每个个体的使用,语言反映出这些个体所置身的环境以及个体应对环境的方式。换句话说,"语言自身是对人类个体经验的深层记录。用当代的话语说,不应脱离其语境来理解语言"[①]。

在语言何以产生的观点上,杜威亦认为语言产生于自然进化的过程之中。逻辑主义者认为,语言独立于经验存在和演化,意义同样是独立于经验的东西。例如乔姆斯基的语言习得装置(LAD),乔姆斯基认为语言的形

[①] Bruner J., Caludill F., and Ninio A., "Language and Experience", in *John Dewey Reconsidered*, R. S. Petersed., London: Routledge & Kegan Paul, 1977, p. 18.

式语法形成于如下过程之中：

说出语言 L→⬚LAD⬚→语言 L 的语法形式①

人们最初说出的语言（言语表达，utterances）便是解释和推论的起点，无论 LAD 的具体结构是什么，这种装置的原材料不是经验性的东西，语言的意义尽管可能仍与经验有关，经验在"语言的意义是什么"的问题上起不到决定性的作用。杜威则认为语言和经验是密不可分的，但杜威眼中的二者间的联系又不同于他之前的传统语言观。

按照布莱克（M. Black）的总结，在语言和意义的问题上，传统的观点主要依循三个线索，即"意义是一种特殊的对象，人们能够直接意识到意义的这种独特属性；语词**代表**着多种意义，正如某个名字代表它所命名的多个人一样；言语的功能就是使得听者能够熟悉某种意义，或者能够充分准确地复制这些意义。简单的说，语言是重现说话者思想的媒介"②。实际上，当人们把语词的意义系连在对象上时，语言还被认为是反映世界的一面镜子，人们通过语言认识和表达这个世界。我们将会看到，在杜威看来，语言并不是任何东西的中介。语言切实地在世界中产生，并构建着我们与世界之间无中介的联系；此外，语言产生于交流的过程之中，它是第一人称和第三人称协力构建的结果。

第二节　语言的"意义"扎根于进化中的经验

我们先来探究语言是如何切实地产生于经验世界之中的。这里所谓的"世界"，在杜威那里，指的是一种活生生的自然，这种自然遵循着进化的规律。对于某个生物个体而言，它在具体的条件下生存和演化，并且在不

---

① See Chomsky N., "Explanatory Models in Linguistics", in *Logic, Methodology and the Philosophy of Science*, E. Nageled., Stanford: Stanford University Press, 1962.
② Black M., "Dewey's Philosophy of Language", in *John Dewey: Critical Assessments*, Vol. 4, J. E. Tilesed., New York: Routledge, 1992, p. 191.

同的条件下,生物也将会具备不同的质性。这种质性指的是那些在生机勃勃的自然进化的进程中被捕捉和暂时被固定住的不连续的生物属性。这些属性因为直接产生于自然进化过程之中,杜威称其为第一性的质(first qualities),它与诸如颜色、声音这样被概念渗透的**对象一般**相对,后者被称为第二性的质(secondary qualities)。洛克也在第一性的质和第二性的质之间做出过划分,根据洛克,"物体的第一性质(primary quality)……不论在什么情况下,都是和物体完全不能分离的;物体不论经过了什么变化,外面加于它的力量不论多大,它仍然永远保有这些性质。……第二性的质……是能借其第一性的质在我们心中产生某种感觉的那些能力,例如颜色、声音、滋味等等"①。杜威的划分和理解显然不同于洛克,在杜威那里,第一性的质并不是物性的固定不变的属性,而是生物在进化过程中阶段性的特征,这种性质会随着进化而有所变化。在杜威看来,第二性的质也不仅仅是人所拥有的最低限度的概念,它是人与动物皆能对之做出可靠反应的对象一般,只不过是第二性的质在动物和人类那里有着不同程度的发展。我们可以通过如下三点认识来进一步厘清杜威的思想:

首先,在杜威看来,生物进化的过程与其对周边环境的物性的(physical)反应乃是一个连贯的过程。毫无疑问,第一性的质是人与动物所共有的,它是生物得以生存和延续的必要条件,它体现于生物与其周边环境的互动反应之中。例如,某种素食动物必须能够对红色的蘑菇做出可靠的有差异的反应以避免进食有毒的蘑菇,这里,这种动物可靠地将"红色"与其他安全色区分开来。我们权且接受如下易于接受的结论,即该素食动物虽然能够对周边环境做出可靠的有差异的反应,但是它的反应只是自然的、物性的,而非概念性的,因而没有进入到推论的链条之中,因此也不具有心理的(mental)属性。这一结论相容于杜威的结论,即生物应对自然的物性进程并不外在于其生存的进程,相反,生物在对自然物性的反应中习得的第一性的质使得生物自身得以保存,因此,生命的进程与自然的、

---

① [英]洛克:《人类理解论》,关文运译,商务印书馆1983年版,第100—101页。

物质的进程乃是连续的。

其次,生命进化的过程与作为后果的质性出现的过程也是同一个过程。由于第一性的质乃是生物应对环境形成的后果,对于杜威来说,生命延续的过程和作为后果的质性出现的过程也是同一个过程。[①] 并且,"这些质性从不存在于有机体里面;它们一直是外在的事物与有机体共同参与的交互作用的结果"[②]。质性的变化动态地反映了生物应对环境的历史。

最后,杜威认为,从后果论的角度看,质性具有隐晦的意义(implicitly meaningful),对质性的反应是有着隐晦的意义的模式——这种意义之所以是隐晦的,乃是因为它相对于在成熟语言中的成熟意义而言,它尚不能被成熟的语言符号表达出来;但意义是隐晦的,进一步地说,隐晦的意义构成了清晰的(explicit)意义的基础和前提,当获得成熟的语言时,人们可以使之清晰化(making it explicit);从保存生命的角度看,对质性的反应反映着生物应对自然环境的经验过程;因此,质性兼具经验和意义两个要素,它构成了语言的起点。人类显然也具有第一性的质,但具有第一性的质只构成了人之为人的一个必要不充分的条件。但杜威在第一性的质和第二性的质之间架设了他的 LAD。生物为了保存生命而对第一性的质做出反应,生物如若失去这种能力,它便要承担无法自我保存的后果,从这种后果的角度看,对质性的反应必然是具有意义的,质性无疑隐晦地具有意义。"如果对于有生命的生物的两个不同标准——一种是在其后果中能够与环境维系关系的模式,另一种是对质性做出反应——被结合在一起的话,那么生命进程便是以保存生命进程的方式对质性做出反应。于是,质性便无意间产生了具体后果上的效果,于是它也因此具有隐晦的意义。"[③]

我们不妨将这里从应对自然而保存生命的过程中生成的模式称为

[①] Fred Harries, "The Grammar of the Human Life Process: John Dewey's New Theory of Language", *Educational Philosophy and Theory*, Vol. 44, 2012, p. 19.

[②] John Dewey, "Experience and Nature", in *John Dewey: The Late Works 1925-1953: Vol. 1.* J. Boydstoned., Carbondale, IL: South Illinois University Press, 1981, p. 199.

[③] Fred Harries, "The Grammar of the Human Life Process: John Dewey's New Theory of Language", *Educational Philosophy and Theory*, Vol. 44, 2012, p. 20.

"自然语法"。杜威认为,自然语法中已经具有了各种动词性的(如"逃离"),形容词性的(如"危险的""红色的")等,乃至前命题态度(如"时空"),这些自然语法的要素构成了第二性的质。然而,自然语法中并不存在通名或人称代词等成熟的形式语法中的要素。① 杜威的这些表述乍听之下不禁令人感到困惑,我们需要对之做出更多的解释。本节中,我们已经看到杜威将"意义之根"埋在生物进化的过程之中,埋在经验之中。但成熟形态的语言究竟是如何形成的,它如何仍然能够扎根在经验之中,杜威上述关于自然语法的谈论究竟意味着什么?这些是下两节中要继续讨论的问题。

第三节 从记号到符号:语言形成过程中的一个质变

我们应如何理解语言呢?杜威如是写道:

> 如果你仅仅关注于语言活动可以观察到的细节,那么你便易于被那些巧言令色弄得手足无措。你必须思考语言要素彼此之间的关系,也就是说,思考这些要素之于整体所起到的不同作用。只有当你把语词看作达到对话目标的恰当方法,一切就会清晰且秩序井然。只有在这个时候你才会**明白**语言是什么。②

杜威显然把对语词意义系连在它所能产生的后果之上。在上一节中,我们看到正是把质性系连在其后果上,我们才把质性视为具有隐晦的意义。

---

① Fred Harries, "The Grammar of the Human Life Process: John Dewey's New Theory of Language", *Educational Philosophy and Theory*, Vol. 44, 2012, p. 20.
② Max Black, "Dewey's Philosophy of Language", *John Dewey: Critical Assessments*, Vol. 4. J. E. Tilesed., ed., New York: Routledge, 1992, pp. 189–190.

第九章 从自然空间到概念空间：杜威的语言发生论

杜威进一步从后果论的视角区分了对记号（sign）的反应和对符号（symbol）的反应。① "'符号'在杜威那里指的是具有意义（meaning）的语词，因此能够在一个完整的陈述中与其他语词结合在一起。符号可以是姿势、图像等任何有意义的东西。而记号在严格的意义上说，是一个可以恒常地与其他事件相连的一个事件，当第一个记号发生时，人们会期待另一个记号的发生。记号的发生使得我们有理由去期待它的意指（significate）的发生，符号具有意味（signification）。"② 按照杜威的区分，我们应该在考虑到某个具体的符号或记号与其他因素的关系的基础上来理解它们的意义或意味。不同的是，记号是某个具体的因果刺激中的一个事件，例如巴普洛夫的例子中，"铃铛的响声"就是喂食事件的一个记号，当狗听到铃铛响声时，它就会有"认为主人会喂食"的倾向。而符号则是一个有意义的系统的一个部分，"任何语词或短语只有在作为某一系列相关的有意义的语词的一员时才会具有意义。语词作为一种表征是一个内含着许多代码的一分子。"③

第一性的质是记号性的，第二性的质可能是符号性的。例如，作为第一性的质的"逃离"，当羚羊看见猎豹时，它的反应便是逃离，"逃离"这个记号可能是"猎豹"这个记号的意指。说第二性的质可能是符号是因为它也有可能是记号。例如"红色"，当它作为有毒蘑菇的记号而被动物规避时，它是记号；当它作为某一幅油画的一种颜色时，它则是符号。

符号与记号之间的区别似乎并不难以理解。如果认为成熟的语言的基本要素不是记号而是符号，那么，如何从记号过渡到符号则构成了语言形成过程中一个关键的问题。如今所有的重点都聚焦在如下问题之上：以记号为元素的自然语法如何构成成熟形态的语言来源？

---

① John Dewey, *Logic: The Theory of Inquiry*, New York: Holt, Rinehart and Winston, 1938, p. 51.
② Max Black, "Dewey's Philosophy of Language", *John Dewey: Critical Assessments*, Vol. 4. J. E. Tiles, ed., New York: Routledge, 1992, p. 192.
③ John Dewey, *Logic: The Theory of Inquiry*, New York: Holt, Rinehart and Winston, 1938, p. 49.

第四节　语言在社会协作中形成

记号之间的意向(dispositional)关系对于杜威来说尤为重要,正是基于它们我们才能够具有一个由有意义的语词组成的语言系统,只不过我们在这个系统内用符号玩着更为复杂的游戏。记号之间的关系已经隐晦地具有意义,而我们使之清晰化的过程便是社会协作的过程。不那么精确地说,符号是记号在社会语境中被清晰化的结果。杜威正是基于上述思想而认为,语言形成于社会协作过程之中。参与交流的人们为了完成共同的目标而并立协作,这使得生物性层次上的记号得以清晰化,在完成社会性的任务的过程中,符号和语言得以形成。

评论者们往往聚焦于杜威论述幼孩学习语言的过程来证明意义产生于社会交流之中,并强调意义的构造性和社会性。例如,一个幼孩最初能够对球状的东西做出有差异的反应,但他不能区分开苹果和板球。当幼孩试图吃板球时,母亲从旁阻止,"板球"这个记号最终失去可以吃这个意味。幼孩也最终学会对苹果做出有差异的反应,在她与她的母亲的交流之中习得苹果的意义。我认为,从幼孩学习语言的例子中的确能够得出意义是社会性的,但这个例子因为存在如下两个缺陷而不能借以说明语言是如何产生的:首先,幼孩和其母亲在理性上处于不对称的状态,母亲作为成熟的社会居民已经具备了成熟的语言,她在理性上享有的优越性使得幼孩只是习得语词的用法,从而习得语词的意义,这个例子只能说明在已经具有成熟形态的语言的情况下,以及在具有不完备的语言的情况下,意义是如何获得的,但它未能凸显语言是如何形成的;其次,当我们探究语言最初如何产生时,我们应该撤除那些已经具有成熟语言的人称(例如此时的"母亲"),当我们转而把目光聚焦于幼孩时,教育等因素则成了幼孩自身发展之外的因素。而对幼孩学习语言过程的探究中,社会因素似乎是不可剥离的必要因素。①

在普拉瓦特(R. Prawat)来,杜威既反对以幼孩为中心的视角,亦反对以具有成熟理性的主体为中心的视角。普拉瓦特进一步认为,杜威解决这种视角矛盾的方式系连在他对心灵与世界问题(mind-world problem)的探究之上,杜威的解决这一问题的方式是讨论个体-社群-世界之间的三角关系,而从其中蕴含的社会视角中构建出思想和意义,这种视角下的主体间的交往实践是一种构建性的实践。② 杜威式的三角关系让人不禁联想到戴维森式的第一人称-第三人称-世界为要素的三角关系,其中两个人称构成了一条社会基线,实质上,戴维森的三角关系同样以个体-社群-世界为本质要素。③ 我们可以在杜威思想中发掘出一些戴维森的思想痕迹,尽管戴维森本人或许并未清晰地认识到这一点。

或许对于杜威来说,语言产生的过程并不具有什么神秘或复杂的因素。动物能够使用记号,但只有人能说话,能使用符号,这乃是因为人们在为共同的目标协力合作着,符号和语言产生于这一社会过程中。参与交流

---

① "是否可以借助对幼孩的学习过程的探究来讨论诸如语言如何产生、如何从经验中获得知识"本身就是一个具有争议的话题。库恩把幼孩的脑袋比作计算机,认为幼孩的学习过程如同计算机的编程过程一样,在发生错误时只需对一些编码进行调整,而已经固定的知识犹如被反复修正而得以被强化的计算程序一样。库恩的观点由于忽视了能动者(agent)的主动作用而招致批评。奎因则强调对对象做出特定反应的倾向(disposition),我们在因果刺激和行为之间建立起这些倾向,并用观察句(observational sentence)来描述之(在此意义上,观察句是我们描述特定反应倾向的语句)。奎因用来自世界的刺激和可观察的行为为材质,建构起了连接世界和理论的桥梁,相比之下,罗蒂则强调语言形成的社会视角,认为对概念的把握是在一个社会环境下进行的。在谈及对幼孩学习过程的探究时,简奈克认为,当幼孩在理解成人所说的"看这条狗"这样的语句时,他需要解决三个难题:(1)在这正在进行的对话中界定相关的语词;(2)在参与世界的活动中界定相关的对象;(3)在世界中建立起(成人的)对象-(自己的)对象之间的联系。要解决这三个难题,幼孩不仅需要有着语音学等方面的反应,还需要对成人的意向做出反应;为了能够判定自己的理解是正确的,他还需要能够对成人对自己的行为的反应做出进一步的反应。这些事实既需要第一人称视角,也需要一个社会视角。简奈克认为我们需要综合起库恩、奎因和罗蒂的有益理解。(See Marianner Janack, *What Do We Mean by Experience*, Standford: Standford University Press, 2012, pp. 67–88.)简奈克的观点实质上在某种形式回归到了戴维森的"三角测量模型"。在下一段讨论普拉瓦特(R. Prawat)的观点时,我们更加清楚地明白这一点。

② See Prawat, Richard S., "Misreading Dewey: Reform, Projects, and the Language Game", *Educational Researcher*, Vol. 24, No. 7, 1995, pp. 14–16.

③ Donald Davidson, *Subjective*, *Intersubjective*, *Objective*, Oxford: Oxford University Press, 2001.

的两个人(这两个人最初不具有语言,只具有最低限度上的理性)在行动中必须取得一致性的意见以保证行动成功,这就要求他们能够彼此理解,他们或许最初只在记号的意义上推测彼此的意向,当他们经过多多少少失败或成功的尝试之后,原初的记号在一个社会活动中被加强和丰富为符号。经过长期的累积和实践的历练,更多复杂的符号形成,新的符号的形成过程最终不必然与记号发生关系。语言同时也逐渐形成。

语言形成、丰富的进化过程也伴随着人类本身的进化。有趣的是,杜威既强调个体性,又强调社会协作,并认为正是基于个体差异,社会才会进步。杜威如是说道,"基于传统的社会只能在用法的一致性的范围内利用个体间的差异,每个阶层中,不一致性是主要的。一个进步的社会把每一个个体差异都视为珍贵的,因为进步的社会在个体的差异中发现自身进步的方法"①。运用进化论的解释方式,生物难以避免"种群逻辑"(种群以种群的延续为第一目标,即便以牺牲最劣的个体为代价)和"适者生存"(每一种群中的个体都要优化自己以避免被淘汰)。正是因为个体为自己生存承担责任才促进了种群更好地延续,只有保证种群的延续,个体才会具有更好地保存自己的机会。如果有人质疑杜威,即便我们承认语言产生自社会过程之中,我们为何会认为人类必然会步入一个社会化的过程,我们或许可以如是应答。只有协力地推动社会发展,个体才能有更多的健全自己的机会;只有个体进步才会促进社会的发展。在个体和社会的这种纠缠中,语言作为一种"工具"而变得愈发精致和有用。

第五节 作为工具的"工具"的语言

杜威曾把语言比作工具的"工具"②。何谓工具,工具有着怎样的功

---

① John Dewey, "Democracy and Education", in *John Dewey: The Middle Works, 1899-1924: Vol. 9*. J. Boydstoned., Carbondale, IL: Southern Illinois University Press, 1980, p. 315.
② John Dewey, "Experience and Nature", in *John Dewey: The Late Works 1925-1953: Vol. 1*. J. Boydstoned., Carbondale, IL: South Illinois University Press, 1981, p. 168, p. 186.

能？在杜威看来,工具不仅仅是一种器械,只有对工具的使用能够达到某种后果时,工具才能被称为工具。也就是说,工具是达到某种后果的手段或方法。加里森(J. Garrison)认为杜威哲学中的工具概念有如下三个特征:首先,工具能够统一、稳固意义,即人们借助对工具的反复使用,使得意义被固定在特定的用法之上;其次,工具具有超越性,这指的是工具有着超出自身的内涵,因为工具与其他工具联系在一起,相互交织和影响;最后,工具是合理性(rationality)的表达,因为我们借助工具社会性地实现自己的目的和意欲,实现方式的社会性以及欲求的合理性使得我们同时需要合理地使用工具。① 工具拓展着意义。对于杜威来说:

> 要成为工具,或者被用作为抵达后果的手段,则必须能获得意义。语言,作为工具的工具,是抚育着所有意义的母亲。对于其他的器具和能动者而言,它们通常被视作运用、机构和摆设,它们只有在社群中借助语言才能够产生和发展。②

按照杜威的上述表述,语言作为所有意义的母亲,是工具的"工具"。但如何理解杜威隐喻中未加引号的普通工具和加了引号的作为语言的工具之间的区分呢?

显然,工具存在着分层,但不管什么层次上的工具都系连在后果上,都是产生意义的手段。但普通工具可以是发生在世界之中的事情,例如在自然进化过程中,生物所习得的应对自然的方法,诚如我们在上文中所见,这种方法已经具备了一些隐晦的规则和意义,并且这些方法也系连在种种后果之上。按照这种理解,普通工具可以是在保存生命的过程中,在应对世界的经验过程中产生意义的方法;与之对应,语言作为工具的"工具",它是

---

① Garrison, J., "Dewey's Philosophy and the Experience of Working: Labor, Tools and Language", *Synthese*, Vol. 105, No. 1., 1995, pp. 97-98.
② John Dewey, "Experience and Nature", in *John Dewey: The Late Works 1925-1953: Vol. 1*. J. Boydstoned., Carbondale, IL: South Illinois University Press, 1981, p. 146.

处理这些隐晦的规则的方法,它运用自身具有的清晰的推论规则使得那些隐晦的意义清晰化,因而,自然的子宫孕育了意义,而意义最终在语言中诞生。

杜威还强调,"推论是属于行动或行为的一种发生,它发生于世界之中"①。实际上,推论本就是一项人类活动,诸如"耕地、组合机器、采掘和熔炼矿石等,亦即那些了解、处置和重新安置物理对象的行为"②都是人类活动,这些人类活动中隐含着各种推论的形式。推论就是一项人类活动,记号之间以及符号之间的关系都是推论的关系,这个事实首先保障了语言能够从经验活动中产生;然后,语言作为工具,能够进一步重新投身到经验性的活动之中。语言在这种动态的往复中进一步发展。

小结:弥合概念空间和自然空间

或许我们只能说杜威具有怎样的语言观,而不能说他具有怎样的语言哲学,毕竟杜威本人并未提出任何系统的语言理论。杜威主要认为,生物进化的过程与其应对自然环境的过程紧密地联系在一起;在应对自然环境的过程中,生物逐渐获得某种物性的倾向,这些倾向构成了第一性的质。第一性的质是生物性的记号,人和动物都能够使用记号,生物能够借助记号预测哪种事件会接着发生。第一性的质的产生,一方面出于生物自我保存的本能,另一方面,从后果的角度看,第一性的质有着保存生命的意义。因此,对第一性的质的反应具有隐晦的意义。在人的社会活动中——这些活动本身就是推论性的——这些隐晦的意义被清晰地表达出来,记号也变成符号。语言也在这种从应对环境到社会性的协作交往中逐渐形成、丰富和成熟。

---

① John Dewey, "Logical Objects", in *John Dewey: The Middle Works, 1916-1917: Vol. 10*. J. Boydstoned., Carbondale, IL: Southern Illinois University Press, 1980, p. 90.
② Ibid., p. 91.

第九章 从自然空间到概念空间：杜威的语言发生论

杜威的语言观主要有三方面的特征，一是他强调语言与经验密不可分，语言是从自然经验中形成的；二是他强调社会因素在语言形成的过程中的作用；三是他强调依据记号、符号以及语词所能产生的后果来理解它们的意义。杜威与戴维森、罗蒂等人一样，强调语言的社会性，强调意义是在交流中形成，甚至强调意义的创造性。

除此之外，杜威的语言观还给弥合自然主义和推论主义提供了一条有益思路。自然主义强调我们与自然之间的连续性，认为我们所依循的规范早就隐含在自然之中，认为我们的心灵也是由更简单的心灵进化而来。[①]丹尼特所做的工作主要沿着这一思路进行。在当代，以布兰顿为代表的推论主义者则认为，生物性的东西是不可言说的东西，我们必须可以从可说的东西开始，例如从表达句，语句构成了推论的起点，意义产生自勾连起语句的推论之中。[②] 杜威的语言观可以帮助我们看到语言既具有自然的基础，又具有推论的因素，自然空间与概念空间在现代哲学中似乎构成了两个对立的因素，而这两者实际上乃是联合在一起的，它们在语言的产生和发展过程中都发挥着重要作用。杜威的论述在细节上也补充了德雷斯基和米丽肯等人的思想。杜威为我们描绘一条从经验到社会的语言生成路径，我们或许可以从这条路径上融贯地谈论概念空间和自然空间。

杜威的语言观之于本书还有着另外的特殊意义，我们可以借助杜威的语言观（更宽泛地说，是语言发生论中所隐含的实用主义思想）来融贯地理解第二部分到第三部分中的探究，以使得本书中的诸多线索最终被归到一处。我将在结论中做出进一步的说明。

[①] 参见［美］丹尼特：《心灵种种：对意识的探索》，罗军译，上海科学技术出版社2010年版，第23页。
[②] See Robert Brandom, *Articulating Reasons: An Introduction to Inferentialism*, Cambridge: Harvard University Press, 2000, p.1.

结 论
勾连概念空间和自然空间的实用主义方式

我在本书的第一部分中勾绘了问题讨论的场景，指出经验意义上的世界虽然难以再度对知识起到直接的证成作用，但我们不应决然地彻底放弃经验世界。经验世界仍有可能对知识起到积极的，乃至不可忽视的作用。当把世界分裂为关于它的概念空间和自然空间这两幅面孔时，我们发现不仅能重新勾连起这两种空间，我们还可以重返一个其内涵更为丰富的"世界"。第二部分和第三部分的探究分别从概念空间和自然空间出发，考察了我们关于世界的语义探究如何能保证对自然空间的谈论，探究了自然空间中蕴含有语义和规范的基础如何可能的问题。上述研究使得我们有理由认为，我们人类既作为感性动物，也作为理性生物，我们同时拥有两种空间。两种空间无间隙地被勾连在一起，共同造就了内涵更为丰富的"世界"。第九章关于杜威思想的讨论让我们认识到，我们可以运用实用主义的实践观来对上述结论做进一步的阐释与补充，"实践"包含生物性的适应环境的活动以及使用概念的推论活动，在"实践"中，自然空间和概念空间得以连续地被勾连在一起。

然而，我并未在正文中具体阐述这一结论，毋宁说，这一结论是全篇研究的自然走向，是那些支流最终汇聚一处的地方。下文中，我将首先通过对伯奇相关思想的讨论，以另一种方式回顾和总结本书中涉及的主要问题，而后运用实用主义思想对理解来帮助解释我得出的结论，最后对遗留的一些问题或可能有的质疑做出简单的澄清和回应。

结论　勾连概念空间和自然空间的实用主义方式

一、科学的还原的解释的不可能性

我们会坚信路边的石子、燃木上跳跃的火苗没有"心灵"。我们会稍有迟疑地声称，类人猿、海豚、狗等生物或许具有心灵，因为类人猿和海豚在一定程度上具有认知能力，而狗则常常用热切的眼神期待我们的关注。那么，飞鸟和游鱼具有心灵么？蚂蚁和蜜蜂呢？植物又如何？亦或者，心灵是人类独有之物？当我们细细追问，便不禁思忖什么是心灵？心灵的源泉是什么？心灵从哪里开始？

伯奇认为，谈论心灵主要有两种方式，一种是意识的方式，另一种是表征的方式。德雷斯基和米丽肯分别采取了这两种认识方式。德雷斯基认为意识直接体现于生物所采取的行为之中，意识和行为不可分地表现为生物学上的功能，例如帮助生物更好地生存和繁衍。米丽肯也持有这意义上的"目的论的功能主义"，但她与德雷斯基的不同之处在于，德雷斯基改造了他早期的信息流理论，在从自然接受的信息流中加入了目的论的功能主义因素，只不过德雷斯基式的信息是因果性的，信息流对应于相应的因果过程，而米丽肯所谓的正当功能是在进化的历史中形成的。虽然米丽肯也认为语言的自然装置和语言的人工装置之间的映射规则是关于正当功能的生产和消费系统之间因果关系的解释，但德雷斯基关于知识的信息流理论具有偶然性，它描述了远端刺激进入概念空间的细节过程，这一过程是在某一具体时刻发生的，它免不了受到其他因素的偶然干扰；相比之下，米丽肯所谓的正当功能更具有稳定性，她甚至把正当功能以及关于它的解释视为语义的基础。德雷斯基和米丽肯两人的理论具有互补性，综合化的理论结果既具有细节，又具有历史的厚重感和稳定性。

然而，伯奇认为功能主义的研究差强人意，在他看来，目的论的功能主义的理论避免不了两个关键的错误，第一个错误是"冗余论"，第二个则是，"错误表征"问题。冗余论指的是，功能主义的研究把功能放在首位，表征的客观性只是程度上的问题，其程度取决于哪些内容发挥了功能，内容本身并不具有解释力,内容只有在发挥了功能时才具有意义。① 伯奇的这一指责并非无据可依,我们在探究米丽肯的生物语义学时发现,米丽肯在使表征自然化的同时,也使表征偶然化了;关键的是正当功能,正当功能受到其形成环境的影响,表征(represented)只不过是环境中在某一时间段内正当功能对之行之有效的内容,一旦正当功能以及关于它的解释发生了变化,表征所框定的内容也会随之改变。伯奇因此指责功能主义的冗余论特征会使信念和知识失去"根基"。另外,目的论的功能主义也避不开错误指称的问题,某一生物很可能一直是对一个错误的表征做出了归因,这种归因方式的确使得它获得警惕其天敌的功能,但这里的功能却指向了错误的内容。

伯奇认为,要避免功能主义的问题,我们必须保证表征的客观性,表征是心灵开始的地方,心灵若非是在空中的飘浮之物,它需扎根于实实在在的表征。所予论者也可能会认为,在表征和知觉中,客观性是心灵开始的地方,表征是心理性的东西,客观的表征是一类基本的表征,而知觉则是最为**初始**的那一类,于是知觉能够指向环境中具体的物理对象。除了其初始性特征,知觉也是**自治的**:它无需由个体的高阶的表征能力来支持,因为客观的表征要求个体尚无概念性的视角。知觉因为是初始的和自治的,知识论的探究可以直接从这种意义上的知觉开始。这些观点体现了二十世纪关于知觉的研究中的两条主导思想:(1)知觉是表征的初始形态;(2)知觉是自治的。伯奇指出,反对(1)和(2)主要有两种思路,一种是反对还原论或所予论,认为经验表征不是初始的②,本书的第一部分内容可视为关于这一思路的论述;另外一种思路以斯特劳森、埃文斯、奎因和戴维森等人为代表③,他们认为客观的知觉表征不是自治的。以斯特劳森为例,他在做两件事情:a. 解释物理环境中的客观表征的最小构成条件;b. 解释拥有

---

① See Tyler Burge, *Origins of Objectivity*, Oxford: Oxford University Press, 2010, p. 294.
② Ibid., pp. 111 – 136.
③ Ibid., pp. 137 – 290.

关于独立于心灵而自立的实体的构成性条件。① 在第二部分关于戴维森和布兰顿相关思想的探究中，我们发现戴维森和布兰顿都在谈论具有独立于概念和推论的客观性的表征，这一意义上的表征被认为是我们可以合法地"最为亲密"地触碰到的自然。这种意义上的自然明显不同于德雷斯基和米丽肯视角中的自然，它仅是我们由语义的方式所构造的最小的自然。但如我们在第二部分的研究中所看到的那样，这种最小化的自然依旧披着概念的外衣。

伯奇在自然空间的一方也提出了一个"最小"的问题，他问到"客观表征的最小(minimal)构成条件是什么？"② "最小"指的是最小程度上的理性构成性，伯奇认为知觉是**一种自然的心理**现象，我们可以在严格的、成熟的科学中认知它。知觉的特征是，它作为自然之物遵守严格的构成法则(formation laws)。知觉的构成包含客观性，客观性清楚地体现在知觉所具有的稳定性(constancy)之中。③ 知觉的稳定性指的是，在特定的环境和条件下，我们就会做出特定的归因，例如，颜色的稳定性保证我们能够持续地看到蓝色之物。稳定性保证了客观性。

伯奇的理论具有几个关键点：首先，他反对所予神话，因为知觉是依据"构成法则"而形成的，故而知觉中已经对刺激进行析取、抽象、过滤等程序④；其次，知觉的内容是远端刺激，伯奇和戴维森同样把远端刺激当作是原因，认为把原因放置在远端刺激上可以避免原因的不确定性。⑤ 最后，知觉因为已经包含有某种构造，因而它不同于刺激，它具有证成作用。⑥

然而，知觉的构成法则从何而来？知觉为什么既是一个自然的现象，

---

① See Tyler Burge, *Origins of Objectivity*, Oxford: Oxford University Press, 2010, pp. 156 - 157.
② Ibid., p. 3.
③ See Burge, T., "Perception: Where mind begins", *Philosophy*, 89.03, 2014, pp. 400 - 401.
④ See Tyler Burge, *Origins of Objectivity*, Oxford: Oxford University Press, 2010, pp. 291 - 436.
⑤ Ibid., p. 344, p. 386.
⑥ Ibid., p. 395.

也是一个心理的现象？伯奇的回答或许不那么令人满意。伯奇认为，知觉稳定性的根据在于认知心理学，他认为认知心理学是"严肃的"并且是"具有充分根据的、数学上的严谨性的成熟科学"①。认知心理学研究了知觉的最初阶段，涉及认知过程和表征。伯奇相信知觉内容和语句之间存在数学般严格的映射关系，他认为知觉内容的"结构类似于拓扑学的或数学的结构。就如地图一般，地图本身没有语句般的结构，它像一个单称词般的表征，可以起到指向地形上某一具体之物的作用"②。然而，认知心理学本身就心灵和内容之间关系尚未有一致的认识，遑论关于两者之间的严格关系的认识？认知心理学本身就是一个正处于发展中的年轻学科，它同时涉及诸多研究方式，例如计算机学的、统计学的、神经科学的，以及生物进化论的方式等。伯奇以认知心理学中揭示的一些严格的关系为基础，认为知觉具有稳定性，我们的知觉过程受到构成法则的支配，这一观点似乎在根基上并不牢靠。或许，伯奇应该对他所理解的认知心理学做出更多的说明？③ 米丽肯一针见血地指出，伯奇所依据的科学证据本身就是需要被解释的对象，因而不能构成解释的直接根据。④ 事实上，在第八章后的补篇对神经实用主义的讨论中，我们认识到认知科学的研究同样需要来自哲学的支持，它们两者是互为基础的，这种基础是解释性的基础，而非还原性的基础。我认为，伯奇不应太过依赖科学，我们应注意以哲学的方式对科学做出解释（这一点是诸多过分依赖于科学相关研究的哲学研究者应予以警惕的）。

---

① See Tyler Burge, *Origins of Objectivity*, Oxford: Oxford University Press, 2010, p. 87, p. 297.
② Ibid., p. 540.
③ 挪威奥斯陆大学人文学院 2016 学年的 Annual Talk 的讲座嘉宾即为伯奇，我已经忘却了讲座的主题，但伯奇的那场讲座的确首先介绍了认知心理学中的相关最新发展，他为我们展现了一系列的图表，而后用稍显短暂的时间介绍了我们从中可以获得怎样的哲学上的结论。这种研究方式，至少在我看来是不合宜的，哲学家有哲学家的工作，心理学家也有他们的工作，哲学家们在对心理学家的成果有所借鉴时，应该至少在这些心理学的成果体现了哪些哲学问题的层次上来继续讨论。当然，伯奇的思想有着哲学上的重要性。不管怎样，相关哲学的讨论应该保持哲学性，我想这是我们应该始终铭记于心的一个要点。
④ See Ruth Millikan, "Reply to Rescorla", in *Millikan and Her Critics*, Dan Ryder, Justine Kringsbury & Kenneth Williford eds., Oxford: Wiley-Blackwell, 2013, p. 104.

不过，伯奇的确提出了一些关键的问题，例如知觉应该是规范性的。他的理论目标在于，保持对表征客观性的谈论，同时，伯奇亦想保留心灵这一论题，他认为表征和意向性是心灵的两个关键特征，表征在伯奇哲学中作为自然的心理现象，关涉到表征的客观性和心灵的主观性两个面向。我们已经看到，伯奇质疑米丽肯等人的做法，认为以功能为中心的研究会丧失内容的客观性；伯奇尚未认识到，米丽肯等人的理论在导致内容客观性同时，也导致了心灵客观性的丧失。例如，在米丽肯的生物语义学中，随着语言和表征的自然化，意向性也被自然化，心灵本身也处于变化的状态之中。如果我们接受生物语义学的视角，以及杜威语言发生学中所体现的实用主义观点——哪些功能被固定下来以及正当功能的内容是哪些，完全取决于生物应对环境的实践；我们便会接受表征和心灵的偶然性，接受二者处于动态的变化和发展之中（相同的分析也可以运用于"意识"这一概念）这一事实。伯奇保留了对确定性的追求，以及一种实在论的直觉，或许因此他对确定性和客观性有了更高的要求。

二、融合推论活动和自然活动的实用主义解释

如果引入并强调实践概念，那么我们便能够在实用主义的视角下融贯地理解本书中涉及的理性主义以及自然主义的探究方式。我们可以采取"两步"策略，第一步是实用主义的实践与自然主义式的适应环境的活动的结合，第二步是实用主义的实践与理性主义式的推论活动的结合；第一步结合体现在米丽肯和杜威从应对自然的活动中发展出规范的思想，第二步结合体现在布兰顿规范语用学中所蕴含的表达主义思想，即"知道什么"（knowing-that）是对"知道如何"（knowing-how）的表达。采取两步策略的后果是，实用主义作为所有探究的方法论基础以及自然主义和理性主义的补充思想，有可能使得所有实践的形式融贯和一致起来。

从自然空间出发，重要问题是自然中隐含着规范何以可能？从达尔文的自然主义视角看，被"设计"的行为模式和规范是生物适应环境的后果，

而不存在"神性"的在先的设计;从实用主义的视角看,规范亦是实践的后果。在某种意义上,我们可以把达尔文的思想理解为一种实用主义。杜威就曾积极指出达尔文学说在哲学上的价值①,他本人亦受到达尔文的影响,本书的第九章和第九章前的补篇的相关内容可以体现之。然而,实用主义比自然主义多出了关于"价值"的谈论,按照流俗的达尔文学说,生物永远会受到来自环境的不确定的影响,实用主义则强调我们所经历的经验受到价值引导,价值不仅体现于生存与繁衍的生物学价值之中,还在于获得真理,詹姆斯指出:"真理主要是与我们的某一环节的经验引导到值得达到的其他环节的经验方式有密切关系。首先,从常识的层次说,一种思想状态的真理性,就是指这种有价值的引导作用。"②"真观念就是我们能够吸收,能够生效,能够确认,能够证实的那些观念。"③因此,把实用主义作为自然主义的方法论基础不仅意味着我们需要在实践中理解生物的行为。拥有经验关系的真,还意味着能够额外地引导行为的意义。尤其对于人类来说,意义的范围超过了生物学上的价值的范围。

从概念空间出发,重要的问题是,使用概念的推论以何种方式保持对对象的谈论?詹姆斯的"实用主义的证成说"认为:"一个观念的真理性并不是这个观念所固有的静止的属性。真理性是一个观念所碰到的。观念变成了真的,是事件使它为真的。它的真实性实际上是一个事件,一个过程:也就是它证实它自身的过程,它的证实活动。它的有效性就是使之生效的活动过程。"④故而,我们同样需要在实践中证成观念以及了解对概念的使用,这一观点为布兰顿所继承,他认为"知道如何"在"知道什么"之前,

---

① See John Dewey, "The Influence of Darwin on Philosophy", *Diacronia* 2016.3, 2016, A48 - A48. 此外,也有研究表明,詹姆斯也受到进化论的影响。See Skrupskelis, Ignas K., "Evolution and pragmatism: An Unpublished Letter of William James", *Transactions of the Charles S. Peirce Society: A Quarterly Journal in American Philosophy*, 43.4, 2007, pp.745 - 752.
② [美]詹姆斯:《实用主义》,李步楼译,商务印书馆 2014 年版,第 114 页。
③ 同上书,第 112 页。
④ 同上。

后者指知道可以用语言表达的东西,前者指一种处理事情的实践能力。① 保持"知道如何"的优先性实际上就是保持实践的优先性,推论的社会活动是一种认知和交往活动,但这种活动是以对相关实质知识的理解为基础,能动者已经知道如何"做"了,推论的活动就是使得我们实践的内容清晰化的活动,因而,推论是对实在的表达而非表征,在此意义上,布兰顿试图以表达主义的方式将实质语用学和形式语义学结合起来。然而,布兰顿意义上的"实践"不像古典实用主义者所认为的那么丰实,布兰顿更为强调语言意义上的推论的实践。如若把古典实用主义意义上的实践概念重新纳入布兰顿式的理性主义的实用主义中,布兰顿或许会获得更为丰实的表达资源。

以实用主义的实践作为自然主义和理性主义的汇通点,意味着我们可以运用理性的推论方式使得自然的实践内容清晰化,自然的实践也为我们提供了知道如何的行事知识。实践因而是厚实的,而非浅薄的。实践既包括使用概念的推论实践,也包括应对自然环境和社会环境的活动。另外,实践内涵的丰富化也导致了实践情境的扩展,我们不仅在自然空间内,也在概念空间内进行实践活动,我们因此既是自然的生物,也是理性的能动者。实用主义、自然主义和理性主义的融合为我们带来更为丰富的实践形式,也因此带来了内涵更为丰富的"世界"。

三、经验是"厚经验"

我们不仅已经明白在认识论中需要保留对经验世界的谈论,我们还认识到概念空间和自然空间勾连的可能性。失去了自然空间,概念空间便失去了来源和基础,成为空洞的空间;失去了概念空间,自然空间则缺少表达的渠道,而成为哑默的空间。自然空间为概念空间提供了隐在的规范,在

---

① 参见陈亚军访谈,周靖整理:《匹兹堡问学录——围绕〈使之清晰〉与布兰顿的对话》,复旦大学出版社 2017 年版,第 29 页。

概念空间表达自然空间的意义上,概念空间受到来自自然空间的限制,然而,概念地表达有着规范上而非自然上的实用性,规范的实践在人类这里超出了自然的实践范围,规范空间上的变化可能导致对自然的重新认识,这包括对功能和表征的修改;总而言之,两种空间处于互动的关系之中,它们均能够影响彼此。

两种空间的勾连使得我们拥有一种厚经验。"经验"是当代哲学中一个重要的概念,哲学中存在着关于经验的"深浅"之争。"深经验"的源头可以追溯至普罗泰戈拉,普式首提了作为证据的经验概念,认为经验并不仅仅提供我们表象,经验还能够刺入世界之中,因此所有的理论、论证、概念都需要来自关于世界的经验上的证据。"浅经验"的源头至少可以追溯至伊壁鸠鲁,他认为所有的知觉都是真的,我们对当下某一事物的直接感知就构成了该物为何的证据,因此,经验本身就构成了知识的基础,或者就是知识的一种形式。关于这种经验的真、假判断是在随后的推论的实践中做出的。深、浅经验在经过表征主义与表达主义等思想形态的对立之后,经过实用主义的染缸以新的面目呈现。新的"厚经验"观点的持有者认为,人类的理性的逻辑空间有着自然上的起源,并且直接连接在自然的逻辑空间之上,诸如德雷斯基、丹尼特、米丽肯等人,他(她)们强调人与动物之间的连续性,将人之经验扎根于自然世界之中。新的"浅经验"观点的持有者认为,经验和概念是一枚硬币的两面,概念之外的经验无法起到为推论提供证成的作用,例如罗蒂、布兰顿、麦克道威尔等人,认为最低限度的经验已经被概念化,罗蒂甚至建议我们彻底放弃经验这一概念。深、浅经验之争相应于自然空间和概念空间之争,简耐克指出,事实上并不存在"浅经验",一切经验都是"厚经验",即是说所有概念包裹住的经验都深入世界之中,在此意义上,我们根本地拥有连续的自然世界和概念世界。[①] 因而,自然空间和概念空间之间可以融贯地一起为我们所拥有。

[①] See Marianner Janack, *What Do We Mean by Experience*, Stanford: Stanford University Press, 2012, pp. 174–175.

四、放弃"同一性",保留"客观性"

或许有人仍会质疑我仍未能**具体**说明语义表征和自然表征如何是同一的。我认为,这种质疑以强实在论直觉为基础,认为仍旧存在一个在那里的对象,而这是我们一开始就应该在心中彻底移除的观点。普特南曾提醒我们放弃一个形而上学的幻相,即"认为存在一个形式、一般概念或'属性'的总体,这一总体一经固定便永远固定,一个词的每一种可能的含义都必须符合其中一个形式、一般概念或属性"①。持有这种幻相的人实际在认识论中预设了一个未经反省的不合法的前提或目标。然而,仅在认识论内部我们无从确认对象存在,实在论预先在本体论上设置了对象本身存在,但这是认识论研究中一个不合法的预设。

放弃这一幻相或预设,实际上迫使我们仅能从理性的方向获得语义表征,在自然的方向获得自然表征,而这两种表征是不同的,它们之间存在是否同一的问题。但在我看来,运用实用主义的视角融合两个方向的研究也说明了两类表征之间不存在本体论上的界限,它们两者处于互动和关联,乃至互相转化的关系之中。因此,它们之间不存在是否同一的问题,根本上它们不是被割裂开而能够彼此相对照的两者,它们是处在一个连续发展过程中的不同程度上的东西。

其实,皮尔士早就注意到了物理经验和心理观念之间的连续性。皮尔士认为,物理的经验和心理的观念只是在"程度上"上有所不同,两者之间没有一个清晰的界限可划。当感官经验丰富到一定程度时,物理的经验就会变成心理的观念。皮尔士这一观点有如下两个支撑性的证据:(1)感觉之间的联结亦是实在的,即感觉片段之间存在实在的连续性;(2)意识的持续性和整体性。需要强调的是,(1)和(2)是两个不可分的理由。皮尔士指出:"为了感知到这串声音,意识必须具有某种持续性,以便在一段时间里

---

① [美]普特南:《三重绳索:心灵、身体与世界》,孙宁译,复旦大学出版社2017年版,第5页。

发生的事件呈现给我们。……思想是那贯穿于我们的感觉系列之中的一套乐曲。"①皮尔士认为,我们获得的经验是一些关于对象的连续关系的系统,而非分散的感觉片段。因此,我们关于对象的知识不是在因果链条上一环一环地迈向对象,而是直接拥有关于对象的系统性的经验整体。舒斯特曼(R. Shusterman)曾提醒我们,皮尔士对意识做出过类似于詹姆斯对意识流的表述,"那些我们借之做出正确的知觉判断的主体所感受到(意识到)的'感觉场'仍深藏在主体的清晰的觉识之下。我们的意识因此包含着那些能够引导我们做出清晰选择的知觉、感觉和想法,但它们'如此微弱以致我们不能清晰地意识到它们存在'。皮尔士最终以一种比喻的方式来描述意识,'[意识]像是无底的湖,其水似清,清澈见底,但所见甚少。水中不同的深度有无数不同的细微之物,其中甚多下沉过深以致我们在意识中难以察觉'"②。先前的经验并未消失,而只是在意识中沉淀,意识带来了新的经验,新旧经验在具有持续性的意识中发生直接的关系,对象在由此形成的"感觉场"中被"意识到"。当感觉场中的经验及刺激达到一定程度时,我们就获得了关于对象的观念;在形成观念的这一过程中,经验和观念的形成和丰富化是同步进行的。皮尔士的经验论未能达到对象本身乃是因为受到二元论范式的诱惑。一旦抛开心、物对立的二元论,抛开心灵与世界之间的界面,认同它们之间的连续性,心中的信念和关于外在对象的经验便没有什么界限可划了。此外,皮尔士还指出:"思想并不必然与大脑相关。它显现于蜜蜂的劳作中,于晶体的活动中,并遍及整个纯粹的物理世界;而人们不能否认思想实在地在那儿,就像不能否认对象的颜色、形状等等实在地在那儿一样。"③因而,思维的实在与物理的实在是同等的。④

---

① [美]皮尔斯:《皮尔斯文选》,涂纪亮、周兆平编译,社会科学文献出版社 2006 年版,第 91 页。
② Shusterman, R., "Somaesthetics and C. S. Peirce", *The Journal of Speculative Philosophy*, 1,23,2009, p.17.
③ [美]皮尔士:《皮尔士论符号》,詹姆斯·胡普斯编,徐鹏译,上海译文出版社 2016 年版,第 322 页。
④ 这一论题有着更多的其他方面的蕴意。当然,公允地理解皮尔士需要我们尤为关注他的符号学思想,实际上,皮尔士的思想能够为本书主题的研究带来诸多启示,并可以实质地帮助笔者推进已有的研究。

结论　勾连概念空间和自然空间的实用主义方式

于是,语义表征和自然表征之间也没有什么界限可划,它们本就处在连续性的关系之中。这一事实促使我们放弃使用"同一性"这一概念,"同一性"依旧隐在地设置了二元对立的关系,引诱人们找寻本是连续或相同的事物之间的额外且不必要的关系。但是,放弃同一性并不意味着放弃世界的客观性。世界的客观性提供了解释和交流得以成功的原因,提供了语义的基础和发展的空间,客观的世界不仅指旧有的自然意义上的世界,还包括人文的世界,乃至脑内世界等更为丰富的形式,世界概念的内涵因此也变得丰富许多。意识、价值等,既具有它们概念空间的根据,也有着在自然空间内的起源,用内格尔(T. Nagel)的总结说:

> 什么是世界中价值的实际历史? ……首先,随着生命的出现(即使是最早的形式),产生了具有一种好处的东西,事物因此有好有不好。甚至细菌也凭借其固有运作而具有这个意义上的好处,而石头就没有。最终,在进化历史的长河中出现了有意识的生命,其经验生活能以我们所熟悉的好或不好的方式来进行。后来,这些生命的一些能够反思和自我意识的后代渐渐认识到什么事物是好的或坏的,并且认识到追求或避免这些事物的理由。他们学会思考如何将这些理由结合起来,以决定自己应当做什么。最后,他们发展出了集体能力来思考可能的理由,这些理由并不仅仅依赖于好或不好的东西本身。①

内格尔的这段总结对好与坏的价值的自然起源,以及它们随后为何能够不必然始终自然世界中的事物本身做了一个合理的描述。不仅对于价值或意识等主题来说,更多的其他概念都有着这样的发生机制。这个机制曾经在运作,并且现在和将来始终处于运作之中,它是勾连其自然空间和概念空间的纽带。根本地,有了这样的纽带,我们所栖居的客观世界也是勾连起自然空间和概念空间的"世界",它是内涵更为丰富的新"世界"。

---

① [美]内格尔:《心灵和宇宙:对唯物论的新达尔文主义自然观的诘问》,张卜天译,商务印书馆2017年版,第143页。

参考文献

一、中文部分

博尔：《贪婪的大脑：为何人类会无止境地寻求意义》，林旭文译，机械工业出版社 2013 年版。
埃德尔曼：《第二自然：意识之谜》，唐璐译，湖南科学技术出版社 2010 年版。
迪昂：《脑的阅读：破解人类阅读之谜》，周加仙译，中信出版社 2011 年版。
拉姆斯登、威尔逊：《基因、心灵与文化：协同进化的过程》，刘利译，上海科技教育出版社 2005 年版。
斯宾诺莎：《伦理学》，贺麟译，商务印书馆 1997 年版。
黑格尔：《精神现象学》，贺麟、王玖兴译，商务印书馆 1979 年版。
皮尔斯：《皮尔斯文选》，涂纪亮、周兆平等编译，社会科学文献出版社 2006 年版。
皮尔士：《皮尔士论符号》，詹姆斯·胡普斯编，徐鹏译，上海译文出版社 2016 年版。
杜威：《经验与自然》，傅统先译，中国人民大学出版社 2012 年版。
奎因：《从逻辑的观点看》，陈启伟、江天骥等译，中国人民大学出版社 2007 年版。
奎因：《语词和对象》，陈启伟、朱锐等译，中国人民大学出版社 2005 年版。
戴维森：《真理、意义和方法》，牟博编译，商务印书馆 2008 年版。
戴维森：《真与谓述》，王路译，上海译文出版社 2007 年版。
达米特：《分析哲学的起源》，王路译，上海译文出版社 2005 年版。
罗蒂：《哲学与自然之镜》，李幼蒸译，商务印书馆 2003 年版。
罗蒂：《偶然、反讽与团结》，徐文瑞译，商务印书馆 2003 年版。
罗蒂：《罗蒂文选》，孙伟平等编译，社会科学文献出版社 2007 年版。
洛克：《人类理解论》，关文运译，商务印书馆 1983 年版。
休谟：《人类理智研究》，吕大吉译，商务印书馆 2009 年版。
休谟：《人类理智研究》，周晓亮译，中国法制出版社 2011 年版。
休谟：《人性论·下册》，关文运译，商务印书馆 1989 年版。
金在权：《物理世界中的心灵：论心身问题与心理因果性》，刘明海译，商务印书馆 2015 年版。
康德：《纯粹理性批判》，李秋零译，中国人民大学出版社 2011 年版。
克莱因：《数学：确定性的丧失》，李宏魁译，湖南科学技术出版社 2007 年版。

林从一:《思想、语言、社会、世界:戴维森的诠释理论》,台湾允晨文化实业股份有限公司 2004 年版。
泰勒:《罗蒂与哲学》,《理查德·罗蒂》,查尔斯·吉尼翁、大卫·希利编,朱新民译,复旦大学出版社 2001 年版。
麦克道威尔:《心灵与世界》,刘叶涛译,中国人民大学出版社 2006 年版。
安斯康姆:《意向》,张留华译,中国人民大学出版社 2008 年版。
詹姆斯:《心理学原理》,唐钺译,商务印书馆 1963 年版。
詹姆斯:《彻底的经验主义》,庞景仁译,上海人民出版社 2006 年版。
詹姆斯:《多元的宇宙》,吴棠译,商务印书馆 1999 年版。
詹姆斯:《詹姆斯文选》,万俊人、陈亚军编译,社会科学文献出版社 2007 年版。
詹姆斯:《宗教经验种种》,尚新建译,华夏出版社 2012 年版。
詹姆斯:《实用主义》,李步楼译,商务印书馆 2012 年版。
杜威:《经验与自然》,傅统先译,中国人民大学出版社 2012 年版。
杜威:《杜威文选》,涂纪亮等编译,社会科学文献出版社 2006 年版。
杜威:《艺术即经验》,高建平译,商务印书馆 2010 年版。
丹尼特:《意识的解释》,苏德超、李涤非、陈虎平译,北京理工大学出版社 2008 年版。
丹尼特:《心灵种种:对意识的探索》,罗军译,上海科学技术出版社 2010 年版。
丹尼特:《自由的进化》,辉格译,山西人民出版社 2014 年版。
内格尔:《心灵和宇宙:对唯物论的新达尔文主义自然观的诘问》,张卜天译,商务印书馆 2017 年版。
麦克道威尔:《心灵与世界》,刘叶涛译,中国人民大学出版社 2006 年版。
麦金:《意识问题》,吴杨义译,商务印书馆 2015 年版。
麦金:《神秘的火焰》,刘海明译,商务印书馆 2015 年版。
布兰顿:《理由、表达与哲学事业》,韩东晖,《世界哲学》2005 年第 6 期。
奥斯汀:《如何以言行事》,杨玉成、赵京超译,商务印书馆 2013 年版。
弗雷格:《弗雷格哲学论著选辑》,王路编译,商务印书馆 2013 年版。
弗雷格:《算数基础》,王路译,商务印书馆 1998 年版。
古德曼:《构造世界的多种方式》,姬志闯译,上海译文出版社 2008 年版。
黑格尔:《精神现象学(上卷)》,贺麟、王玖兴译,商务印书馆 2012 年版。
怀特:《分析与综合:一种站不住脚的二元论》,苏珊·哈克选编:《意义、真理与行动:实用主义经典文选》,陈波、尚新建等译,东方出版社 2007 年版。
卡尔纳普:《世界的逻辑构造》,陈启伟译,上海译文出版社 2008 年版。
克里普克:《命名与必然性》,梅文译,涂纪亮校,上海译文出版社 1988 年版。
米德:《心灵、自我与社会》,霍桂桓译,译林出版社 2012 年版。
吉尼翁:《理查德·罗蒂》,朱新民译,复旦大学出版社 2011 年版。
塞尔:《意向性——论心灵哲学》,刘叶涛译,上海世纪出版集团 2007 年版。
塞拉斯:《经验主义与心灵哲学》,王玮译,复旦大学出版社 2017 年版。

普特南:《理性、真理与历史》,童世骏、李光程译,上海译文出版社 2005 年版。
普特南:《普特南文选》,李真编译,社会科学文献出版社 2009 年版。
普特南:《三重绳索:心灵、身体与世界》,孙宁译,复旦大学出版社 2017 年版。
恰尔德:《维特根斯坦》,陈常燊译,华夏出版社 2012 年版。
萨特康普:《罗蒂和实用主义——哲学家对批评家的回应》,张国清译,商务印书馆 2003 年版。
维特根斯坦:《哲学研究》,李步楼译,陈维杭校,商务印书馆 2010 年版。
维特根斯坦:《关于心理学哲学的最后著作》,涂纪亮译,北京大学出版社 2012 年版。
维特根斯坦:《逻辑哲学论》,贺绍甲译,商务印书馆 2012 年版。
罗森塔尔:《古典实用主义在当代美国哲学中的地位——它与存在论现象学及分析哲学运动的关系》,《世界哲学》1989 年第 5 期。
路德维希、齐林:《戴维森在哲学上的主要贡献》,江怡译,《世界哲学》2003 年第 6 期。
林从一:《思想·语言·社会·世界——戴维森的诠释理论》,台湾允晨文化实业有限公司 2004 年版。
北京大学哲学系外国哲学史教研室编译:《西方哲学原著选读·上卷》,商务印书馆 2009 年版。
王静:《戴维森纲领与知识论重建》,科学出版社 2013 年版。
王晓升、郭世平:《后期维特根斯坦心理哲学研究》,中国社会科学出版社 2004 年版。
叶闯:《理解的条件——戴维森的解释理论》,商务印书馆 2006 年版。
陈亚军:《实用主义:从皮尔士到普特南》,湖南教育出版社 1999 年版。
陈亚军:《论普特南科学实在论立场的转变》,《哲学研究》2000 年第 2 期。
陈亚军:《形而上学与社会希望》,江苏人民出版社 2009 年版。
陈亚军:《将分析哲学奠定在实用主义的基础上来》,《哲学研究》2012 年第 1 期。
陈亚军:《社会交往视角下的"真"——论布兰顿的真理回指理论》,《哲学动态》2012 年第 6 期。
陈亚军:《超越经验主义与理性主义——实用主义叙事的当代转换及效应》,江苏人民出版社 2014 年版。
陈亚军:《实用主义研究自选集》,江苏人民出版社 2015 年版。
陈亚军:《要康德还是要黑格尔?——鸟瞰实用主义的路径分歧》,《北京师范大学学报(社会科学版)》2016 年第 3 期。
陈亚军访谈,周靖整理:《匹兹堡问学录——围绕〈使之清晰〉与布兰顿的对话》,复旦大学出版社 2016 年版。
王路:《涵义与意谓——理解弗雷格》,《哲学研究》2004 年第 7 期。
王路:《弗雷格思想研究》,商务印书馆 2008 年版。
薛瑞:《论弗雷格的概念》,《重庆理工大学学报(社会科学版)》,2013 年第 7 期。
陈常燊:《理解的准则》,中国社会科学出版社 2012 年版。
梁晶:《现象学视阈下威廉斯诗歌美学研究》,上海交通大学出版社 2015 年版。

杨足仪:《心灵哲学的脑科学维度:埃德尔曼的心灵哲学及其意义》,博士学位论文,华中师范大学马克思主义哲学系,2009年。

武庆荣:《布兰顿推理论研究》,博士学位论文,西南大学逻辑学系,2013年。

宋尚炜:《丹尼特的自然主义心智理论研究》,博士学位论文,山西大学哲学社会学学院,2007年。

戴潘:《福多"概念"理论研究》,博士学位论文,复旦大学科学技术哲学系,2010年。

陈晓平:《戴维森从塔斯基那里继承了什么?——戴维森与塔斯基的"真"理论之比较》,《科学技术哲学研究》2015年第1期。

陈波:《蒯因的"两个教条"批判及其影响》,《首都师范大学学报(社会科学版)》,2000年第3期。

李国山:《意义是实体吗——奎因的意义理论探析》,《哲学研究》2005年第3期。

张庆熊:《蒯因驳斥的只是狭义分析性的概念吗?——对蒯因批判分析与综合两分法的辨析》,《复旦学报(社会科学版)》2005年第6期。

王路:《论奎因关于分析和综合的论述》,《自然辩证法通讯》1998年第5期。

唐玉斌,何向东:《论奎因自然主义认识论的经验论基础——兼论奎因对归纳方法的看法》,《自然辩证法研究》2011年第4期。

郭贵春:《塞拉斯的知识实在论》,《自然辩证法研究》1991年第4期。

成素梅:《论塞拉斯的"两种映像"观——兼谈哲学研究的目标问题》,《洛阳师范学院学报(哲社版)》,2010年第6期。

高新民,殷筱:《戴维森的解释主义及其心灵哲学意蕴》,《哲学研究》2005年第6期。

夏国军:《基础融贯论:哈克,戴维森和蒯因》,《哲学研究》2010年第12期。

梁义民:《论戴维森意义理论的基本原则》,《自然辩证法通讯》2010年第4期。

李侠:《自然化的认识论:从方法论到内容》,《上海理工大学学报(社会科学版)》2013年第9期。

孙冠臣:《论威廉·詹姆斯对胡塞尔现象学的影响》,《现代哲学》2002年第2期。

孙冠臣:《奎因彻底翻译的不确定性论题》,《世界哲学》2006年第1期。

孙宁:《如何成为一个深刻的析取论者?——对麦克道威尔析取论的一项研究》,《哲学动态》2015年第7期。

孙小龙:《规范、推论与社会实践》,博士学位论文,南京大学哲学系,2011年。

胡壮麟:《语用学》,《当代语言学》1980年第3期。

陈波:《蒯因的"两个教条"批判及其影响》,《首都师范大学学报(社会科学版)》2000年第3期。

江怡:《当代西方分析哲学与现象学对话的现实性分析》,《厦门大学学报(哲学社会科学版)》2007年第5期。

刘钢:《从形式推理走向实质推理:论布兰顿的推理主义语义学》,《哲学分析》2011年第4期。

王玮:《塞拉斯对"看到"的解析》,《自然辩证法研究》2014年第12期。

佚名：《麻醉与意识》，URL：〈http://dwz.cn/6Li7Jz〉，2015年8月3日访问。

二、英文部分

Amaral, P., & Sellars, W. (2006). *Kant and Pre-Kantian Themes: Lectures by Wilfrid Sellars*. United States: Ridgeview Publishing Company.

Anscombe, G. E. M. (1957). *Intention*. Oxford: Blackwell.

——(1969). Causality and Extensionality. *The Journal of Philosophy*, 66(6), 152.

Armstrong, D. M. (1993). *A Materialist Theory of the Mind*. New York: Routledge.

Armstrong, D. M., & Malcolm, N. (1984). *Consciousness and Causality: A Debate on the Nature of Mind*. Oxford: Blackwell.

Aune, B. (1990). Sellars's Two Images of the World. *Journal of Philosophy*, 87(10), 537–545.

Baars, B. J. (1992). Is Consciousness Recent? *Consciousness and Cognition*, 1(2), 139–142.

——(1993). *A Cognitive Theory of Consciousness*. Cambridge: Cambridge University Press.

Baldwin, T. (2013). C. I. Lewis and the Analyticity Debate. In E. Reck ed., *The Historical Turn in Analytic Philosophy*. Basingstoke, Hampshire: Palgrave Macmillan.

Bar-On, D. (1994). Conceptual Relativism and Translation. In *Language, Mind, and Epistemology*. Springer Netherlands.

Beaney, M. ed. (2007). *The Analytic Turn: Analysis in Early Analytic Philosophy and Phenomenology*. New York: Routledge/Taylor & Francis Group.

Bergmann, G. (1955). Professor Quine on Analyticity. *Mind*, LXIV(254), 254–258.

——(1958). Analyticity. *Theoria*, 24(2), 71–93.

Black, M. (1992). Dewey's Philosophy of Language. In J. E. Tiles ed., *John Dewey: Critical Assessments*, Vol. 4. New York: Routledge.

Blackburn, S. (1984). *Spreading the Word*. Oxford: Oxford University Press.

——(1993). *Essays in Quasi-Realism*. Oxford: Oxford University Press.

Boeree, G. C. The Stream of Consciousness. Retrieved November 18, 2016, from http://webspace.ship.edu/cgboer/jamesselection.html

Boghossian, P. (1996). Analyticity Reconsidered. *Noûs*, 30(3), 360.

——(2003). Epistemic Analyticity: A Defense. *Grazer Philosophische Studien*, 66, 15–35.

Bor, D. (2012). *The Ravenous Brain: How the New Science of Consciousness Explains Our Insatiable Search for Meaning*. New York: Basic Books.

Borradori, G., & Crocitto, R. (1993). *The American Philosopher: Conversations with Quine, Davidson, Putnam, Nozick, Danto, Rorty, Cavell, MacIntyre, Kuhn*. Chicago: University of Chicago Press.

Bradley, M. (2011). The Causal Efficacy of Qualia. *The Journal of Consciousness Studies*, 18(11-12): 32-44.

Brandl, J. and Gombocz, W. ed. (1989). *The Mind of Davidson*. The Netherlands: Grazer Philosophische Studien.

Brandom, R. B. (1994). *Making It Explicit: Reasoning, Representing, and Discursive Commitment*. Cambridge, MA: Harvard University Press.

——(2001). *Articulating Reasons: An Introduction to Inferentialism*. Cambridge: Harvard University Press.

——(2002). *Tales of the Mighty Dead: Historical Essays in the Metaphysics of intentionality*. Cambridge, MA: Harvard University Press.

——(2010a). *Between Saying and Doing: Towards an Analytic Pragmatism*. Oxford: Oxford University Press.

——(2010b). Reply to John McDowell's Brandom on Observation. In B. Weiss & J. Wanderer eds., *Reading Brandom: On Making It Explicit*. London: Routledge.

——(2013). *Reason in Philosophy: Animating Ideas*. Cambridge, MA: Harvard University Press.

——(2015). *From Empiricism to Expressivism: Brandom Reads Sellars*. Cambridge, MA, United States: Harvard University Press.

Bridges, J. (2006). Davidson's Transcendental Externalism. *Philosophy and Phenomenological Research*, 73(2), 290-315.

Bruner, J., & Ninio, A. (1977). Language and Experience. In R. S. Peter ed., *John Dewey Reconsidered*. London: Routledge & Kegan Paul.

Burge, T. (1986). On Davidson's "Saying That." In Ernest Leporeed., *Truth and Interpretation: Perspectives on the Philosophy of Donald Davidson*. Oxford: Basil Blackwell.

——(2010). *Origins of Objectivity*. Oxford: Oxford University Press.

——(2014). Perception: Where Mind Begins. *Philosophy*, 89(03), 385-403.

Burgt, R. J. V. (1981). *The Religious Philosophy of William James*. Chicago: Nelson-Hall.

Candlish, S. (1991). Das Wollen ist auch nur eine Erfahrung. In Robert L. Arrington & Hans-Johann Glock eds., *Wittegenstein's Philosophical Investigation*. London and New York: Routledge, 1991.

Cavell, M. (2005). Introduction. In *Truth, Language, and History*. Oxford: Clarendon Press.

Carnap, R. (1963). Intellectual Autobiography. In P. A. Schilpp ed., *The Philosophy of Carnap*. LaSalle IL: Open Court.

——(2007). *Meaning and Necessity-A Study in Semantics and Modal Logic*. United Kingdom: Clarke Press.

Chalmers, D. J. (2004). *The Conscious Mind: In Search of a Theory of Conscious Experience*. New York: Oxford University Press.

Child, W. (1993). Anomalism, Uncodifiability, and Psychophysical Relations. *The Philosophical Review*, 102(2), 215.

Chomsky N. (1962). Explanatory Models in Linguistics. In E. Nagel ed., *Logic, Methodology and the Philosophy of Science*. Stanford: Stanford University Press.

Churchland, P. M. (1988). *Matter and Consciousness: A Contemporary Introduction to the Philosophy of Mind*. Cambridge: MIT Press.

Churchland, P. (1989). *Neurophilosophy: Toward a Unified Science of the Mind-Brain*. Cambridge: MIT Press.

Craver, C. F. (2006). When Mechanistic Models Explain. *Synthese*, 153(3), 355–376.

Cruse, A. (2006). *A Glossary of Semantics and Pragmatics*. Edinburgh: Edinburgh University Press.

Damasio, A. R. (2010). *Self Comes to Mind: Constructing the Conscious Brain*. New York: Knopf Doubleday Publishing Group.

Davidson, D. (1980). Reply to Solomon. In *Essays on Actions and Events*. Oxford: Clarendon Press.

——(1984). *Inquiries into Truth and Interpretation*. Oxford: Oxford University Press.

——(1984a). Truth and Meaning. In *Inquiries into Truth and Interpretation*. Oxford: Oxford University Press.

——(1984b). Radical Interpretation. In *Inquiries into Truth and Interpretation*. Oxford: Oxford University Press.

——(1984c). Though and Talk. In *Inquiries into Truth and Interpretation*. Oxford: Oxford University Press.

——(1984d). On the Very Idea of Conceptual Scheme. In *Inquiries into Truth and Interpretation*. Oxford: Oxford University Press.

——(1999a). Reply to Dagfinn Føllesdal. In L. E. Harn ed., *The Philosophy of Davidson*. Chicago: Open Court Publishing Company.

——(1999b). Reply to McDowell. In L. E. Harn ed., *The Philosophy of Davidson*.

Chicago: Open Court Publishing Company.

——(2001). *Essays on Actions and Events*. Oxford: Oxford University Press.

——(2001a). Actions, Reasons, and Causes. In *Essays on Actions and Events*. Oxford: Oxford University Press.

——(2001b). The Logical Form of Action Sentences. In *Essays on Actions and Events*. Oxford: Oxford University Press.

——(2001c). Causal Relations. In *Essays on Actions and Events*. Oxford: Oxford University Press.

——(2001d). The Individuation of Events. In *Essays on Actions and Events*. Oxford: Oxford University Press.

——(2001e). Events as Particulars. In *Essays on Actions and Events*. Oxford: Oxford University Press.

——(2001f). Mental Events. In *Essays on Actions and Events*. Oxford: Oxford University Press.

——(2001g). Reply to Solomon. In *Essays on Actions and Events*. Oxford: Clarendon Press.

——(2001h). *Subjective, Intersubjective, Objective*. Oxford: Oxford University Press.

——(2001i). The myth of the Subjective. In *Subjective, Intersubjective, Objective*. Oxford: Oxford University Press.

——(2001j). A Coherence Theory of Truth and Knowledge · Afterthoughts. In *Subjective, Intersubjective, Objective*. Oxford: Oxford University Press.

——(2001k). First Person Authority. In *Subjective, Intersubjective, Objective*. Oxford: Oxford University Press.

——(2004). *Problems and Rationality*. Oxford: Oxford University Press.

——(2005). *Truth, Language, and History*. Oxford: Oxford University Press.

——(2005a). A Nice Derangement of Epitaphs. In *Truth, Language, and History*. Oxford: Oxford University Press.

——(2005b). The Social Aspect of Language. In *Truth, Language, and History*. Oxford: Oxford University Press.

——(2005c). Seeing Through language. In *Truth, Language, and History*. Oxford: Oxford University Press.

——(2005d). Gadamer and Plato's Philebus. In *Truth, language, and History*. Oxford: Oxford University Press.

——(2005e). Laws and Causes. In *Truth, Language, and History*. Oxford: Oxford University Press.

——(2005f). *Truth and Predication*. Oxford: Oxford University Press.

——(2006). The Individuation of Events. In *The Essential Davidson*. Oxford: Oxford University Press.

Davidson, D., Lepore, E., & Ludwig, K. (2006). *The Essential Davidson*. New York: Oxford University Press.

Deacon, T. (1998). *The Symbolic Species: The Co-Evolution of Language and the Brain*. New York: WW Norton & Company.

De Vries, W. (2005). *Wilfrid Sellars*. UK: McGill-Queen's University Press.

——(2006). Wifrid Sellars. Retrieved November 18, 2016, from The Stanford Encyclopedia of Philosophy, http://plato.stanford.edu/archives/win2016/entries/sellars/.

Dennett, Daniel C. (1981). *Brainstorms: Philosophical Essays on Mind and Psychology*. MIT Press.

——(1990). *The Intentional Stance*. Cambridge, Mass.: MIT Press.

——(1992). *Consciousness Explained*. Boston: Back Bay Books.

——(1996). *Darwin's Dangerous Idea: Evolution and the Meanings of Life*. New York: Simon & Schuster.

——(1997). *Kinds of Minds: Towards an Understanding of Consciousness*. New York: Basic Books.

——(2003). *Freedom Evolves*. New York: Viking Press.

——(2007). *Neuroscience and Philosophy: Brain, Mind, and Language*. UK: Columbia University Press.

Devitt, M., Sterelny, K., & Devitt, M. (1999). *Language and Reality: An Introduction to the Philosophy of Language* (2nd ed.). Cambridge: MIT press.

Dewey, J. (1926). *Experience and Nature*. Chicago and London: Open Court Publishing Company.

——(1929a). *The Quest for Certainty* (Vol. 4, pp. 1925–1953). New York: Minton, Balch.

——(1929b). *Experience and Nature*. London: George Allen & Unwin, LTD.

——(1938). *Logic: The Theory of Inquiry*. New York: Holt, Rinehart, and Winston.

——(1980a). Democracy and Education. In J. Boydston ed., *John Dewey: The Middle Works, 1899–1924: Vol. 9*. Carbondale, IL: Southern Illinois University Press.

——(1980b). Logical objects. In J. Boydstoned., *John Dewey: The Middle Works, 1916–1917: Vol. 10*. Carbondale, IL: Southern Illinois University Press.

——(1981). Experience and nature. In J. Boydstoned., *John Dewey: The Late Works 1925–1953: Vol. 1*. Carbondale, IL: South Illinois University Press.

——(1987). *Art as Experience*, Carbondale: Southern Illinois University Press.

——(2006). *The Collected Works of John Dewey: The Early Works, 1882–1898: Vol. 3: 1889–1892, Essays and Outlines of a Critical Theory of Ethics*. New York: Southern Illinois University Press.

——(2016). The Influence of Darwin on Philosophy. *Diacronia*, 2016(3), A48–A48.

Dewey, J., Hickman, L. A., Alexander, T. M., & Alex, T. M. (1998). *The Essential Dewey Vol. 1: Pragmatism, Education, Democracy*. Bloomington: Indiana University Press.

Dooley, P. K. (1974). *Pragmatism as Humanism: The Philosophy of William James*. Chicago: Nelson-Hall.

Dretske, F. (1989). Reasons and Causes. *Philosophical Perspectives*, 3, 1.

——(1991). *Explaining Behavior*. Cambridge, MA: MIT Press.

——(1997). *Naturalizing the Mind*. Cambridge, MA: MIT Press.

——(1999). *Knowledge and the Flow of Information*. Miami: Centre for the Study of Language & Information.

——(2000). *Perception, Knowledge, and Belief: Selected Essays*. Cambridge: Cambridge University Press.

Elder, C. L. (1994). Proper Functions Defended. *Analysis*, 54(3), 167.

Eldridge, M. D. (1998). *Transforming Experience: John Dewey's Cultural Instrumentalism*. Nashville: Vanderbilt University Press.

Ellis, R. (1986). *An Ontology of Consciousness*. Springer Science + Business Media Dordrecht.

Fodor, J. (1986a). Why Paramecia Don't Have Mental Representations. In P. French, J. Uehling, & H. Wttestein eds., *Midwest Studies in Philosophy*. Minneapolis: Minnesota UP.

——(1986b). Banish Discontent. In J. Butterfied ed., *Language, Mind and Logic*. New York: Cambridge University Press.

——(1990). Guide to Mental Representation. *Theories of Mind*. Cambridge: MIT Press.

Fodor, J. A., & Lepore, E. (1991). *Holism: A Shopper's Guide*. Cambridge: Blackwell Publishers.

——(1993). Why Meaning (Probably) Isn't Conceptual Role. *Philosophical Issues*, 3, 15.

——(2008). Against Darwinism. *Mind & Language*, 23(1), 1–24.

Frege, G. (1997). *The Frege Reader (Blackwell Readers Series)* (11th ed.). Cambridge: Blackwell Publishers.

Føllestal, D. (1999). Triangulation. In L. E. Hahn ed., *The Philosophy of Davidson*. The Library of Living Philosophers. Chicago, Ill.: Open Court.

——(2011). Foreword. In J. Malpas ed., *Dialogues with Davidson: Acting, Interpreting, and Understanding*. Cambridge: MIT Press.

Gaidos, S. (2011). Scientists Find Clues to how Anesthesia Numbs the Brain. *Science News*, (179). 20.

Garrison, J. (1995). Dewey's Philosophy and the Experience of Working: Labor, Tools and Language. *Synthese*, 105(1), 87-114.

Glock, H. J. (1995). *A Wittgenstein Dictionary*. Oxford: Blackwell Publishers.

Gluer, K., & Pagin, P. (2003). Meaning Theory and Autistic Speakers. *Mind and Language*, 18(1), 23-51.

Glüer, K. (2012). *Donald Davidson: A Short Introduction*. New York: Oxford University Press.

Gjelsvik, O. (1991). Dretske on Knowledge and Content. *Synthese*, 86(3), 425-441.

Gregory, P. A. (2008). *Quine's Naturalism: Language, Theory, and the Knowing Subject*. London: Continuum International Publishing Group.

Grice, H. P. P. (1972). *Intention and Uncertainty*. London: Oxford University Press.

Grice, H. P., & Strawson, P. F. (1956). In Defense of a Dogma. *The Philosophical Review*, 65(2), 141.

Griffin, D. R. (1981). *The Question of Animal Awareness: Evolutionary Continuity of Mental Experience*. Los Altos (Calif): Kaufmann (William) Inc., U. S.

Habermas, J. (2000). From Kant to Hegel: On Robert Brandom's Pragmatic Philosophy of Language. *European Journal of Philosophy*, 8(3), 322-355.

Hahn, L. E. ed. (1999). *The Philosophy of Donald Davidson*. Chicago, IL: Open Court.

Harris, D. (2016). Noesis. Accessed December 16, 2016. http://www.arasite.org/noesis.html.

Harris, F. (2012). The Grammar of the Human Life Process: John Dewey's New Theory of Language. *Educational Philosophy and Theory*, 44(sup1), 18-30.

Hegel, G. W. F. W. F., Miller, A. V., & Findlay, J. N. (1977). *Hegel: Phenomenology of Spirit*. Oxford: Oxford University Press.

Henderson, D. K. (1994). Conceptual Schemes after Davidson. In G. Preyer, F. Siebelt & A. Ulfig eds., *Language, Mind, and Epistemology: On Donald Davidson's Philosophy*. Dordrecht: Kluwer Academic Publishers.

Hickman, L. A. (2007). *Pragmatism as Post-Postmodernism: Lessons from John*

Dewey. New York: Fordham University Press.

Holt, E. B. (2003). *Concept of Consciousness* (1914). New York: Kessinger Publishing Co.

Hookway, C. (1997). Analyticity, Linguistic Rules and Epistemic Evaluation. *Royal Institute of Philosophy Supplement*, 42, 197–218.

Hume, D. (2008). *An Enquiry Concerning Human Understanding (Oxford World's Classics)*. Oxford: Oxford University Press.

Humphrey, N. (1999). *A History of the Mind: Evolution and the Birth of Consciousness*. New York: Springer-Verlag.

Hunter, G. (1995). Quine's "Two Dogmas of Empiricism": Or the Power of Bad Logic. *Philosophical Investigations*, 18(4), 305–328.

Hylton, P. (2010). *Quine*. New York: Routledge.

——(2016). Willard van Orman Quine. Retrieved November 18, 2016, from The Stanford Encyclopedia of Philosophy, http://plato.stanford.edu/archives/win2016/entries/quine/.

Jaegwon, K. (1993). Can Supervenience and "Non-Strict Laws" Save Anomalous Monism?. In J. Heil & A. R. Mele eds., *Mental Causation*. New York: Oxford University Press.

James, W. D. (1957). *The Principles of Psychology*, Vol. 1. New York: General Publishing Company.

——(1983). *The Varieties of Religious Experience: A Study in Human Nature* (6th ed.). New York: Penguin Group (USA).

——(1987a). Does "Consciousness" Exist? In *William James Writings 1901–1910*. New York: The Library of America.

——(1987b). The Varieties of Religious Experience. In *William James Writings 1901–1910*. New York: The Library of America.

——(1987c). Is Radical Empiricism Solipsistic? In *William James Writings 1901–1910*. New York: The Library of America.

——(2008). *A Pluralistic Universe*. Arc Manor.

James, W., Suckiel, E. K., & Perry, R. B. (1996). *Essays in Radical Empiricism*. Lincoln: University of Nebraska Press.

Janack, M. (2012). *What do We Mean by Experience*. Stanford: Stanford University Press.

Joseph, M. (2004). *Donald Davidson*. Chesham: Acumen.

Johnson M. (2014). Keeping the Pragmatism in Neuropragmtism. In John Shook and Tibor Solymosi eds., *Neuroscience, Neurophilosophy and Pragmatism: Brains at Work with the World*. Basingstoke, UK: Palgrave Macmillan.

Joseph, M. A. (2004). *Donald Davidson*. Montreal: McGill-Queen's University Press.

Kant, I. (1998). *Critique of Pure Reason*. Cambridge: Cambridge University Press.

Katz, J. J. (1967). Some Remarks on Quine on Analyticity. *The Journal of Philosophy*, 64(2), 36.

Keeley B. L. (2015). Book review: Pragmatist Neurophilosophy: American Philosophy and the Brain. Retrieved from http://ndpr. nd. edu/news/55129-pragmatist-neurophilosophy-american-philosophy-and-the-brain/.

Kim, J. (1985). Psychophysical laws. In B. McLaughlin & E. Lepore eds., *Truth and Interpretation: Perspectives on Donald Davidson*. Oxford: Basil Blackwell Inc.

——(1989). The Myth of Nonreductive Materialism. *Proceedings and Addresses of the American Philosophical Association*, 63(3), 31.

——(1992). Multiple Realization and the Metaphysics of Reduction. *Philosophy and Phenomenological Research*, 52(1), 1.

——(1993). Can Supervenience and "Non-Strict Laws" Save Anomalous Monism? In J. Heil & A. R. Mele eds., *Mental Causation*. New York: Oxford University Press.

——(1995). Explanatory Exclusion and the Problem of Mental Causation. In C. Macdonald & G. Macdonald eds., *Philosophy of Psychology*. Oxford: Basil Blackwell Inc.

Kim, J. & Dancy, J. (1993). *Supervenience and Mind: Selected Philosophical Essays*. New York: Cambridge University Press.

Kraut, R. (1986). The Third Dogma. In E. Lepore ed., *Truth and Interpretation: Perspectives on Donald Davidson*. Oxford: Basil Blackwell Inc.

Kremer, M. (2010). Representation or inference: Must we Choose? Should We?. In B. Weiss & J. Wanderer eds., *Reading Brandom: On Making It Explicit*. London: Routledge.

LaRock, E. (2010). Philosophical Implications of Awareness during General Anesthesia. In G. A. Mashour ed., *Consciousness, Awareness, and Anesthesia*. Cambridge: Cambridge University Press.

Lasonen, M., & Marvan, T. (2004). Davidson's Triangulation: Content-Endowing Causes and Circularity. *International Journal of Philosophical Studies*, 12(2), 177-195.

Lathan, N. (1999). Kim and Davidson on Psychophysical Laws. *Synthese*, 118, 121-143.

LePore, E. ed. (1986). *Truth and Interpretation: Perspectives on the Philosophy of Donald Davidson*. Oxford: Blackwell Publishers.

——(1995). Quine, Analyticity, and Transcendence. *Noûs*, *29*(4), 468.

Levin, J. Functionalism. *The Stanford Encyclopedia of Philosophy* (Winter 2016 Edition), Edward N. Zalta ed., forthcoming URL = 〈http://plato.stanford.edu/archives/win2016/entries/functionalism/〉.

Ludwig, K. ed. (2003). *Donald Davidson*. Cambridge: Cambridge University Press.

Lycan, W. (1996). *Consciousness and Experience*. Cambridge: MIT Press.

Malachowski, N. (2013). W. V. O. Quine: Pragmatism within the Limits of Empiricism Alone. In A. Malachowski ed., *The Cambridge Companion to Pragmatism*. Cambridge: Cambridge University Press.

Malpas, J. ed. (2011). *Dialogues with Davidson: Acting, Interpreting, Understanding*. New York, NY, United States: MIT Press.

——ed. (2013). *From Kant to Davidson: Philosophy and the Idea of the Transcendental*. London: Routledge.

Mashour, G. A. (2005). Cognitive Unbinding in Sleep and Anesthesia. *Science*, *310*(5755), 1768b–1769b.

——(2010). *Conscious, Awareness, and Anesthesia*. New York: Cambridge University Press.

——(2012). Fragmenting Consciousness. *Proceedings of the National Academy of Sciences*, 109(49), 19876–19877.

McDowell, J. (1996). *Mind and World: With a New Introduction* (4th ed.). Cambridge: Harvard University Press.

——(1999). Scheme-Content Dualism and Empiricism. In L. E. Hahn ed., *The Philosophy of Donald Davidson*. Chicago, IL: Open Court, The, La Salle, Illinois.

——(2002). Responses. In *Reading McDowell: On Mind and World*, Nicholas H. Smith, ed., London and New York: Routledge.

——(2008). *Having the World in View: Essays on Kant, Hegel, and Sellars*. Cambridge: Harvard University Press.

——(2009a). Sellars, Kant and Intentionality. In *Having the World in View: Essays on Kant, Hegel, and Sellars*. Cambridge: Harvard University Press.

——(2009b). Avoiding the Myth of the Given. In *Having the World in View: Essays on Kant, Hegel, and Sellars*. Cambridge: Harvard University Press.

——(2009c). Why Is Sellars's Essay Called "Empiricism and Philosophy of Mind"? In *Having the World in View: Essays on Kant, Hegel, and Sellars*. Cambridge: Harvard University Press.

——(2010). Brandom on Observation. In Weiss, B. and Jeremy W. eds., *Reading Brandom: On Making It Explicit*. London and New York: Routledge.

McGinn, M. (1982). The Third Dogma of Empiricism. *Proceedings of the Aristotelian Society*, 82(1), 89–102.

Miller, G. A. (1970). *Psychology: The Science of Mental Life (Pelican)*. United Kingdom: Penguin.

Millikan, R. G. (1984). *Language, Thought and Other Biological Categories: New Foundations for Realism*. Cambridge: MIT Press.

——(1986). The Price of Correspondence Truth. *Noûs*, 20(4), 453.

——(1989a). Biosemantics. *The Journal of Philosophy*, 86(6), 281.

——(1989b). In Defense of Proper Functions. *Philosophy of Science*, 56(2), 288–302.

——(1990). Compare and Contrast Dreske, Fodor, and Millikan on Teleosemantics. *Philosophical Topics*, 18(2), 151–161.

——(1991). Perceptual Content and Fregean Myth. *Mind*, C(400), 439–459.

——(1993). *White Queen Psychology and Other Essays for Alice*. Cambridge: MIT Press.

——(2000). *On Clear and Confused Ideas: An Essay about Substance Concepts*. Cambridge: Cambridge University Press.

——(2006). *Varieties of Meaning: The 2002 Jean Nicod Lectures*. Cambridge: Bradford Books.

——(2014). Teleosemantics Re-Examined: Content, Explanation and Norms. *Biology & Philosophy*, 29(4), 587–596.

——(2005a). *Language: A Biological Model*. Oxford: Oxford University Press.

——(2015b). In Defense of Public language. *Filosofia Unisinos*, 16(3).

Millikan, R. G., & Hookway, C. (1987). Minds, Machines and Evolution. *Noûs*, 21(1), 95.

Montminy, M. (2003). Triangulation, Objectivity and the Ambiguity Problem (Triangulación, objetividad y el problema de la ambigüedad). *Crítica: Revista Hispanoamericana de Filosofía*, 25–48.

Myers, G. E. (1986). *William James, His Life and Thought*. New Haven: Yale University Press.

Nagel, T. (1999). Davidson's New Cogito. In L. E. Hahn ed., *The Philosophy of Davidson*. The Library of Living Philosophers. Chicago, Ill.: Open Court.

Nevo, I. (1992). Continuing Empiricist Epistemology. *Monist*, 75(4), 458–476.

O'Shea, J. R. (2007). *Wilfrid Sellars: Naturalism with a Normative Turn*. Cambridge: Polity Press.

——ed. (2016). *Sellars and His Legacy*. Oxford: Oxford University Press.

Peirce, C. S. S., Hartshorne, C., & Weiss, P. (1932). *Collected Papers of Charles*

Sanders Peirce, Volumes I and II, *Principles of Philosophy and Elements of logic* (4th ed.). Cambridge: Belknap Press of Harvard University Press, 1935–1961.

Peregrin, J. (2014). *Inferentialism: Why Rules matter*. Basingstoke: Palgrave Macmillan.

Perry, R. B. (1996). *The Thought and Character of William James*. Nashville: Vanderbilt University Press.

Pinker, S. (1995). *The Language Instinct: The New Science of Language and Mind (Penguin Science)*. London: Allen Lane, the Penguin Press.

Popper, K. R., Eccles, J. C., & Popper, S. K. (1977). *The Self and Its Brain* (2nd ed.). Berlin: Springer-Verlag Berlin and Heidelberg GmbH & Co. K.

Prawat, R. S. (1995). Misreading Dewey: Reform, Projects, and the Language Game. *Educational Researcher*, 24(7), 13.

Preyer, G., Siebelt, F., & Ulfig, A. (2010). *Language, Mind and Epistemology: On Donald Davidson's Philosophy*. Dordrecht: Springer-Verlag New York.

Preyer, G. ed. (2012). Donald Davidson on Truth, Meaning and the Mental. Oxford: Oxford University Press.

Price, H. (2011). *Naturalism without Mirrors*. New York: Oxford University Press.

——(2013). *Expressivism, Pragmatism, and Representationalism*. New York: Cambridge University Press.

Prien, B., & Schweikard, D. P. eds. (2008). *Robert Brandom: Analytic Pragmatist* (Vol. 10). Walter de Gruyter.

Priest, G. (1979). Two Dogmas of Quineanism. *The Philosophical Quarterly*, 29(117), 289.

Putnam, H. (1962). The Analytic and the Synthetic. In Herbert Feigl and Grover Maxwell eds., *Minnesota Studies in the Philosophy of Science* (Volume III), Minneapolis: University of Minnesota Press.

——(1975). The Meaning of "Meaning". *Mind, Language and Reality*. Cambridge: Cambridge University Press.

——(1981). *Reason, Truth, and History*. Cambridge: Cambridge University Press.

——(1991). *Representation and Reality*. Cambridge: A Bradford Book.

——(2002). McDowell's Mind and McDowell's World. In *Reading McDowell: On Mind and World*, Nicholas H. Smith, ed., London and New York: Routledge.

Quine, W. V. O. (1960). *Word and Object* (4th ed.). Cambridge: Technology Press of the Massachusetts Institute of Technology.

——(1969). *Ontological Relativity and Other Essays*: United States: Columbia

University Press.

——(1974). *From a Logical Point of View: Nine Logico-Philosophical Essays* (2nd ed.). Cambridge: Harvard University Press.

——(1975a). The Nature of Nature Language. In S. Guttenplan ed., *Mind and Language*. Oxford: Oxford University.

——(1975b). On empirically Equivalent Systems of the World. *Erkenntnis*, 9(3), 313–328.

——(1975c). Mind and Verbal dispositions. In S. Gutenplan ed., *Mind and Language*. Oxford: Oxford University.

——(1981). *Theories and Things* (2nd ed.). Cambridge: Harvard University Press.

——(1986a). *Philosophy of Logic* (2nd ed.). Cambridge: Harvard University Press.

——(1986b). Reply to Hilary Putnam. In Lewis E. Hahn and Paul A. Schilpp eds., *The Philosophy of W.V. Quine*. Illinois: Open Court Publishing.

——(1986c). Reply to Jules Vuillemin. In Lewis E. Hahn and Paul A. Schilpp eds., *The Philosophy of W.V. Quine*. Illinois: Open Court Publishing.

——(1990). *The Roots of Reference*. Philadelphia: Open Court Publishing Co, U.S.

——(1991). Two Dogmas in Retrospect. *Canadian Journal of Philosophy*, 21(3), 265–274.

——(2000). Epistemology Naturalized. In E. Sosa and J. Kim eds., *Epistemology: An Anthology*. Blackwell Publishing.

——(2000). Post-Ontological Philosophy of Mind: Rorty versus Davidson. In R. Brandom ed., *Rorty and His Critics*. Cambirdge: Blackwell Publishers.

Quine, W. V., Føllesdal, D., & Quine, D. B. (2008). *Quine in Dialogue*. Cambridge: Harvard University Press.

Ramberg, B. T. (1989). *Donald Davidson's Philosophy of Language: An Introduction*. Oxford: Blackwell Publishers.

——(2000). Post-ontological Philosophy of Mind: Rorty versus Davidson. In R. B. Brandom ed., *Rorty and his Critics*. Oxford: Blackwell Publishers.

Ravenkilde, J. (1979). *Quine's Indeterminacy Thesis and the Foundation of Semantics*. Doctoral thesis submitted to the University of Copenhagen.

Ritchie, J. (2014). *Understanding Naturalism*. Acumen: Routledge.

Robinson, H. (2014). Substance. Retrieved January 8, 2017, from https://plato.stanford.edu/archives/spr2014/entries/substance/

Rockwell W. T. (2014). How Computational Neuroscience Revealed that the Pragmatists were Right. In J. Shook and T. Solymosi eds. *Neuroscience, Neurophilosophy and pragmatism: Brains at work with the world*. Basingstoke:

Palgrave Macmillan.

Rorty, R. (1980). *Philosophy and the Mirror of Nature*. Oxford: Blackwell Publishers.

——(1982a). World Well Lost. In *Consequences of Pragmatism*. Minneapolis: University of Minnesota Press.

——(1982b). Introduction: Pragmatism and Philosophy. In *Consequences of Pragmatism*. Minneapolis: University of Minnesota Press.

——(1989). *Contingency, Irony and Solidarity*. New York: Press Syndicate of the University of Cambridge.

——(1997). Introduction. In Kevin Scharp and Robert Brandom ed., *Empiricism and Philosophy of Mind, with an Introduction by Richard Rorty and a Study Guide by Robert Brandom*, Cambridge: Harvard University Press.

——(2000). Reply to Ramberg. In R. Brandom ed., *Rorty and His Critics*. Cambridge: Blackwell Publishers.

Rosenberg, J. (2009). On Sellars's Two Images of the World. In Willem DeVries ed., *Empiricism, Perceptual Knowledge, Normativity and Realism: Essays on Wilfrid Sellars*. Oxford: Oxford University Press.

Rosenthal, D. M. (1986). Two Concepts of Consciousness. *Philosophical Studies*, 49(3), 329–359.

Ryder, D., Kingsbury, J., & Williford, K. eds. (2012). *Millikan and her critics*. Malden: John Wiley & Sons.

Salmon, W. C. (1984). *Scientific Explanation and the Causal Structure of the World*. Princeton: Princeton University Press.

——(1998). *Causality and Explanation*. New York: Oxford University Press.

Schilpp, P. A., & Carnap, R. (1991). *The Philosophy of Rudolf Carnap* (3rd ed.). Philadelphia: Open Court Publishing Co, U. S.

Searle, J. (2000). Consciousness. *Annual Review of Neuroscience*, 23, 557–578.

Sellars, W. (1957). *Counterfactuals, Dispositions, and the Causal Modalities*. Minnesota: University of Minnesota.

——(1982). *Science and Metaphysics: Variations on Kantian Themes*. London: Routledge & Kegan Paul.

——(1997a). *Empiricism and Philosophy of Mind, with an Introduction by Richard Rorty and a Study Guide by Robert Brandom*. Cambridge: Harvard University Press.

——(2007b). The lever of Archimedes. In Kevin Scharp and Robert Brandom eds., *In the Space of Reasons: Selected Essays of Wilfrid Sellars*. Cambridge: Harvard University Press.

——(2007c). The Role of Imagination in Kant's Theory of Experience. InKevin Scharp and Robert Brandom eds., *In the Space of Reasons: Selected Essays of Wilfrid Sellars*. Cambridge: Harvard University Press.

——(2007d). Mental events. In Kevin Scharp and Robert Brandom eds., *In the Space of Reasons: Selected Essays of Wilfrid Sellars*. Cambridge: Harvard University Press.

——(2007e). Philosophy and the Scientific Image of Man. In Kevin Scharp and Robert Brandom eds., *In the Space of Reasons: Selected Essays of Wilfrid Sellars*. Cambridge: Harvard University Press.

——(2007f). Some Reflections on Language Games. In Kevin Scharp and Robert Brandom eds., *In the Space of Reasons: Selected Essays of Wilfrid Sellars*. Cambridge: Harvard University Press.

——(2007g). *Kant's Transcendental Metaphysics: Sellar's Cassirer Lectures Notes and other Essays*. US: Ridgeview Publishing Company.

Sellars, W., & Brandom, R. B. (2007). *In the Space of Reasons: Selected Essays of Wilfrid Sellars*. Kevin Scharp and Robert Brandom eds., Cambridge: Harvard University Press.

Sellars, W., Rorty, R., Brandom, R., & Br, R. B. (1997). *Empiricism and the Philosophy of Mind* (3rd ed.). Cambridge: Harvard University Press.

Skrupskelis, I. K. (2007). Evolution and Pragmatism: An Unpublished Letter of William James. *Transactions of the Charles S. Peirce Society: A Quarterly Journal in American Philosophy*, 43(4), 745–752.

Shusterman, R. (2009). Somaesthetics and C. S. Peirce. *The Journal of Speculative Philosophy*, 23(1), 8–27.

Sponsored. (2016). Animal minds. Retrieved from http://www.economist.com/news/essays/21676961-inner-lives-animals-are-hard-study-there-evidence-they-may-be-lot-richer-science-once-thought.

Shook J. and Solymosi T. eds. (2014). *Pragmatist Neurophilosophy: American Philosophy and the Brain*. New York and London: Bloomsbury Academic.

——(2014a). Introduction. John Shook and Tibor Solymosi eds., In*Pragmatist Neurophilosophy: American Philosophy and the Brain*. New York and London: Bloomsbury Academic.

——(2014b). Neuropragmatism and the Reconstruction of Scientific and Humanistic Worldviews. In J. Shook and T. Solymosi eds., *Neuroscience, Neurophilosophy and Pragmatism: Brains at Work with the World*. Basingstoke: Palgrave Macmillan.

——(2014c). eds. *Neuroscience, Neurophilosophy and Pragmatism: Brains at Work with the World*. Basingstoke: Palgrave Macmillan.

Steiner, M. (1986). Events and causality. *The Journal of Philosophy*, 83(5), 249.

Stoeker, R. ed. (1993). *Reflecting Davidson: Donald Davidson Responding to an International forum of Philosophers*. Berlin: Walter de Gruyter.

Stout, R. (2010). Being Subject to the Rule to Do What the Rules Tell You to Do. In Weiss, B. and Jeremy W. eds., *Reading Brandom: On Making It Explicit*, London and New York: Routledge.

Strawson, P. F. (1974). Does Knowledge Have Foundations? *Teorema: International Journal of Philosophy*, 4: 99 – 110.

Talmage, C. J. (1997). Meaning and Triangulation. In *Linguistics and Philosophy*, 20(2), 139 – 145.

Taylor, C. (2003). Rorty and Philosophy. In Charles Guignon and David, R. Hiley eds., *Richard Rorty: Contemporary Philosophy in Focus*. Cambridge: Cambridge University Press.

Thompson D. (2014). The Self as an Evolved Organism that Lives in a Pragmatically Defined World. In J. Shook and T. Solymosi eds., *Pragmatist Neurophilosophy: American Philosophy and the Brain*. New York and London: Bloomsbury Academic.

Tomida, Y. (2007). *Quine, Rorty, Locke: Essays and Discussions on Naturalism*. New York: Georg Olms Verlag.

Trager, G. L., Whorf, B. L., & Carroll, J. B. (1957). *Language, Thought, and Reality: Selected Writings of Benjamin Lee Whorf*. Language, 33(3), 421.

Triplett, T., DeVries, W. A., & Sellars, W. (2000). *Knowledge, Mind, and the Given: Reading Wilfrid Sellars's "Empiricism & the Philosophy of Mind", Including the Complete Text of Sellars's essay: Including the Complete Text of Sellars' Essay*. Indianapolis, IN: Hackett Publishing Co.

Verheggen, C. (2007). Triangulating with Davidson. *The Philosophical Quarterly*, 57(226), 96 – 103.

——(2013). Triangulation. In E. Lepore and K. Ludwig eds., *A Companion to Davison*. Wiley-Blackwell.

Ward, T. A. (2000). *New Essays on the a Priori*. Oxford: Oxford University Press.

Weiss, B., & Wanderer, J. eds. (2010). *Reading Brandom: On Making It Explicit*. London: Routledge.

Woodward, J. (2005). *Making Things Happen: A Theory of Causal Explanation*. Oxford: Oxford University Press.

Wiggins, D. (2001). *Sameness and Substance Renewed*, Cambridge: Cambridge University Press.

Wittgenstein, L., Anscombe, G. E. M., & von Wright, G. H. (1967). *Zettel*. Oxford: Blackwell Publishers.

——(2001). *On Certainty*, *Vol. 1*. New York: Harper Collins Publishers.

Wittgenstein, L., & Anscombe, G. E. M. (2009). *Philosophische Untersuchungen* (*Philosophical Investigations*) (4th ed.). Malden, MA: Wiley-Blackwell (an imprint of John Wiley & Sons Ltd).

Wright, C. (2015). The Ontic Conception of Scientific Explanation. *Studies in History and Philosophy of Science Part A*, 54, 20-30.

Zeglen, U. ed. (1999). *Donald Davidson: Truth, Meaning and Knowledge*. New York: Routledge.

Zheng Yujian, (2005). Nature as Text and Reason as Reality-from Disenchantment to Re-enchantment of the World (作为文本的自然与作为实在的理性——世界由去魅到复魅).《年度学术 2005》(Theoria 2005), Beijing: Renmin University Press.

——(2008a). Memes, Mind, and Normativity. In Thorsten Botz-Bornstein ed., *Culture, Nature, Memes: Dynamic Cognitive Theories*, Cambridge Scholars Press.

——(2008b), "Unconscious Intentionality and the Status of Normativity in Searle's Philosophy-with Comparative Reference to Traditional Chinese thought". in B. Mou ed. *Searle's Philosophy and Chinese Philosophy: Constructive Engagement*, Brill Academic Publishers, Netherlands.

后 记

当年我一无所有,但我有的已经够多:
对真理的狂热追求和对幻象的欣赏。

——歌德《浮士德》,190—195 行

敝作的出版时常让我感到无地自厝,一是因为自知学识尚浅,许多理解不够深刻或合宜;二是因为本书处理的实际上是一个幽邃的传统问题,即心灵与世界的关系,虽然本书将论域限定于"当代视角",试图突破二元分界,就概念空间和自然空间的关联和互动,以及相应的理性主义和自然主义的研究方法的融合做初步探索,本书"引论"性质的定位依旧不能让我免于惶恐之感。如陈亚军教授和兰博格教授两位恩师在倾情所作的序言中提及的那般,本书实际上是我一项"三步走"研究计划中的第一步成果,从而本书具有作为整个研究计划的引论性质,它因此具有简明性;其结论和思维结构也因而是阶段性(而非最终的)的,后续已经展开的研究将对此书的研究做出一定程度上的改进、反思、批判和背离。将自己的著作设定为攻击目标,这或许已经足够吊诡;更为不合乎情理的是,居然仍将连作者自身亦认为不足的著作出版,曝于众人之前,这着实让人羞赧。

此外,这本初稿成稿于约三年前的著作未能追踪它所讨论的思想的新近发展,例如米丽肯于 2017 年出版的《超越概念:殊念、语言和自然信息》(*Beyond Concepts: Unicepts, Language, and Natural Information*)以及布兰顿于本年出版的《信任的精神:黑格尔的〈精神现象学〉解读》(*A Spirit of Trust: A Reading of Hegel's Phenomenology*)两部重要著作,未能及时阅读并加以吸收进相关讨论,无疑会使相关阐述错失要点,也使有些批评显得无的放矢。

寻找能够安慰自己的理由,这其实是一件易事。本书无疑是我这位初出茅庐的稚子用略带羞怯的嗓音唱出的第一折戏,抛出的第一块砖,既想引出相关方家的美玉,也想为自己铺下慢慢前行的路子,以期今后"思想的发声"慢慢宏亮且坚毅起来。有了这样"怯懦"的定位,竟让我有些勇气来。

在已走出一小段学术路上,我一直私以为自己运气甚好,总遇"贵人"。陈亚军教授是我的恩师,我不仅在他的课堂上入了哲学的门,获得了一个基本的哲学视角;我也铭记陈亚军教授的谆谆教诲,例如"路子走正"、"注重学养累积"、"写文章要有读者视角"等等,这些我仍在启悟中的话语帮助了我避开许多弯路,能够踏实地向前移进。此外,陈亚军教授还在学习上给了我具体的帮助,在他的介绍下,我于2015年9月至2017年2月间赴挪威奥斯陆大学"自然心灵研究中心"(Center for the Study of Mind in Nature)师从兰博格教授学习了一年又半载的时光。

在挪威学习期间,兰博格教授给我许多帮助,他不仅为我争取了额外的生活上的资金补助,还在"圣诞节"这样的让异乡人倍感孤独的节日里,邀我与他的家人共度时光。学习上,我先前由于孤独地将时间主要花费在阅读和写作上,以致忽略表达。当在表述自己的观点时,起初往往会磕磕绊绊。兰博格教授并未试图"教"我什么,他以尊重、平等的态度和善意的目光来鼓励我自由表达,于是在同他的无数次谈话中,我渐渐学会表达,心中原先隐晦的思想也逐渐清晰,堵塞的思路变得畅达。此外,兰博格教授还花费了大量的时间与我讨论了本书英文版的初稿,提出了许多宝贵的建议。

陈亚军教授像君竹,兰博格教授则如幽兰,两位教授也以生活里的言行促我反省自己的品行,逐渐抹除年轻的躁气和无知的狂妄。我已明白学养与修养需并重。高山仰止,景行行止,有此两位恩师为榜样,我始终感恩于心。在此,也感谢两位老师为本书倾情作序。

学习的路上还受到了许多其他师长的关爱,尤其是刘放桐老师与冯平老师提供给了我许多帮助。刘老师的和善让人如沐春风,冯老师极强的行

后 记

动力让人钦佩。还有许多许多志同道合的师友,孙宁、程都、黄远帆、黄家光、肖根牛、戴益斌、姜妮伶、周红宇等等,请恕我在此不一一列出,与他们相识相处,让我倍感荣幸和充实。愿求学的路上,继续携手共进。

本书的出版得到了复旦大学杜威中心的支持与资助,复旦大学出版社的陈军主任和方尚芩编辑为此书的编辑和出版奉献了大量时间和精力,在此表示特别的谢意。

周靖

2018年5月于上海

图书在版编目(CIP)数据

"世界"的失落与重拾:一个分析实用主义的探讨/周靖著. —上海:
复旦大学出版社,2019.7
(实用主义与美国思想文化研究/刘放桐,陈亚军主编)
ISBN 978-7-309-14369-0

Ⅰ.①世... Ⅱ.①周... Ⅲ.①实用主义-研究-美国 Ⅳ.①B712.51

中国版本图书馆 CIP 数据核字(2019)第 104153 号

"世界"的失落与重拾:一个分析实用主义的探讨
周 靖 著
责任编辑/方尚芩

复旦大学出版社有限公司出版发行
上海市国权路 579 号 邮编:200433
网址:fupnet@fudanpress.com http://www.fudanpress.com
门市零售:86-21-65642857 团体订购:86-21-65118853
外埠邮购:86-21-65109143 出版部电话:86-21-65642845
常熟市华顺印刷有限公司

开本 787×960 1/16 印张 17.75 字数 234 千
2019 年 7 月第 1 版第 1 次印刷

ISBN 978-7-309-14369-0/B·699
定价:58.00 元

如有印装质量问题,请向复旦大学出版社有限公司出版部调换。
版权所有 侵权必究